한국의 전쟁과 과학기술문명

"이 저서는 2010년도 대한민국 교육부와 한국학중앙연구원(한국학진흥사업단)을 통해
한국학 특정분야 기획연구(한국과학문명사) 사업의 지원을 받아 수행된 연구임."(AKS-2010-AMZ-2101)

한국의 전쟁과 과학기술문명

초판 1쇄   2022년 7월 18일

지은이   노영구

출판책임	박성규	펴낸이	이정원
편집주간	선우미정	펴낸곳	도서출판 들녘
편집	이동하·이수연·김혜민	등록일자	1987년 12월 12일
디자인	한채린·고유단	등록번호	10-156
마케팅	전병우	주소	경기도 파주시 회동길 198
경영지원	김은주·나수정	전화	031-955-7374 (대표)
제작관리	구법모		031-955-7376 (편집)
물류관리	엄철용	팩스	031-955-7393
		이메일	dulnyouk@dulnyouk.co.kr

ISBN   979-11-5925-214-3 (94910)
        979-11-5925-113-9 (세트)

한국의 과학과 문명 026

한국의 전쟁과 과학기술문명

노영구 지음

지은이 **노영구** 盧永九

서울대학교 인문대학 국사학과, 대학원 국사학과를 졸업하고 "조선후기 병서와 전법의 연구"로 박사학위를 취득하였다. 서울대학교 한국문화연구소 선임연구원, 국방대학교 교수부장 등을 거쳐 현재 국방대학교 군사전략학과 교수로 재직 중에 있다. 한국 전근대 전쟁 및 군사사 등 분야에서 『한국군사사 7』(경인문화사, 2012), 『영조 대의 한양 도성 수비 정비』(한국학중앙연구원출판부, 2013), 『조선중기 무예서 연구』(서울대학교출판부, 2006), 『조선후기의 전술』(그물, 2016), 『연병지남―북방의 기병을 막을 조선의 비책』(아카넷, 2017), 『조선후기 도성방어체계와 경기도』(경기문화재단, 2018), 『한양의 삼군영』(서울역사박물관, 2019) 등 다수의 저서와 역서, 연구 논문 및 정책보고서 등을 발표하였다. 한국역사연구회, 문헌과해석, 한국군사사학회 등의 학회 활동과 함께 일본 防衛研究所 戰史研究센터 객원연구원, 국가안전보장문제연구소 군사문제연구센터장 등을 역임하였다.

〈한국의 과학과 문명〉 총서

기획편집위원회

연구책임자_ 신동원

전근대팀장_ 전용훈

근현대팀장_ 김근배

전 임 교 수_ 문만용

　　　　　　김태호

　　　　　　전종욱

전임연구원_ 신미영

일러두기

- 명사의 붙여쓰기는 이 책의 키워드를 이루는 단어는 붙여쓰기를 원칙으로 했지만, 경우에 따라서는 가독성을 위해 띄어쓰기를 했다.

- 주석은 각 장별로 미주로 한다.

- 인용 도판은 최대한 소장처와 출처를 밝히고 저작권자의 허락을 얻었으나 일부 저작권자를 찾지 못하여 게재 허가를 받지 못한 도판에 대해서는 확인되는 대로 통상 기준에 따른 허가 절차를 밟기로 한다.

〈한국의 과학과 문명〉 총서를 펴내며

우리나라는 현재 세계 최고 수준의 메모리 반도체, 스마트폰, 디스플레이, 철강, 선박, 자동차 생산국으로서 과학기술 분야의 경이적인 발전으로 세계의 주목을 받고 있다. 그것을 가능케 한 요인의 하나가 한국이 오랜 기간 견지해온 우수한 과학기술 문화와 역사 속에 있다고 우리는 생각한다.

문명이 시작된 이래 한국은 항상 높은 수준을 굳건히 지켜온 동아시아 문명권의 일원으로서 그 위치를 잃은 적이 없었다. 우리는 한국이 이룩한 과학기술 문화와 역사의 총체를 '한국의 과학문명'이라 부르려 한다. 금속활자·고려청자 등으로 대표되는 한국 과학문명의 창조성은 천문학·기상학·수학·지리학·의학·양생술·농학·박물학 등 과학 분야를 비롯하여 금속제련·방직·염색·도자·활자·인쇄·종이·기계·화약·선박·건축 등 기술 분야에서도 다양하게 분명히 드러난다.

우리는 이런 내용을 종합하는 〈한국의 과학과 문명〉 총서를 발간하고자 한다. 이 총서의 제목은 중국의 과학문명에 대한 새로운 인식의 지평을 연 조지프 니덤(Joseph Needham)의 『중국의 과학과 문명』을 염두에 두고 만들었다. 그러나 니덤이 전근대에 국한한 반면 우리는 전근대와 근현대를 망라하여 한국 과학문명의 총체적 가치와 의미를 온전히 담은 총서의 발간을 목표로 한다. 나아가 한국의 과학과 문명이 지닌 보편적 가치를 세계에 발신하고자 한다. 지금까지 한국은 세계 과학문명의 일원으로 정당한 가치를 인정받지 못한채, 중국의 아류로 인식되어왔다. 이 총서에서는 한국 과학문명이 지닌 보편성과 독자성을 함께 추적하여 그것이 독자적인 과학문명이자 세계 과학문명의 당당한 일원임을 입증하고자 한다. 우리는 이 총서에서 근현대 한국 과학기술 발전의 역사와 구조를 밝힐 것이며, 이로써 인류의 과학기술 발전사를 새로이 해명하는 데에 기여할 것이다.

이 총서에서는 한국의 과학문명이 역사적으로 독자적인 가치와 의미를 상실하지 않았던 생명력에 주목한다. 이를 위해 전근대 시기에는 중국 중심의 세계 질서 아래서도 한국의 과학문명이 독자성을 유지하면서 발전을 지속한 동력을 탐구한다. 근현대 시기에는 강대국 중심 세계체제의 강력한 흡인력 아래서도 한국의 과학기술이 놀라운 발전과 성장을 이룩한 요인을 탐구한다.

우리는 이 총서에서 국수적인 민족주의나 근대 지상주의를 동시에 경계하며, 과거와 현재가 대화하고 내부와 외부가 부단히 교류하는 가운데 형성되고 발전되어온 열린 과학문명사를 기술하고자 한다. 이 총서를 계기로 한국 과학문명에 대한 관심과 이해가 더욱 깊어지기를 기대한다.

마지막으로 〈한국의 과학과 문명〉 총서의 발간은 교육부와 한국학중앙연구원 한국학진흥사업단의 지원에 크게 힘입었음을 밝히며 이에 감사를 표한다.

〈한국의 과학과 문명〉 총서 기획편집위원회

2021년 10월 21일 한국 최초의 자력에 의한 한국형 우주발사체인 누리호가 하늘로 날아올랐다. 비록 마지막 단계에서 부분적 계산 오류로 인해 위성체를 정상 궤도에 완전히 올리지는 못하였지만 하늘로 거침없이 날아가는 대형 로켓을 보며 많은 한국인들은 한국이 이러한 첨단 기술을 확보하고 있다는 데 대해 뿌듯한 자부심을 느꼈다. 위성체의 지구 궤도 진입은 실패하였지만 발사체 3단 로켓 부분이 호주 남쪽 해상까지 8,000여km를 날아갔다는 사실은 지구의 대부분 지역에 국가의 의지를 표현할 수 있는 초보적 능력을 갖추었음을 의미한다.

첨단의 우주발사체 기술을 한국이 어떻게 확보할 수 있었는지에 대해 많은 이들이 의문을 가지고 있을 것이다. 특정 국가로부터 기술을 배운 것이다, 또는 로켓을 구입한 것에 불과한 것이다,라는 등 우리의 로켓 개발 능력에 대해 회의를 표한 경우마저 있었다. 그러나 분명한 것은 누리호를 최종적으로 만든 것도, 이를 발사한 것도 우리의 과학기술자라는 사실이다. 한국의 첫 우주발사체는 과연 갑작스럽게 출현한 과학적 성과일까?

우주발사체라는 전략적 기술은 어떠한 우방국이라 할지라도 가벼이 관련 기술을 이전하거나 판매하지 않는 것이 원칙이다. 따라서 이 기술의 확보를 위해서는 기술 개발에 많은 재원과 노력을 투입하는 것과 함께 기술 확보의 목적과 필요성이 국가적으로 충분히 공감을 받아야 개발 기간 중 나타날 수 있는 여러 어려움을 극복하고 개발을 추진할 수 있다. 즉, 첨단 기술의 확보는 단순한 과학기술적인 차원에 그치는 것이 아니라 반드시 확보하여야 하는 절박한 필요성이 전제되어야 한다. 한국의 현대 과학기술 발전은 이러한 사회적인 절박감과 밀접한 관련을 가지는 것이었다.

특히 동아시아 국제정세의 변동기에는 대외적인 위기를 겪었던 경험이 적지 않았던 한반도 세력은 과학기술을 바탕으로 한 우수한 군사기술을 적시에 확보하지 못할 경우에는 불행한 역사를 겪게 마련이었다. 그 반대로 우수한 무기체계를 갖출 경우에는 대외적인 위기를 오히려 지역 안정의 중심자로 역할을 하였을 뿐만 아니라 더 나아가 세력 확대의 기회로 삼는 경우도 있었음을 15세기 중반 세종대의 역사적 사실을 통해 확인할 수 있다. 즉, 오랜 기간 동안 한반도 세력이 유동적인 국제 상황에도 불구하고 그 위기를 극복하고 번영을 누릴 수 있었던 원동력은 민족의 단합과 같은 실체가 모호한 해석이나 동맹과 같은 수동적 선택이 아니라 과학기술 개발과 사회체제의 합리적 개혁 등에 있었음을 기억할 필요가 있다.

특히 근대 이후 과학기술의 격차는 곧바로 전쟁의 승패를 가를 수 있다는 점과 함께 현대 사회는 인간의 상상 이상으로 기술 수준이 앞서 나간다는 점을 기억한다면 과학기술에 대한 이해는 이전 시기보다 더욱 중요해지고 있다. 군사과학기술은 다른 분야에 비해 매우 극한의 조건과 환경에서 작동하도록 요구될 뿐만 아니라, 경우에 따라서는 정반대의 조건들을 동시에 충족시켜야 하는 경우가 있는 등 어떤 과학기술 분야보다 첨단의 영역인 경우가 대부분이다. 한국 과학기술사에서도 군사 분야는 다른 분야를 선도하여 타 분야 발전을 추동하였다. 따라서 군사과학기술에 대한 이해는 당시의 기술 수준 전반을 이해하는 데 많은 도움을 줄 수 있다.

현대 한국 산업기술 발달에서도 조선, 항공기, 차량, 금속, 화학 분야 등의 급격한 기술적인 발달도 자세히 살펴보면 방위산업의 전개 양상과 매우 밀접한 관련을 가지고 있음을 볼 수 있다. 앞서 언급한 우주발사체 개발과 시험 발사는 그 이전까지 한국의 국방 과학기술이 이룬 성과의 결정체이지만 동시에 이에 파급된 다양한 분야의 발전을 추동하는 계기를 마련한다는 점에서 단순한 사실을 넘어서는 대단한 사건이라고 할 수 있다. 우주발사체의 개발과 발사는 향후 한국 산업 전반의 발전을 기약할 수 있다는 점과 함께 과학기술 분야의 시간과의 경쟁에서 뒤처져 제국주의의 식민지로 전락한 지난 20세기 치욕의 역사는 이제 더 이상 반복하지 않게 되었다는 것을 의미한다.

　필자는 지난 25년여 동안 전근대 한국의 군사사를 중심으로 공부하면서 조선 후기 전술에 보이는 조총, 병거(兵車) 등 각종 무기에 대해서도 관심을 가지고 몇 편의 논문을 작성한 적이 있다. 최근에는 현대 한국의 자주국방론과 국방 개혁과 관련된 논의에 참여하면서 관련 증언록을 정리하고 수편의 논고를 쓰기도 하였다. 그 과정에서 현대 한국 무기 개발의 역사는 단순한 방위산업의 발전이 아니라 생존과 자주를 담보하기 위한 절박감의 발현이었다는 점을 깨닫게 되었다. 이에 더하여 무모한 것처럼 보이는 목표를 세우고 이를 달성하기 위해 노력하고 성과를 내었던 지난 수십 년의 우리 역사는 민족의 생존과 자주에 더하여 평화와 공동 번영이라는 인류의 이상을 실현하기 위한 큰 발걸음이기도 하였음을 확인할 수 있었다. 그 과정에서 언젠가 한국의 군사과학기술 발전에 대해 기술 발달사적인 시각에서 확장하여 문화, 군사, 전략전술 등 다양한 측면에서 서술하였으면 하는 생각을 갖게 되었다.

　한국의 무기와 군사기술의 역사를 한번 정리하고자 하는 생각은 가지고 있었지만 현대의 과학기술에 대한 이해도 충분하지 못한 필자의 입장에서 한국의 전쟁과 무기발달에 대한 통사 저술은 언제나 주저하던 연구 주제였다. 그러한 상황에서 지난 2016년 하반기 전북대학교 과학문명사연구소 측에서 필자에게 "한국의 전쟁과 과학기술문명"의 집필을 제안한 것은 큰 용기를 주었다.

그러나 이 책의 집필은 생각보다 많은 시간이 소요되었다. 무엇보다도 필자의 천성적인 게으름도 있지만 현대 군사과학기술의 발전에 대한 충분한 이해가 부족하여 집필하는 데 주저함이 있었음을 고백하지 않을 수 없다.

한없이 늦어지는 원고로 인해 연구소 측의 총서 간행 사업 진행에 너무도 많은 어려움을 드리게 되어 미안한 마음 가득하다. 그럼에도 불구하고 인내심을 가지고 원고가 마무리되기를 기다려준 연구소 관계자 분들께 감사하다는 말씀을 전하고자 한다. 연구를 지원해주시고 너그러운 마음으로 기다려주신 연구소의 신동원 소장님과 전종욱 교수님께 감사를 드린다. 아울러 과학사를 전공하신 김영식, 임종태, 문만용 교수님의 조언과 후의에 대해서도 깊은 감사의 말씀을 드린다. 쑥스러운 고백이지만 공부보다는 무기 관련 프라모델 만들기와 각종 게임에 푹 빠져 시간을 보내는 초등학생인 필자를 지켜보면서도 속 타는 마음을 드러내지 않으시려던 부모님의 넓은 마음 덕분에 이러한 국방 과학기술사 책을 내게 되었는지도 모르겠다. 또한 필자가 공부하고 국방에 관련된 일을 하느라 가정 밖의 일에 분주하게 지내고 있음에도 불구하고 언제나 격려하고 아낌없이 지원하였던 아내와 귀여운 두 아들(원주, 현주)에게 사랑한다는 말을 전하고 싶다. 현재의 부귀와 영광보다 우리의 후배 세대에게 부끄러운 선배가 되지 않기 위해 결코 물러서지 않는 실천적 삶을 살겠다는 다짐을 하며 펜을 놓는다.

2022년 1월 31일 설날 전날
강 건너 寓居에서 필자 씀

1장 서론

2장 한국 고대~중세의 전쟁과 과학기술

5장 19세기 서구 근대 무기의 수용과 무기 개발

6장 대량 파괴, 첨단 전쟁의 시대와
현대 한국의 국방과학기술

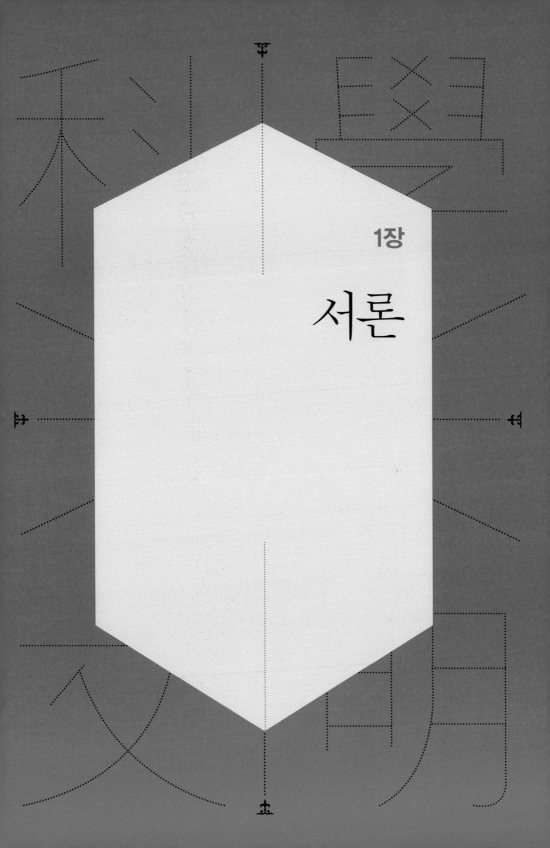

1장

서론

군사기술 이해의 중요성과 무기의 분류

현 시대를 흔히 과학기술의 시대라고 부른다. 이는 현대 사회를 지탱하고 미래 사회 발전을 이루는 데 과학기술이 큰 역할을 하고 있기 때문이다. 21세기 들어 과학기술은 경제, 산업, 교육, 국방, 문화 등 모든 분야의 변화와 혁신을 선도하면서 지식기반사회로 전환하는 새로운 패러다임을 지원하고 있다.[1] 특히 과학기술은 국가안보와 국가방위의 중요한 구성 요소이다. 최근 수행된 걸프전, 아프가니스탄전, 이라크전에서 알 수 있듯이 현대의 전쟁은 양적인 군사력보다 과학기술력에 근거한 질적으로 우수한 군사력을 필요로 한다는 것을 증명하였다. 미래 전쟁에서는 군사기술의 발전에 따라 무기체계의 변화에 그치지 않고 전투방식과 전략의 변화에도 큰 영향을 미칠 뿐만 아니라 다시 군인의 가치나 태도, 생활방식 등에도 변화를 가져올 것이다.

군사기술에 바탕을 둔 군사력이 전쟁의 승패를 가른다는 것은 오늘날에 국한된 것은 아니었다. 전쟁의 승패를 가르는 것은 여러 요인이 있지만 기본적으로 쌍방이 가진 군사기술의 수준에 따라 상당 부분 결정된다는 것은 시대를 막론하고 공통적인 현상이었다. 일단 전투가 시작되면 쌍방은 당시까지 확보한 가장 선진적인 군사기술을 사용하여 상대를 이기려고 노력한다. 아울러 각 집단은 그들의 군사적인 역량을 유지하여 주변의 위협에 대응하기 위해 끊임없이 연구하고 상대가 채택한 신무기에 대해 분석하여 대응하고자 하였다. 따라서 군사기술은 꾸준히 진보해왔고 전쟁의 방식도 그에 대응하여 변화하였다. 군사기술을 통해 우리는 당시의 전쟁 양상을 파악할 수 있을 뿐만 아니라 전쟁을 통해 그 시기의 군사기술 수준을 짐작할 수 있다. 아울러 전쟁이 발발할 경우 군사기술은 주변 지역으로 급속히 전파되어 전반적인 군사적 변환이 나타났고 이는 사회구조의 변화를 추동하기도 하였다. 따라서 무기와 군사기술, 그리고 그 변화에 대한 이해는 사회의 전반을 이해하는 데 매우 중요한 요소라 할 수 있다.

신석기시대에 인류는 최초로 조직된 형태의 폭력행위인 전쟁을 시작하였지만 무기의 제작과 이를 이용한 사냥 및 인간에 대한 살상의 역사는 이보다 훨씬 오래되었다. 기원전 1만년 무렵 시작된 신석기시대에 들어서면서 무기의 혁명이 일어나 활과 화살, 단검과 손도끼 등 후대 전쟁에서 기본적으로 사용된 무기의 대부분이 개발되었다. 뿐만 아니라 여러 무기를 가진 다양한 형태의 군사를 하나의 대열 내에 결합시켜 전투력을 극대화하는 방안이 강구되었다. 즉, 전투의 수행 방식인 이른바 전술 개념이 등장하였으며 이는 다시금 전투의 규모를 확대시켰음을 알 수 있다. 이후 무기와 전술은 밀접한 상호 관계를 가지게 되는데, 전술의 요구에 의해 무기가 생산되고 또는 새로운 무기의 등장에 따라 전술의 변화가 나타나기도 하였다. 무기의 개발과 제조의 양상을 통해 우리는 무기가 사용될 당시 전투방식을 미루어 짐작할 수 있다. 따라서 우리는 무기에 대한 깊은 이해를 통해 당시의 전투방식 및 군사제도 등 군사사에 대한 다양한 해석이 가능하게 된다.

현재까지 개발되어 사용된 무기는 매우 다양한 종류가 있으므로 이를 일정한 기준에 따라 분류할 수 있다. 오늘날에는 핵무기, 미사일 등과 같이 파괴력과 위력이 매우 우수하여 몇 번의 공격만으로도 전쟁의 승패를 가를 수 있는 무기가 개발, 배치되었다. 전쟁의 승패를 나눌 수 있는 수준의 무기를 전략무기, 전투에서 전술적 목적으로 사용되는 무기를 재래식 무기 또는 전술무기로 분류하기도 한다. 그러나 이러한 구분은 핵무기가 개발되기 이전에는 통용되기 어렵다. 특히 전근대의 무기는 논자에 따라 분류하는 방법도 매우 다양하다.

예를 들어 무기를 사용하는 병종(兵種)에 따라 보병용(步兵用) 무기와 기병용(騎兵用) 무기로 분류하거나 사용 용도에 따라 공격용 무기와 방어용 무기로 구분할 수 있다. 그 외에도 성곽 전투에서의 사용 용도에 따라 공성용(攻城用) 무기와 수성용(守城用) 무기로 구분할 수 있다. 화약무기가 등장한 이후에는 화약무기와 재래식 무기로 구분하기도 한다. 중국에서는 화약무기는 열병기(熱兵器), 재래식 무기는 냉병기(冷兵器)라고 칭하기도 한다. 그러나 이상의 분류는 기본적으로 현대의 전쟁 시각에서 이루어지거나 혹은 전투의 특정한 양상, 병종에 따른 구분만을 드러내는 한계가 있다. 병서(兵書) 등 전근대 군사 관련 자료를 보면 무기를 기본적으로 사정거리에 따라 장병기(長兵器, 혹은 長兵)와 단병기(短兵器, 혹은 短兵)로 구분하는 것이 일반적이었다.

장병과 단병으로 무기를 분류하는 구분은 전근대 전투의 양상을 잘 반영하고 있다는 점에서 매우 유용하다. 오늘날에는 미사일, 항공기 등의 첨단 무기를 비롯한 다양한 무기가 사용되고 있지만 전투 현장에서는 기본적으로 화약을 이용한 각종 총포를 이용하여 일정한 거리를 두고 상대와 전투를 하는 것이 일반적이다. 전쟁영화 등에서 보이는 고지 등에서의 백병전과 같이 상대와 맞붙어서 근접전을 수행하는 경우는 현대 전투에서는 우발적으로 상대와 조우하는 상황에서 나타날 가능성은 높지만 이 백병전이 전투의 승패를 가르는 경우는 거의 없다. 따라서 오늘날 공식적인 근접전 무기인 단병기는 이제 병사들이 가지는 개인용 소총의 앞에 꽂아 사용하는 작은 칼인 대검(帶劍) 이외에는 거의 없다. 그러나 전근대에는 화약무기나 궁시(弓矢, 활과 화살)와 같은 원거리 투사무기인 장병기로 적군의 돌격을 완전히 저지할 수 없었으므로 전투의 최종 단계에서는 언제나 창검을 지닌 병사들의 근접 백병전이 전개되는 것이 일반적이었다. 비록 서양의 통계이지만 각종 무기의 상대적인 효과를 고려한 이른바 치명도(致命度) 지수를 정리한 연구를 보면, 15세기 출현한 초기 화승총인 아퀴버스(Arquebus)는 10, 17세기 개량된 화승총인 머스킷 총(Musket)은 19 정도인 데 비해 창과 검 등의 무기는 23 정도로 평가되고 있다.[2] 따라서 전근대 전쟁에서 18세기 후반 이후 군사기술적인 혁신이 나타날 때까지 장병기와 함께 단병기의 치명성과 전투에서의 중요성은 일반적으로 생각하는 것보다 매우 컸음을 알 수 있다.

한국 무기 및 군사기술 관련 연구 경향

한국의 무기 발달사에 관한 연구나 이해는 화약무기나 활과 같은 특정한 무기에 집중된 경우가 많았다. 이는 화약무기의 도입과 발달이 그 국가 및 군대의 군사적 능력을 반영한다는 이른바 기술결정론적인 기존의 군사사 이해와 밀접한 관련을 가지고 있다. 그러나 화약무기의 개발과 도입이 단선적으로 이루어지지 않을 뿐만 아니라 기존의 장병기인 궁시의 능력과 편익 등을 고려하여 그 개발과 확대가 이루어지는 경우가 대부분이다. 활의 경우에는 우리의 전통적인 장병기라는 점에서 많은 주목을 받은 것이 사실인데 이는 우리의 국가방위에 핵심적인 역할을 했다는 사실에 기초한다. 그러나 전근대 전쟁에서 장병기인 화약무기와 궁시가 적을 완벽히 저지하지 못하는 상황에서 단병기가 전쟁에서 차지하는 비중과 중요성이 상당히 크다는 것을 고려했을 때 균형 잡힌 무기 발달사 이해를 위해 장병기와 단병기를 함께 고려하는 것이 필요하다.

　한국의 전쟁과 군사기술에 관한 연구는 주로 화약무기 발달사를 중심으로 한 연구가 상당히 이른 시기부터 이루어졌다. 한국의 전통 무기에 대한 본격적인 최초의 연구는 1932년 영국의 존 부트(John L. Boots)의 *Korean Weapons & Armors*가 대표적이다. 이 책은 조선시대의 화약무기만을 다룬 것도 아니고 『조선왕조실록』 등 관련된 자료를 충분히 활용한 것도 아니지만 책 후반부에 『국조오례서례(國朝五禮序例)』 등에 나타난 각종 화기 그림과 실물 자료를 소개하고 있다는 점에서 선구적이라고 할 수 있다.[3] 일제시기 초기 조선총독부는 조선의 전통 화기를 수집해서 경복궁 근정전(勤政殿)에 전시해두고 이를 일본인 연구자들에게 공개하였다. 임진왜란 중 조선 수군의 대형 화포 위력에 여러 차례 패배하였던 일본군, 특히 해군 측에서 임진왜란 시기 여러 해전을 연구하면서 자연스럽게 조선의 화기에 대한 검토를 했다. 그 대표적인 인물이 일본 해군 대좌였던 아리마 세이호(有馬成甫)이다.

아리마 세이호는 1942년 『朝鮮役水軍史』에서 「조선의 화포(朝鮮の火砲)」라는 한 절을 두어 여러 종류의 화기에 대한 검토를 행하였다. 태평양 전쟁 이후 아리마는 동양과 서양의 화기 교류사를 종합적으로 연구한 『화포의 기원과 그 전파(火砲の起原とその傳流)』(吉川弘文館, 1962)를 저술하였다. 그 책의 4장 「조선으로의 전파(朝鮮への傳流)」에서는 이전 저서에서 조선 수군이 사용한 화포를 중심으로 검토했던 것을 범위와 자료를 확대하여 상세히 서술하고 있다. 비록 그의 조선 화기에 대한 연구가 기본적으로 조선의 화기가 완전히 중국 화기의 직접적인 모방에 불과하므로 조선의 화기 검토를 통해 중국 화기의 원류(源流)를 소급하여 밝히기 용이하다는 시각에서 이루어진 분명한 한계가 있지만,[4] 『융원필비(戎垣必備)』 등 문헌 자료와 함께 한국과 일본에 소재하고 있던 화기 실물을 조사, 정리하고 세계 화기 발달사에서 조선 화기가 점하는 위치를 나름대로 가늠하였다는 점에서 이후 연구에 많은 영향을 미쳤다.

국내 연구자의 한국 화기에 대한 연구는 1944년 홍이섭의 『조선과학사

(朝鮮科學史)』가 최초이다. 그는 이 책에서 『융원필비』와 여러 실학자의 관련 저술을 바탕으로 조선의 화기 발달사에 대해 개괄적으로 서술하고 있다. 해방 이후 한국의 화기 발달사 연구는 타 분야와 마찬가지로 한동안 침체를 면하지 못하였다. 이러한 상황에서 1960년대 들어 당시 육군사관학교 교수인 허선도(許善道)의 조선 전기 화기 발달사에 대한 일련의 연구는 이전 연구 대부분이 주로 화기의 실물(實物) 자료를 소개, 정리하고 다른 지역의 화기와 비교하는 정도에 그친 것과는 차원을 달리하는 것이었다. 그는 그 이전 연구에서 사용하지 않았던 『조선왕조실록』의 화기 관련 자료를 찾아내어 조선 전기 화기 발달의 양상을 검토하였다. 그리고 『화기도감의궤(火器都監儀軌)』, 『신기비결(神器秘訣)』 등 조선시대 화기 관련 서적을 통해 당시 화기에 대해 정교하고 치밀하게 분석한 연구를 발표하였다. 더 나아가 천자총통(天字銃筒) 등 실물 자료를 통해서 그 성과를 확인하기도 하였다.[5]

허선도의 조선시대 화기 발달사 연구는 화기 자체에만 그치는 것이 아니라 화기에 대한 검토를 통해 당시의 전략, 전술 및 군사제도 등을 아울러 분석하기 위한 기초적인 작업으로서도 그 의미가 부여되었다. 그는 이를 바탕으로 임진왜란을 소위 국난극복사적(國難克服史的) 관점인 이른바 순국사관(殉國史觀), 성웅사관(聖雄史觀)에서 바라보았던 기존의 주관적인 연구 경향을 통렬히 비판하고, 전쟁사적인 시각에서 새로이 분석하여야 한다고 주장하였다.[6] 허선도의 연구는 이후 한국의 화기 발달사뿐만 아니라 전쟁사 등 관련 연구에 미친 영향은 매우 큰 점에서 연구사적인 의미가 크다.

1970년대 들어 한국의 전통시대 화기와 무기에 대한 관심은 다시금 고조되었다. 이는 관련 연구의 진행과 함께 당시의 국내외 정세와 밀접한 관련을 가지고 있다. 1970년대 초반 미국과 소련의 데탕트 분위기 속에서 기존의 냉전적 국제질서는 새로운 상황을 맞이하였다. 그 이전까지 미국에 거의 전적으로 의존하며 대외 관계와 안보 문제를 접근하던 한국의 입장에서 이러한 상황의 전개는 매우 불안정한 것이었다. 특히 1975년 남베트남 정권의 붕괴와 이에 호응한 북한의 적극적인 동향은 한국 내에 큰 위기감을 고조시켰다. 이러한 상황에서 국내에서는 유신(維新)이라는 정치적 억압체제의 대두와 함께 대외적인 안보적 위기 대응을 위해 자주국방(自主國防) 노선이 채택되었다.

위기가 고조된 분위기 속에서 전국 각지의 주요 성곽 등 이른바 국방 유적이 정비되고 이순신 등 애국 무장에 대한 선양 작업이 본격적으로 나타났다. 화기와 무기에 대한 연구도 이러한 상황에서 적극 장려되었다. 1974년 국내외에 산재되어 있던 각종 화기에 대한 제원(諸元) 조사 및 사진을 수록한 『한국고화기도감(韓國古火器圖鑑)』(문화재관리국)의 간행은 이러한 시대 상황의 한 반영이었다. 이 외에도 이강칠(李康七)의 『한국의 화포』(陸軍博物館, 1977), 김기웅의 『무기와 화약』(세종대왕기념사업회, 1977) 등이 출간되었다. 이상의 여러 연구와 함께 1980년대 초 채연석(蔡連錫)에 의해 조선 초기 화기에 대한 새로운 연구가 나타났다.[7] 로켓공학자인 그는 『국조오례서례』에 나타난 조선 초기 각종 총통을 조사, 연구하고 이를 실제로 제작하여 그 성능을 시험하였다. 이전의 관련 연구가 주로 문헌과 유물에 국한하여 검토가 이루어진 데 비해 채연석의 연구는 공학적인 검토와 실험이 함께 이루어짐에 따라 조선 초기 화기에 대한 보다 구체적인 분석이 가능해졌다.

1980년 들어 화기 및 무기 발달사 관련 연구는 심각한 침체기에 들어갔다. 이는 이 시기에 있었던 정치적인 격변과도 밀접한 관련을 가지고 있다. 12·12쿠데타로 새로이 등장한 군부 중심의 억압적 정치체제 하에서 역사 연구자들은 이에 대한 소극적인 저항의 일환으로 군사사와 관련된 연구보다 '문(文)' 위주의 연구에 관심을 기울이기도 하고, 혹은 민중 중심의 입장에서 전근대의 억압적인 체제에 대한 저항의 역사에 대한 연구에 보다 관심을 기울였다. 이에 따라 자연스럽게 전근대 군사사 관련 연구에 대한 관심은 더욱 낮아졌고, 화기 및 무기 발달사에 대한 연구도 자연스럽게 그 영향을 받았다.[8] 이러한 상황에서 1980년대에는 기존 연구자 이외에 새로운 연구자는 거의 출현하지 않았다.[9] 기존 연구자의 연구도 이전 연구를 보완하는 정도에 그치고 보다 거시적인 시각에서 종합적으로 분석하거나 새로운 영역을 확보하는 연구는 나타나지 않았다.

무기 발달사 연구의 침체기는 1990년대 들어 점차 극복되기 시작하였다. 이는 1980년대에 역사학 관련 많은 연구자가 배출되고 충분한 연구가 부족했던 분야를 중심으로 본격적인 연구가 시작된 상황과 관련이 깊다. 또한 1980년대 후반 군부 중심의 억압적 정치체제가 무너지고 민주적인 정치체제가 확립되기 시작하면서 이전에 비해 군사사 연구를 기피하는 풍조가 완화되었다. 이러한 상황에서 1990년대 초반에 군사사 관련 기관인 전쟁기념관, 국방군사연구소 등이 개소하고 여기에 다수의 민간인 연구자들이 참여하면서 이 분야에 대한 연구는 더욱 활발해졌다.[10] 이러한 상황의 변화와 함께 이 시기 이른바 우리의 전통적인 문화유산에 대한 관심이 고조되면서 구체적인 역사적인 유물을 함께 연구에 활용하는 연구가 본격적으로 나타났다. 이는 당시의 시대 상황과 지성사적인 변화와도 관련을 가진다. 1980년대 이후 사회경제사를 중심으로 한 이른바 거대이론(Grand Theory)이 쇠퇴함에 따라 변혁의 역사보다 지속의 역사에 관심을 갖게 되면서 보다 다양한 주제의 연구가 관심을 끌게 되었다. 아울러 1990년대 초반 냉전체제의 해체와 걸프전쟁, 북핵 위기 등 주변 정세의 긴박감 등으로 인하여 안보 문제에 대한 관심이 높아졌다. 이에 따라 이전에 관심이 적었던 군사 분야에 대한 관심이 높아졌고 자연스럽게 군사사 연구의 활성화로 나타났다.[11] 군사사 연구가 활발해지면서 군사(軍事)의 기본 원리인 전술과 무기체계 등에 대한 관심이 증가하였고, 아울러 유럽의 군사사 연구가 꾸준히 소개되면서 그 영향을 받았던 점은 주목할 만한 변화이다.

조선시대 화기 발달사에 대한 연구도 이러한 시대적 변화의 상황에서 활발히 이루어지기 시작하였다. 이에 따라 여러 연구자에 의해 조선시대 화기 및 화약에 대한 여러 가지 검토가 이루어졌다. 특히 그동안 그다지 검토되지 않았던 임진왜란 이후 조선 후기의 화기 발달 양상과 교류 등에 대한 연구가 나타나고 있는 점은 매우 주목된다. 최근에는 전체 무기체계상에서의 화기의 위치, 화기 변화에 따른 성곽제도의 변화, 한국 화기의 수준에 대한 비교사적인 검토, 그리고 주변 국가와의 화약무기 교류 등에 대한 연구에 이르기까지 그 분야가 점차 확대되고 있다.[12] 1990년대 들어서는 화약무기 이외에 궁시와 도검 등 각종 무기에 대한 연구도 활발히 나타나 전체 무기에 대한 조망을 가능하게 하였다. 대표적으로 강성문의 조선시대 편전(片箭)과 환도(環刀)에 대한 연구 등을 들 수 있다.[13] 1995년 중반 이후에는 우리 역사상의 각종 무기에 대한 종합 연구서로서『한국무기발달사』(국방군사연구소 편) 등이 편찬되었다.

2000년대 들어서 조선 후기 화약무기에 대한 연구가 본격적으로 나타나기 시작하였는데, 크게 소형 화기인 조총과 대형 화기인 대포 관련 연구로 대변할 수 있다. 먼저 임진왜란 이후 조선의 조총 도입이 지닌 군사·사회적 영향을 검토한 연구가 대표적이다.[14] 그동안 연구가 충분하지 않았던 조선 후기 대포에 대해서도 상당한 연구가 축적되었다. 기존의 대포 성능과 관련된 연구에서 더 나아가 조선 후기 대포 운용과 그 수준에 대해 2000년대 적지 않은 논쟁이 나타났다. 이는 조선 후기 군사과학기술 수준과 동아시아의 군사적 상황, 조선의 군사적 대응에 대한 연구자 사이의 입장 차이와 관련이 있다. 특히 18세기 후반에 축조된 수원 화성의 성곽 기술 수준을 두고 처음 논쟁이 제기되었다. 노영구는 화성이 조선 후기 대형 화기 발달에 따른 전쟁 양상의 혁신적인 변화와 관련된 새로운 성곽 형태를 갖는 것으로 보고, 이는 16세기 이후 유럽의 이른바 군사혁명(military revolution) 시대 축성술과 맥을 같이한다고 주장하였다.[15] 이에 대해 정연식은 화성은 대구경 공성용 화포에 대응하기 위한 것이 아니라 화승총이나 소구경 화포의 공격에 대응하기 위해 축조된 것이라는 비판을 제기하였다.[16] 이후 노영구는 남한산성의 구조 변화를 통해 17세기 전반까지 조총에 대응하기 위한 조선 성곽이 병자호란 이후 홍이포(紅夷砲)의 공격에 대응하기 위해 변화한다는 수정된 의견을 제출하여 논쟁이 계속되고 있다.[17]

현재 대포 관련 연구는 조선 후기 대형 화포의 크기와 성능이 꾸준히 향상되고 있었다는 유승주의 연구[18]가 제출된 이후 최근까지 대포 운용과 관련하여 상당한 연구가 나타나고 있다. 특히 조선 후기에는 무거운 대포를 탑재하여 운송할 포가(砲架)나 수레가 충분히 발달하지 못하였기 때문에, 대포의 기동성이 필요한 야전 상황에서 서구처럼 활용하기 어렵다고 봤다.[19] 따라서 야전의 경우에는 소형 총신을 다수 탑재한 화차(火車)가 대포 대신 널리 쓰였다고 파악한 연구[20]와 함께 조선 후기 대포 운용 능력이 18세기까지 서구와 비슷한 수준이었으며, 18세기 말에는 야전에서 대포와 화차를 보병·기병과 유기적으로 활용하는 고유의 전술이 정립됐다고 적극적으로 평가한 연구도 나타났다.[21] 최근에는 기존의 연구를 수렴하면서 조선은 18세기 대포를 야전에서 운용하고자 시도하였으나 효과적이지 못하였음을 인정하되 홍경래 난 당시 방어진지에서의 사격이나 공성전 등에 대포가 운용되었음을 밝힌 연구가 나타났다. 아울러 조선 후기 성곽제도는 개량을 통해 포격을 잘 견디게 변화하였음을 밝히기도 하였다.[22] 이 외에도 2000년대 들어서는 여러 군사용 깃발에 대한 소개와 이를 통한 군사통신에 대한 연구가 나타난 것 또한 주목된다.[23]

최근에는 임진왜란을 전후하여 동아시아 화약무기의 교류뿐만 아니라 이후 이 전쟁이 동아시아 각국의 무기 개발 및 군사체제 변화에 미친 영향을 검토하는 연구도 적지 않다. 이 전쟁 이후 동아시아 주요 국가의 화약무기 발전과 군사제도 변화로 인해 사회경제적 측면에서도 적지 않은 변화가 나타났다. 군사적인 측면의 변화가 사회 전반적인 변화를 가져왔다는 점에서 최근 동아시아 군사사 연구에서는 임진왜란 전후 각 국가에서 나타난 군사적 변화를 이른바 동아시아 '군사혁명(軍事革命, Military Revolution)'으로 평가하기도 한다.[24] 한편 미국의 강혁훤(H. H. Kang) 등은 병자호란 이후 장기간의 평화와 재정적 취약성으로 인해 조선에서는 군사혁명이 기술 측면을 넘어 군사적 변화로 확대되지 못했다는 유보적인 평가를 하였다.[25]

전근대 무기 발달에 대한 연구에 비해 근현대 한국의 국방기술 발전에 대해서는 그동안 충분한 검토가 이루어지지 못하였다. 19세기 후반 근대화 정책의 일환으로 시행된 군수공업 연구와 함께 일제강점기 조선에서 이루어진 군수공업 관련 연구가 주목되는 정도이다. 다만 국방과학연구소에서 편찬한 한국의 무기 개발 역사에 대한 서적이나,[26] 국방부 공간사인 『국방사』와 각 군의 공간사 등에서 군비(軍備), 혹은 전력 증강 관련 기술에 해당 내용이 수록된 정도이다.[27] 최근 각종 무기 개발 등에 참여하였던 방위산업 관계자들의 다양한 증언 등을 담은 각종 회고록과 함께 한국방위산업학회에서 출간된 『방위산업 40년, 끝없는 도전의 역사』(한국방위산업학회, 2017) 등은 주목되는 성과이다. 그러나 무기 개발과 전력 증강이 한국군의 전쟁 수행 양상과 교리 등에 어떠한 영향을 미쳤는지, 그리고 군사기술이 일반 사회의 과학기술 개발과 사회의 변화 등에 미친 영향은 무엇인지에 대해서 충분히 검토되지 못한 것이 사실이다. 다만 군사 전략과 방위산업의 연계에 대해 검토한 연구 등이 주목되는 정도이다.[28]

2010년대 후반 들어 세계의 중심 국가로 도약한 한국의 위상 변화에 따라 다양한 분야의 과학기술 발전이 한국의 산업화와 사회 변화에 미친 영향과 의미 등에 대해 정리, 검토하는 성과가 적지 않게 나타나고 있다.[29] 그러나 군사기술 분야의 개발이 한국의 현대 산업화 등에 미친 영향에 대해서 종합적으로 검토한 연구가 이루어지지 못한 점에서 향후 관련 연구가 매우 시급한 상황이다.

2장

한국 고대~ 중세의 전쟁과 과학기술

한국사에서 전쟁의 기원과 국가 형성

인류 역사에서 언제부터 전쟁이 발생하였는지에 대해서는 정확히 알 수 없다. 그동안 전쟁은 국가가 형성된 이후에 가능한 것이라는 인식이 일반적이었다. 그러나 20세기 중반 이후 고고학 연구의 진전에 따라 전쟁의 기원을 고대국가가 형성되기 이전인 신석기시대까지 소급하여 이해하기 시작하였다. 특히 기원전 8000년경 축조된 성벽 유적이 요르단의 예리코(Jericho)에서 발견되면서 정착 농경이 시작된 신석기시대부터 전쟁의 기원을 소급할 수 있을 것으로 판단되었다. 즉, 초기 농경사회의 인간 집단이 정해진 영역을 지속적으로 사용하면서 취락을 중심으로 공간적 정체성이 나타나고 농경생활은 정착성을 강화시킴에 따라 목책(木柵), 환호(環濠) 등의 방어시설이 갖추어진 방어형 취락(聚落)이 출현하기 시작한 것이다.

　방어형 취락의 존재와 격렬한 갈등의 흔적은 한반도 지역에서도 동일하게 나타난다. 1990년대 이후 목책, 환호 등을 갖춘 '마을' 유적이 여러 곳에서 발굴되었다. 신석기 후반부터 환호의 흔적은 확인되지만, 방어 기능이 뚜렷한 토루(土壘)나 목책 시설이 환호와 결합된 본격적인 방어 기능의 마을 유적은 청동기시대부터 집중적으로 나타나고 있다. 예를 들면 울산 검단리마을 유적, 부여 송국리 유적, 진주 대평리 및 양산 평산리 유적 등이 대표적이다. 송국리 유적의 경우 총 길이 430여 미터이며 총 둘레 길이는 2.5㎞ 정도로 취락 내부의 총 면적은 61ha에 달하였다. 이 유적은 출입구 방어를 강화하기 위하여 목책 외곽에 끝이 뾰족한 말뚝을 여러 개 박아놓은 녹자(鹿砦) 시설을 설치한 흔적도 발견되는 등 대규모 방어 취락의 모습을 여실히 보여주고 있다. 이를 보면 청동기시대에 들어서면서 상당히 격렬한 상쟁을 고려하면서 방어 취락이 건설되었음을 짐작할 수 있다. 그러나 초기 청동기시대에 청동기는 군사용 무기로서 널리 사용된 것은 아니었다. 제작비용이 많이 들고 강도가 충분히 확보되지 못했던 초기 청동기는 주로 의장용(儀仗用) 성격을 지닌 도구의 재료였으므로 철기가 보편화되기까지는 석기가 일반 군사들의 주요 무기로 사용되었다. 실제 전쟁의 정도를 결정하는 것은 돌이나 금속과 같은 무기의 재료가 아니라 무기를 사용하는 사람의 의지로 평가된다. 즉, 무기의 종류가 전쟁에 영향을 주는 것은 사실이지만, 전쟁이 격렬해지는 것은 전적으로 인간의 의지에 달린 것이다. 따라서 철기시대 이전까지 돌로 만든 무기가 전투에서 중요한 역할을 하였다. 근대까지 우리 사회에서 행해졌던 석전(石戰) 풍속은 그 잔영이라 할 수 있다.[1]

한반도와 만주 일대에서 언제 국가가 형성되었는지에 대해서는 논란이 적지 않다. 가장 중요한 요소의 하나인 최고 권력자로서의 국왕의 등장과 관련하여 국가 형성을 설명하는 것이 일반적이다. 국왕의 존재는 고대국가를 상징하는 공권력의 결정체이자 국가의 지표라고 볼 수 있다. 고대국가 이전 단계에는 제사장이 제사권 등 전반적인 최고 권력을 장악하지만 외부와의 전쟁이 발발할 경우에는 별도의 군사지도자를 뽑아 대처하도록 하여 군사권은 분리된 상태에 있었다. 초기에 등장하는 국왕은 기본적으로 전쟁에서 기원한 군사지도자의 성격을 가지고 발전된 존재였다.

철기시대가 되면서 기존의 농경사회가 인근 지역의 자원에 의지하던 자급적 지역경제에서 벗어나 원거리 지역과의 교역이 활성화되면서 상호 의존하는 경제체제로 전환하게 된다. 이 단계에서 지역 세력 간 전쟁이 격화되고 광역화되는 양상을 띠게 되는데, 이처럼 이전보다 전쟁이 상시화되고 규모가 커질 경우 국왕의 존재도 아울러 상시화되고 강력해진다. 이제 제사권과 군사권이 군사지도자 한 사람에게 집중되는 양상을 보이고 국왕으로 발전하게 되는데, 이 단계가 되면 고대국가가 형성되었다고 할 수 있다.

즉, 고대국가의 형성과 전쟁의 발생은 상당히 밀접한 관계를 가진다. 이러한 측면에서 볼 때 한국 고대국가의 발달에서 국왕의 존재 및 전쟁의 양상은 의미 있는 지표가 될 수 있다. 물론 국가 형성 이전에도 원시적인 형태의 전쟁이 있었고 그 양상도 매우 치열하였지만 그 성격은 국가 형성 이후의 전쟁과 달리 단속적인 소박한 형태의 분쟁인 경우가 적지 않았다. 국가 발달과 전쟁의 양상을 동시에 고려하면 삼국의 국가 발달 단계는 대체로 세 단계로 구분되고 있다.

먼저 1단계는 국가 형성기로서 여러 공동체가 모여 소국을 이룬 상태에서 주변 소국에 대한 정복을 추진하는 단계라고 할 수 있다. 이 단계를 통해 국가 형성에 필요한 영역적 기반을 확보하게 된다. 2단계는 국가 발전기로서 소국 공동체 복속을 기반으로 국가 지배체제가 정비되고 이를 바탕으로 주변 세력과의 연합이 아닌 한 국가 단독으로 전쟁을 수행할 수 있는 단계이다. 이 시기가 되면 전쟁의 규모도 보병과 기병을 합쳐 2 3만에 달할 정도로 점차 커지기 시작한다. 이 시기에 고도의 기병 전술이 나타나기도 한다. 3단계는 국가 완성기로서 통치 영역의 광역화에 기초

하여 이른바 대왕(大王) 전제정치가 가능해지고 국경을 맞대는 3국 간에 통일국가 수립을 위한 세력 각축이 나타나는 시기라고 할 수 있다. 전쟁 시 동원의 규모는 훨씬 커져 보병과 기병을 합하여 약 5만 이상에 달할 정도가 된다.[2]

고구려는 삼국 중에서 고대국가로의 성장이 가장 빠른 국가로 알려져 있다. 그러나 곧바로 큰 영역을 가진 국가로 성립된 것이 아니라 최초에는 주변 소국을 복속하며 점차 영역을 확장하다가 고대국가로 완성되게 된다. 자연 조건에서 볼 때 고구려의 출발지는 다른 국가들에 비해 가장 불리한 곳이었다. 고구려가 출발한 남만주의 환인(桓仁) 지역은 동가강(佟家江) 중류의 깊은 계곡 사이의 좁은 평야 지역으로 주변은 모두 산악 지대로 형성되어 있다. 따라서 『삼국지(三國志)』에 나타나 있듯이 "힘들여 일을 해도 배를 채울 수 없는" 매우 불리한 자연 환경이었다. 농경에 절대적으로 불리한 환경이었고, 초지가 충분하지 않아 유목도 발달하기 어려웠다. 고구려인들은 수렵을 통해 부족한 영양을 보충하거나 주변 지역에 대한 약탈이 불가피하였다. 자연히 고구려인들은 수렵 및 약탈을 위한 기사(騎射) 능력이 발달하지 않을 수 없었고 이는 고구려의 강력한 군사력의 원천이 되었다.[3] 여기서 흥미로운 점은 환인 지역에서 조금만 벗어나면 압록강 하류 및 혼하(渾河) 일대의 기름진 평야를 만날 수 있다는 것이다. 따라서 수렵 등을 통해 실력을 키운 고구려가 주변의 풍요한 지역을 군사적으로 정복할 경우 기존의 군사적 능력과 함께 정복한 지역의 자원을 바탕으로 곧바로 강력한 세력으로 급속히 팽창할 수 있었다. 즉, 전쟁은 고구려의 국가 형성과 팽창에서 매우 중요한 요소였음을 알 수 있다. 고구려가 자연 환경 면에서 매우 불리한 환인 지역의 소국 공동체에서 출발하였지만 신라, 백제 등 다른 국가에 비해 빨리 대제국으로 성장할 수 있었던 원천은 이러한 자연적, 군사적 이점을 활용한 전쟁이었다.

아울러 고구려 초기 다양한 문화를 수용했던 경험 덕분에 이후 국가로 성장하면서 말갈, 거란 등 북방의 기마민족을 포함하여 유목과 농경문화를 접목시킬 수 있었으며 대륙문화와 해양문화를 결합하며, 문화적 포용력을 발휘하였음을 주목할 필요가 있다.

1~3세기의 고구려의 팽창과 전쟁 양상

고구려는 국가 형성 초기 5부(五部)의 연합에서 출발하였지만 점차 계루부(桂婁部)를 중심으로 통합하고 아울러 비류국(沸流國) 등 주변 소국을 정벌하는 영토 확장 과정을 병행하면서 고대국가의 면모를 갖추어갔다. 주변 국가를 병합하면서 영토 확장을 추진하던 고구려의 성장은 필연적으로 주변 중국 세력과의 충돌과 경쟁을 필연적으로 발생시킬 수밖에 없었다. 당시 고구려가 진출을 꾀할 수 있는 곳은 서쪽으로는 요하 유역, 남쪽으로 대동강 유역, 북쪽으로 송화강 유역, 그리고 동남쪽으로는 동해안의 함흥 평야지역이었다. 이 지역은 대부분 당시 중국 세력의 영향이 많은 곳이었으므로 중국 세력과의 충돌은 당연하였다.[4] 기원을 전후한 시기 현토군(玄菟郡) 설치를 둘러싼 전한(前漢)과의 충돌과 임둔(臨屯) 및 진번(眞番) 축출을 위한 전쟁 등은 그 대표적인 사례이다. 특히 고구려의 입장에서 요동 지역으로의 영토 확장은 매우 중요한 의미를 가지는 것이지만 요동 지역은 중국 세력의 정치, 경제, 군사적으로 매우 중요한 지역이므로 중국 세력과의 전쟁은 계속되었다. 고구려는 기원을 전후한 시기 요동에 대한 진출을 시도하였으나 후한 광무제의 침입 등 중국 세력의 반격으로 성공을 거두지 못하였다. 그러나 1세기 중엽인 6대 태조왕대에 이르러서 대내외 상황이 고구려에 매우 유리하게 전개되기 시작하였다.

태조왕대 고구려는 부자 상속 체계를 확립하여 왕권 강화를 시도하고 중앙집권적 정치체제를 정착시키는 등 국가체제를 정비하였다. 이를 바탕으로 중앙집권적 군사력을 확충하였다. 우선 동남쪽의 주변국인 옥저를 56년에 복속시켜 평야지대를 확보하는 성과를 거두었다. 당시 고구려를 둘러싼 국제 환경도 매우 유리하게 전개되기 시작하였다. 1세기 후반이 되면 후한은 황실 내부의 정치적인 대립으로 극심한 혼란에 빠져 주변 세력에 대한 통제력을 확보하기 어려워졌다. 이에 따라 요동 일대의 한 군현은 매우 위축되었으며 고구려를 비롯한 주변 세력들은 경쟁적으로 세력을 확장하기 시작하였다. 이를 고구려의 국가 발달 단계에서 보면 새로운 단계, 즉 국가 발전기로 접어들었음을 의미한다.

고구려는 후한의 세력이 약화되자 전략적으로 후한의 배후에 있던 강력한 세력인 흉노(匈奴)와 관계를 맺고 본격적으로 요동 진출을 시도하였다. 고구려는 105년 요동 진출을 시도한 이래 후한 세력과 잦은 전쟁을 치렀다. 고구려에 있어 요동 진출은 매우 중요한 의미를 가지는 것이었다. 요동 지역은 넓은 평원과 함께 요하의 본류와 여러 지류가 지나가 수자원이 매우 풍부할 뿐만 아니라 철, 소금 등 고대국가 성장에 필요한 각종 자원의 보고였다. 이에 고구려의 요동 진출은 매우 집요할 수밖에 없었다. 예를 들어 121년에는 요동군, 현도군의 주요 거점을 공격하였으며 연말에는 태조왕이 직접 1만여 명의 군사를 이끌고 현도군의 치소인 무순의 현도성을 공격하기도 하였다. 그러나 후방에서 후한의 동맹국인 부여 군대가 역습하여 고구려군은 큰 피해를 입고 철수하여 현도성 확보에 실패하였다. 이에 고구려는 낙랑군과 후한과의 육로 교통을 차단하여 낙랑군의 고립을 시도하였다. 146년 고구려는 압록강 하구의 군사적 요충인 서안평(西安平)을 공격하여 대방현령을 죽이고 낙랑태수 일가를 생포하였다. 2세기 말 이후에는 후한의 본격적인 쇠퇴에 따라 요동 지방의 주도권 장악을 위한 후한, 고구려, 부여, 선비족 간의 충돌은 계속되었다.

2세기까지 고구려와 중국 군현 간의 전투 양상은 험준한 자연지세를 이용한 기습전과 도성에서의 방어전이 주를 이루었다. 국경에서 도성에 이르는 지역은 충분한 방어체제를 갖추지 못하였는데 이는 정치적으로 상당한 중앙집권화와 영역화가 이루어지지 못한 상태였음을 반영한다. 실제 고구려는 각 부(部) 혹은 나부(那部) 등이 중심 세력인 계루부의 통제를 받았지만 독자적으로 호민(豪民)을 중심으로 군병을 동원하여 전투를 수행하는 방식이었다. 호민이란 경제적으로 상당한 수준에 있던 전사(戰士, Warrior) 집단으로서 스스로 병기를 갖추어 전쟁에 참여하던 존재였다.[5] 따라서 전쟁의 규모를 급속히 확대하기에는 어려움이 적지 않았다.

4세기 이후 전쟁 양상과 무기체계 변화

1. 4세기 이후 전쟁 규모의 확대

전사들이 주도하던 고대 초기의 전쟁은 3세기 들어 점차 변화하기 시작하였다. 이를 잘 보여주는 것은 전쟁에 참가하는 군사들의 수효가 급격히 증가하는 것을 통해 확인할 수 있다. 예를 들어 고구려의 중국 세력과의 전쟁에서 동원되는 군사는 2세기 5천~1만5천 명에 불과하던 것에서 3세기 중반에는 2만5천 명, 그리고 4~5세기에는 5만 명을 상회하고 있다. 이는 불과 2세기 전에 비해 5~10배 이상 증가한 것이다. 전투의 규모 확대와 함께 전투 지역도 점차 확대되어 2세기까지는 주로 도성인 압록강 유역의 국내성 등 고구려 초기 중심지에서 대부분 이루어지던 것과 달리 3세기에는 국경과 도성의 중간지대가 주요 전투 지역이 되었다. 전투 양상도 수성전과 같은 소극적인 전투방식이 아닌 평원에서의 회전(會戰) 등을 통해 적극적으로 적군을 저지하는 모습을 보인다. 4세기 이후 들어서는 영역 지배가 점차 강고해지면서 국경 일대에서의 전투 양상도 본격적으로 나타나기 시작하였다.

1~2세기까지 병력의 규모가 크지 않았던 것은 그 당시 군사 동원 체제와 관련이 있다. 당시 고구려의 지방 단위였던 나부(那部)들은 고구려 왕권의 통제를 받았지만 기본적으로 자치권을 확보하고 있었다. 상층인인 이른바 호민 이상으로 이루어진 전사 집단으로 병력을 독자적으로 동원하였다. 따라서 국왕 호위 등을 담당하는 군병 이외에 상시적으로 대규모 군병을 동원하기에 어려움이 많았다. 3세기에 접어들면서 전사 이외에 공민을 징집하는 방식으로 변화되면서 동원되는 군사들의 규모가 점차 확대되었다. 4세기 전반기 요서 지방의 전연(前燕) 및 백제와의 전쟁에서 패한 고구려는 본격적인 체제 정비에 착수하여 4세기 중반 이후 중앙집권체제가 강화되고 일정 기준 이상의 공민을 본격적으로 징병하는 체제를 갖추게 되면서 군사력의 규모가 현저히 확대되었다.

2. 병종과 무기체계의 분화

전투에 동원되는 병력의 규모가 증가하면서 고구려의 병력 구성도 적지 않은 변화가 나타났다. 수천 명 규모의 전사 집단을 중심으로 군사력을 유지하고 있던 시기에는 기병의 비중이 상당히 높았을 것이다. 그러나 군사력이 확대되면서 보병의 비중이 점차 높아지게 된다. 대체로 4세기 중반이 되면 보병과 기병의 비중이 3:1 정도로 추정되며 주요 무기는 활과 창이었다. 기병의 경우에는 경기병과 중기병의 분화도 나타나게 되는데, 경기병은 수렵민(狩獵民)으로서의 전통적인 고구려 문화와 관련이 있는 것이다. 전사 집단을 중심으로 군사를 편성할 경우에는 우수한 기마술과 궁술을 가진 군사로 기병을 편성할 수 있었다. 그러나 기병의 규모도 커지면서 기마술이 상대적으로 이전에 비해 떨어지는 사람을 기병으로 편성하지 않을 수 없었고 중무장하고 창을 들고 일제 돌격하는 단순한 전술이 채택될 수밖에 없었다.

2세기 이전까지 전사 집단이 주력 병종이었던 시기에는 집단적인 전술보다는 개인 간의 근접전이 주요한 전투방식이었다. 개인 간의 근접전이 주요 전투방식이었으므로 개인이 자유롭게 휘두를 수 있는 칼의 전술적인 중요성이 높았다. 그러나 병력 규모가 커지면서 집단 전술이 중시되던 3세기 이후에 들어서면서 창과 활이 무기체계의 중심을 이루게 된다. 무기에 따라 병종이 구분되어, 보병은 궁수대, 창수대 등으로 구분되었을 것이다. 기병은 활을 주 무기로 하는 경기병과 창을 주 무기로 돌격을 담당하는 중기병으로 분화되었을 것이다. 단병기인 칼은 이제 보조적인 무기로 바뀌면서 칼은 점차 의장적, 의례적인 성격을 갖게 된다. 칼의 장식이 이전보다 화려해지는 것은 이러한 상황을 반영하는 것이다. 창류의 군사적 비중이 상당히 높은 것은 고구려의 고분벽화 및 유물 출토를 통해 확인할 수 있다. 이를 분석하면 대체로 보병은 창→환도→활의 순으로, 기병은 창→활→환도의 비중 순으로 무기를 휴대하고 있는 것으로 보아 당시 기병과 보병 모두 가장 주요한 무기는 창이었고 칼은 보조적인 무기였음을 알 수 있다.

창의 비중이 확대되면서 창의 분화도 나타났다. 4~5세기 고구려의 상황을 전해주는 『주서(周書)』 「고려전高麗傳」에는 고구려에 극(戟), 삭(矟), 모(矛), 연(鋋) 등 4종류의 창이 있었음을 보여주고 있다. 극은 모(矛)와 과(戈)를 합친 창으로, 중무장한 적 기병과의 전투를 위해 말에 탄 기사를 끌어내기 위해 사용되었다. 삭은 길이 4미터 정도의 기병용 장창으로 중국에서도 돌격을 중시하는 중장기병이 등장하면서 널리 보급되었다. 모는 청동기시대부터 있었던 보병들의 일반적인 창이고, 연은 모(矛)와 비슷

〈그림 2-1〉 고구려 고분벽화 속의 중장기병

하지만 선단부는 모에 비해 가늘고 길며 자루가 철로 된 창의 일종이었
다. 중장기병용 창인 삭의 존재를 통해 고구려에 중장기병이 나타났음을
짐작할 수 있다.[6]

　고구려의 기병 병종 중 중요한 역할을 한 것으로 이해되는 중장기병이
언제 등장하였는지에 대해서는 분명하지 않다. 다만 246년 동천왕이 철
기(鐵騎) 5천으로 조위(曹魏)와 교전하였다는 기록이 있는 것을 보면 3세
기 중반이 되면서 철갑을 갖춘 중장기병이 등장하기 시작하였을 가능성
이 있다. 그러나 철기라는 용어는 기마까지 갑주를 두른 중무장 기병이
라기보다는 이전에 비해 갑주(甲胄)를 갖추기 시작하였음을 보여주는 것
으로 보는 것이 타당할 것이다. 중국의 경우 3세기 초반인 후한(後漢) 말
경에 중장기병이 등장하였지만 전체 군사의 비중에서 중장기병이 차지하
는 비중은 매우 낮았다. 그러나 4세기 초 이른바 5호16국시대에 접어들면
서 중장기병의 비중이 급격히 증가하면서 주력 병종이 되었다.

　고구려는 4세기 전반 중국의 전연 등과 여러 차례 전쟁을 치렀는데,

이 전쟁의 과정을 통해 자연스럽게 중장기병이 보급되었을 것으로 보인다. 다음 〈그림 2-1〉에 보이는 통구 12호 고분벽화를 보면 고구려 기병은 말까지 완전히 갑옷으로 방호하며 긴 창을 들고 돌격하는 모습이 잘 드러난다. 중장기병 그림 옆에 있는 포로를 칼로 참수하는 모습은 칼의 용도가 주 전투용이 아닌 보조적인 역할을 하고 있음을 여실히 보여주고 있다.

고구려의 기병은 중장기병이 주력인지 아니면 경기병이 주력인지에 대해서는 현재 논란이 적지 않다. 1990년대 초부터 고구려의 중장기병이 4세기 말~5세기 후반 광개토왕대 및 장수왕대 고구려 영토 확장에 크게 기여하였으며 상대적으로 중장기병이 빈약하였던 백제와 신라를 쉽게 제압할 수 있었다는 주장이 여러 학자에게서 제기되었다.[7] 분명한 것은 4세기 이후 고구려의 군사 규모가 크게 확대되면서 기마술과 궁술이 다소 부족하더라도 갑옷으로 무장하고 일제히 돌격하여 전투를 결정지을 수 있는 중장기병의 비중과 역할이 확대된 것은 사실일 것이다. 그러나 중장기병의 존재가 곧바로 고구려의 군사적 능력을 보여주는 것으로 보기에는 주저되는 바가 있다.

앞서 보았듯이 고구려가 최초 건국된 환도성이 있는 환인 지역은 지리적으로 압록강 중류인 동가강 일대에 자리잡은 분지 지역으로 농경과 유목에 상당히 불리하였다. 생존을 위해 고구려는 3세기까지 농경과 수렵이 병존하는 반농반렵(半農半獵)의 경제 상태였고 수렵의 비중이 상당히 높았으므로 고구려인들은 높은 수렵 능력을 갖게 되었다. 이는 전투에서 자연스럽게 기마 사격으로 이루어지는 기마전술 및 보병과 기병의 합동 전술을 구사할 수 있는 토대가 되었다.[8] 따라서 자연스럽게 다른 지역에 비해 우수한 기마술과 궁술을 익히게 되는 원천이 되었다. 수렵 기병적인 전통을 가진 고구려 경기병은 정찰, 기습, 포위, 추격 등 다양한 역할을 수행하면서 우수한 고구려 군사력의 한 바탕이 되었을 것이다. 즉, 고구려 기병의 주력은 중장기병이 아닌 경기병일 가능성이 적지 않다.[9] 고구려 기병의 주력이 무엇인지 여부와 관계없이 상무적 기풍과 기마 수렵 능력에 기인한 군사적 능력을 바탕으로 하여 고구려는 대외적으로 적극적이고 유연한 전략문화를 갖게 되었다.

기병을 중심으로 고구려의 군사력은 전쟁 수행 양상에서도 높은 공격 지향적인 양상을 보이게 된다. 고구려의 전쟁을 분석한 한 연구에 의하면 고구려가 수행한 전쟁이나 전투는 모두 108회였는데 66회의 공격전과 42회의 피침에 대해 18회의 방어전을 실시한 것으로 파악되고 있다. 그리고 중국 세력을 제외한 모든 교전 대상국을 상대로 공격 지향의 전쟁으로 일관하고 있다.[10] 방어전의 경우에도 일방적인 수세가 아닌 주변이나 후방의 거점에서 군사력을 투입하여 적극적으로 대응하고 있음을 보여준다.

고구려의 전통을 계승한 것으로 알려진 백제도 초기 국가 성장기 우수한 기병을 바탕으로 주변 지역을 병합하면서 급속히 성장할 수 있었다. 백제가 건국 초기 오늘날 경기도 및 강원도 일대에서 북방에서 남하하는 말갈 세력과 경쟁하고 아울러 기존의 마한 세력과 경합하면서 한강 일대를 장악한 것도 우수한 능력을 가진 기병의 존재가 중요한 역할을 하였다.

3. 활과 화살의 기술 발전

활은 대나 나무 또는 쇠를 반달 모양으로 휘어서 두 끝에다 시위를 걸고 화살을 시위에 걸어 당겼다 놓으면 줄의 탄력을 받아 화살이 튀어나가는 무기로서 전근대의 대표적인 장병기의 하나였다. 특히 유라시아 초원의 유목민족은 말과 활을 결합한 전투 능력을 가지고 있었으므로 주변의 다른 집단에 비해 현저히 높은 전투력을 가질 수 있었다.[11] 유라시아 계통의 영향을 적지 않게 받았던 고대 한반도 북부의 세력들은 말을 타면서 활을 운용하여 사냥을 하고 아울러 이 능력을 바탕으로 주변 세력을 적극 흡수하면서 팽창할 수 있었다. 명궁이었던 고구려 시조 고주몽(高朱蒙)의 존재가 그 대표적인 사례라고 할 수 있다.

활은 크기와 재료에 따라 여러 가지 분류 방법이 있는데, 먼저 활의 크기에 따라 궁간(弓幹)의 길이가 2m 전후에 이르는 장궁(長弓)과 궁간이 짧은 단궁(短弓)으로 구분된다. 장궁은 주로 삼림이나 해안지대의 민족이 사용한 활로서 길이가 길고 무거워 기병들이 사용하는 것은 어려웠으므로 보병이 주로 사용하였다. 대신 길고 굵으며 무거운 화살을 사용할 수 있었으므로 화살의 관통력이 뛰어났다. 유럽의 백년전쟁 당시 영국군이 사용한 유명한 잉글리시 롱보우(long-bow)가 대표적이다. 단궁은 한국, 몽골 등 주로 초원의 유목민족이 사용하던 활로서 크기가 작아 말 위에서 사격이 용이하였다.

활은 재료에 따라 단순궁(單純弓), 강화궁(强化弓), 복합궁(複合弓)으로 구분하기도 한다. 단순궁은 나무나 대나무의 한 가지 재료로 제작된 것으로 대개 장궁이다. 강화궁은 단순궁의 궁체에 끈과 같은 것으로 감아 궁체의 저항력을 높인 것이다. 복합궁은 나무, 대나무, 뿔 그리고 동물의 심줄(腱) 등을 붙여서 만든 활로서 중앙아시아 유목민이 발명하였으며 대개 길이가 짧은 단궁이다. 복합궁은 가장 발달된 구조를 가진 강력한 활로서 길이는 짧아도 단순궁인 장궁 못지않은 위력을 발휘하며 말을 타고 사격할 수도 있으므로 유목 기병들에게 매우 유용하였다. 이상의 일반적인 활 이외에 기계 활인 노(弩, crossbow)가 있다. 노는 나무로 만든 틀 위에 화살을 놓고 활줄을 당겨 격발 장치를 가동시켜 목표물을 향해 발사하는 무기로서 일명 석궁(石弓)이라고도 한다.

우리 활의 역사는 대단히 오래되었는데 구석기시대 후반에 제작된 타제 석촉이 발견된 것으로 보아 매우 이른 시기부터 사용되었음을 알 수 있다. 중국의 사서인 『삼국지』 위지 「동이전(東夷傳)」에는 "예(濊)에서는 낙랑단궁(樂浪檀弓)이 나온다."는 기사가 있는 것으로 보아 중국과 다른 우리 고유의 활이 삼국시대 이전부터 제작, 사용되었음을 알 수 있다. 삼국시대에도 활은 전투에서 매우 많이 사용되었음을 알 수 있는데, 중국의 각종 역사서 등에는 맥궁(貊弓), 단궁(檀弓), 경궁(勁弓), 각궁(角弓) 등 고구려의 활에 대한 기록이 있는 것으로 보아 여러 지역의 다양한 재료를 활용한 활이 있었음을 알 수 있다. 아울러 고구려 활의 형태는 현존하는 고구려 벽화의 수렵도(狩獵圖) 등을 통해 만궁 형태의 짧은 단궁이 사냥에 많이 사용됐다는 것을 짐작할 수 있다. 신라와 백제의 경우에도 단궁인 만궁 형태의 활이 제작되었을 것으로 짐작되는데, 백제의 경우 전라남도 나주군 반남면 신촌리 제9호 고분에서 발굴된 활 유물을 통해 활채의 창 밑 부분에서 활의 고자 부분이 휘어진 모양인 것을 보아 만궁이었음이 분명하다.[12] 삼국에서 짧은 단궁이 많이 사용된 것은 만주 북부에서 남쪽으로 이주한 주몽 세력 등 북방 세력이 세운 국가였으므로 기본적으로 말 타며 활 쏘는 이른바 기사(騎射) 능력이 매우 뛰어났다. 말 위에서 활을 쏘기 위해서는 활의 크기가 길면 사용하기 어려웠으므로 짧은 활의 제작이 요구되었다.

짧은 단궁이 긴 활에 비해 위력이 떨어지지 않기 위해서는 여러 재료를 사용한 복합궁이 필수적이다. 현존하는 고구려 활로서 가장 오래된 것은 353년경에 제작된 것으로 소의 갈비뼈로 활채를 만들고 부분적으로 뿔과 나무도 사용한 복합궁 또는 합성궁(composite bow)의 형태를 띠

〈그림 2–2〉 수렵도에 보이는 고구려의 단궁

고 있다.[13] 고구려 활의 구체적 모습은 각종 고분벽화에 잘 나타나 있는데, 벽화 속의 활은 모두 활채가 심하게 굽었으며 활꼬지는 활채가 굽은 반대 방향으로 휜 모습을 볼 수 있다. 양쪽의 활꼬지를 제외한 나머지 부분은 여러 재료를 덧대어 활의 강도와 탄력을 보강하였다. 따라서 활의 탄력이 다른 지역의 활에 비해 매우 우수하였다.[14]

탄력이 높은 활의 개발과 함께 발사물인 화살도 용도에 따라 다양하게 개발되었다. 화살 유물 중 화살대는 오랜 세월에 의해 부식되어 대부분 없어졌으므로 재료와 구체적인 형태는 파악하기는 어렵다. 고구려의 화살대는 주로 싸리를 이용하였고 신라는 대나무를 이용한 것으로 보이며, 그 길이는 대체로 60~70㎝ 정도인 것으로 추정된다. 화살의 깃은 화살의 비행을 안정시키고 화살의 무게중심이 움직이는 방향과 화살대가 지향하는 방향을 일치시켜 관통력을 높이는 데 필요한 것으로 새의 깃털을 사용하였는데, 대체로 꿩의 날개, 꼬리털, 매의 날개털 등이 사용되었을 것으로 추정된다. 삼국의 화살촉은 주로 철제로서 다양한 형태의 화

〈그림 2-3〉 고구려의 각종 화살촉

살이 제작되었다. 고구려의 화살촉은 크게 도끼날 모양의 넓적촉과 뾰족촉의 두 종류가 대표적이다. 넓적촉은 방어용 무장이 약한 적에 대해서는 단번에 큰 상처를 줄 수 있는 경우에 사용하였고 중장기병과 같이 방어용 무장이 견고한 적에 대해서는 관통력이 높은 뾰족한 송곳 모양의 화살을 사용하였을 것으로 보인다.[15] 따라서 중장기병과 같이 중무장된 기병이 확산되는 4~5세기 이후 화살촉이 여러 형태로 다양하게 분화되었을 것이다.

넓적촉은 갑옷과 같은 방어용 무장이 약한 적에 대해 사용될 수 있지만 이에 더하여 화살의 사정거리를 늘리는 데에도 사용되었을 것이다. 넓적촉은 화살이 날아갈 때 활촉 또는 뒷깃털에 약간의 설치각을 주어 앞뒤에 모두 다 같이 양력(揚力)이 발생하도록 하였다. 이에 비해 뾰족촉은 화살이 날개로서의 역할을 하지 못하므로 양력이 적게 발생하였다.[16] 따라서 넓적촉은 뾰족촉에 비해 정확도는 다소 떨어지는 문제가 있지만 보다 먼 거리에서 사격할 수 있다는 점에서 기병의 돌격을 먼 거리에서 저지하는 수단이 되었을 것이다. 아마도 고구려 군대는 전투 시에는 넓적촉 화살을 먼저 쏘아 집단적으로 탄막을 형성하여 적 기병 등의 돌격을 저지하는 방식으로 운용하였을 것이다. 이어 관통력이 높은 뾰족촉 화살을 사격하여 적 기병을 살상했을 것이다. 〈그림 2-3〉의 북한 자강도 지역 출토 고구려 화살촉의 실물을 보면 당시 매우 다양한 화살촉이 제작되었음을 알 수 있다.

이 외에 매우 특징적인 화살로는 날아가는 동안 소리를 내는 화살인 명적(鳴鏑) 또는 효시(嚆矢)가 있는데, 그 형태는 대체로 넓적촉의 중앙에 구멍을 내거나 물병 모양의 소리 내는 부분의 주위에 구멍을 다수 뚫는 방식 등이 있었다. 명적은 전투 중 신호를 하거나 소리를 내어 적의 기세를 꺾는 등의 용도로 사용되었을 것이다. 앞의 〈그림 2-2〉 고구려 수렵도를 보면 두 명의 기마 궁수들이 모두 명적을 사용하는 모습을 확인할 수 있다.

4. 대(對)기병 무기의 발전

4세기 이후 고구려, 백제의 군사력이 크게 확대되고 중장기병 등이 등장하면서 전쟁 양상은 크게 변화되었다. 삼국 간 기마전이 본격적으로 등장했고, 중장갑 상태의 적 기병에 대응하기 위해 말 위의 기병을 걸어 당길 수 있는 무기가 본격적으로 나타나기 시작했다.

삼국 간의 기마전이 본격적으로 나타나면서 중장갑한 상대의 기병인 이른바 중장기병 등에 대응하기 위해 말 위의 기병을 걸어 당기는 무기가 본격적으로 나타나기 시작하였다. 대표적인 것으로 철구(鐵鉤), 철겸(鐵鎌), 유자무기(有刺武器) 등이 그것이다. 먼저 쇠갈고리를 말하는 철구는 보병이 중무장한 적 기병과의 전투에서 기병을 말에서 끌어내리기 위한 것이었다. 고구려의 철구는 현재 2점이 발견되었는데 세 가닥으로 된 형태로 자루에 끼워서 사용하였다. 이 철구는 걸어 당기는 무기로서뿐만 아니라 그것으로 적을 긁어서 큰 상처를 주는 데도 매우 유리한 무기였다. 백제 지역에서도 두 가닥의 갈고리를 가진 철구가 발굴되었다. 고구려에는 이 외에도 갈고리 창이 있었는데 그것은 보병이 가진 짧은 창에 '을(乙)' 자 모양의 갈고리를 붙인 것이다. 창을 짧게 한 것은 기병에 대응하기 위한 것으로, 지나치게 긴 창은 부러질 우려가 있으므로 자루를 짧게 하는 대신 갈고리를 붙인 형태임을 알 수 있다. 이는 보병들은 적을 찌르는 것이 주목적이지만 보조적으로 갈고리로 적 기병을 걸어서 끌어내릴 수 있도록 한 것이다.

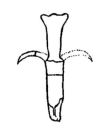

〈그림 2-4〉 유자무기

쇠낫을 말하는 철겸은 농기구로 보이지만 기본적으로 적을 걸어 당기는 무기였다. 그 형태는 걸어 당기기 편리하게 'ㄱ'자 모양의 형태를 갖추고 있는데, 구체적으로 날 부분이 안쪽으로 향하여 가볍게 휘고 날끝은 뾰족하였다. 쇠낫은 자루에 끼워서 사용하였는데 고구려 이외 백제, 신라 지역에서도 다수 출토되고 있다.

유자무기(有刺武器)는 신라와 가야에서만 사용된 독특한 무기로서, 장방형의 평면 철판의 좌우 양측 면에 가시[刺] 모양의 돌기가 있고 철판 하단에는 자루를 끼울 수 있는 구조를 가진 무기이다. 즉, 가시 모양의 돌기에 무엇인가를 걸어서 끌어당기는 목적으로 개발된 것으로, 아마도 말에 탄 적병을 말에서 끌어내리는 데 사용했던 것으로 여겨진다. 이 무기는 현재 가야와 신라 지역에서만 출토되고 있고 고구려와 백제 지역에서는 출토되지 않는 것으로 보아 기마전에 능숙한 고구려, 백제의 기병에 대응하기 위해 새로이 개발된 무기임을 짐작하게 한다.

삼국시대 후반(6~7세기)의 전쟁과 무기체계의 변화

1. 6세기 이후 동아시아 국제정세의 변화와 전쟁

4세기 중반 중국에 남·북조가 성립된 이후 6세기 초까지 안정적이었던 동아시아 국제정세는 6세기 들어서면서 갑자기 요동치기 시작하였다.[17] 이전까지 중원의 남·북조와 동쪽의 고구려, 그리고 북방 초원의 유연(柔然) 등 네 국가가 세력 균형을 이루며 서로 견제하면서 안정적인 국제 관계를 유지하고 있었다. 그러나 523년경 북위(北魏)의 지방 반란이 대규모 내란으로 확대되면서 북위는 동위(東魏)와 서위(西魏)로 분열되었다. 이 혼란을 틈타 남조인 양(梁)이 북위를 침공하였으나 오히려 출전한 양의 장수인 후경(候景)이 반란을 일으켜 양의 수도가 함락되는 등 혼란이 일어났다. 한편 동위와 서위는 북위의 왕실을 폐하고 각각 북제(北齊)와 북주(北周)를 세웠고, 양나라도 진패선이 자립하여 진(陳)나라(556)로 대체되었다.

중원 지역의 혼란을 틈타 북방의 유연 세력이 일시적으로 세력을 떨쳤으나 갑자기 몽골 지역에서 출현한 유목 투르크족인 돌궐(突厥)이 552년 유연을 멸망시키고 몽골 지역의 패권을 장악하였다. 돌궐 세력은 이후 흥안령(興安嶺)을 넘어 만주 지역의 거란족과 말갈족에게까지 세력을 확장하면서 이 지역을 장악하고 있던 고구려와 잦은 충돌을 일으키기도 하였다. 실제 550년경 고구려의 요동 지역 최대 거점 중의 하나인 오늘날 무순(撫順)의 신성(新城)을 돌궐족이 공격하기도 하였다. 이 무렵 고구려도 내부적인 문제가 적지 않게 나타났다. 안장왕(安臧王)이 피살되고(531), 안원왕 말년에는 왕위 계승권을 놓고 귀족 세력 간의 상쟁으로 다수의 피살자가 나타나기도 하였다. 고구려 왕은 이를 제어하지 못하고 왕궁에서 궁성 문을 닫고 방관하기만 하였다. 또한 557년에는 환도성에서 반란이 일어나는 등 정치적 갈등이 심각하였다. 내부적으로 내분을 겪던 상황에서 돌궐 세력이 동진하여 고구려의 요동 지역 일대에서 분쟁을 일으키자 고구려의 주된 군사적 관심은 이 지역 방위에 집중되었고 상대적으로 한반도 내에서 고구려 세력은 상당히 약화되었다.

6세기 중엽 북방 돌궐의 남하로 고구려의 전략적 관심이 만주 지역으로 옮겨진 것을 틈타 신라는 백제와 함께 고구려를 공격하여 오늘날 한강 중, 상류 및 함경남도의 함흥평야 지역을 차지하였고, 2년 후에는 백제가 차지한 한강 하류마저도 차지하였다. 한강 하류를 상실한 것에 대응하여 오늘날 충청북도 옥천인 관산성(管山城)을 공격하던 백제 성왕은 신라군의 기습으로 전사하고 백제군의 대부분이 큰 타격을 입었다. 이에 따라 나제동맹은 완전히 파탄되고 이후 두 나라는 지속적인 전쟁 상태에 이르게 되었다. 신라와 백제의 지속적인 대립으로 남방의 위협을 감소시킨 고구려는 체제를 정비하여 중원과 북방 세력의 위협에 대응할 수 있었다. 고구려는 6세기 후반 요동으로 세력을 뻗쳐온 북주의 세력을 격파하여 위기를 극복하고 요동 지역에 대한 지배권을 다시금 확고히 할 수 있었다. 세력을 회복한 고구려는 다시 관심을 한반도로 돌려 한강 유역을 탈환하기 위해 신라에 대해 적극적인 공세를 취하기도 하였다. 평민 출신 장수인 온달(溫達)의 등장과 북주와의 전투에서의 대활약, 아차산 전투에서의 드라마틱한 전사는 변화하는 당시의 시대적 상황과 이에 대응하기 위한 고구려의 체제 정비의 과정을 잘 반영하고 있다.

575년 북주가 북제를 정복하여 북중국을 통일하였으나 얼마 지나지 않아 북주 내부에서 정권 교체가 일어나 581년 양견(楊堅)이 북주 정권을 탈취하고 수(隋)나라를 건국하였다. 양견이 바로 수 문제(文帝)이다. 북조의 수나라는 남조인 진나라를 정벌하여 중국이 하나의 국가로 통일되면서(589) 남북조시대는 종식되었다. 이는 다원적인 국제질서가 변동하여 급속히 중국 중심의 질서로 동아시아 지역이 재편하게 되는 계기를 마련하였다. 수나라의 중국 통일 이후 북방의 가장 큰 위협 세력이었던 돌궐 세력은 수나라의 장성 수축 등의 위협에 대처하기 위해 침범하였으나 실패하였다. 오히려 내부 분열로 동돌궐과 서돌궐로 양분된 것을 계기로 하여 수의 공격으로 인해 돌궐이 수에 조공을 바치고 복속되었다. 통일 제국인 수의 등장 이후 한반도의 주요 세력이었던 백제, 신라도 수나라와 외교 관계를 설정하게 됨에 따라 고구려를 제외한 중국 주변의 모든 세력이 수나라의 영향력 하에 들어가게 되고 5세기 이후 정립되었던 다원적인 동아시아 국제질서가 붕괴되었다. 이에 따라 기존의 천하(天下) 질서를 가지고 있던 고구려 세력권은 고립을 면치 못하게 되는 상황이 일어났다. 고구려는 새로이 등장한 수나라 주도의 동아시아 국제질서에 대해 유일하게 도전함에 따라 수의 직접적인 위협을 겪게 되는데 고구려와 수, 당의 전쟁은 이러한 국제질서 변화에 따른 것이었다.

2. 6~7세기 삼국의 무기체계 변화

6세기 이후 나타난 동아시아 국제정세의 변화에 따라 우수한 군사적 능력을 가진 주변 국가와의 전쟁인 고구려-수·당 전쟁으로 인해 삼국의 군사기술 및 무기체계, 전술에도 적지 않은 변화를 가져왔다. 먼저 수·당과의 전쟁 과정에서 이들 군대가 요하 일대 고구려의 주요 성곽을 공격하며 선보인 여러 공성무기가 도입되었고 아울러 다양한 수성무기도 제작되었다. 수·당은 고구려의 요하 일대 성곽을 공격하기 위해 다양한 공성무기를 선보였는데, 대표적인 것이 포차(抛車), 대형 노(弩), 화공무기 등이었다.

포차는 대형 수레에 탑재한 투석기로서 당나라 초기인 621년 뒷날 당 태종이 되는 이세민(李世民)이 낙양성을 공격할 때 사용한 포차는 50근의 큰 돌을 200보(步, 약 250미터) 이상 날릴 정도로 대단한 위력을 가진 것이었다.[18] 대형 노는 수레에 싣고 사격하는 기계 활로서 거노(車弩)라 하기도 하였다. 대형 노는 수레 대신 성에 고정시켜 수성용으로도 사용되었는데, 이는 포노(砲弩) 혹은 노포(弩砲)라 불렸다. 화공무기로는 대표적인 것이 화전(火箭)으로, 이는 화살 촉 뒤에 기름을 담은 작은 항아리[瓢]를 매달아 성곽 시설에 불태우도록 한 것이었다.

중국 세력과의 전쟁 이후인 7세기 중반에 들어서면서 삼국의 여러 성곽 전투에서 포차가 사용된 사례가 나타나고 6세기 중반 신라에서 포노(砲弩)를 제작하여 성 위에 비치한 사실은 이를 반영한다. 예를 들어 661년(보장왕 20) 5월, 고구려 장수 뇌음신(惱音信)은 말갈의 장수 생해(生偕)와 함께 신라의 술천성을 공격하였으나 이기지 못하자 군사를 돌려 북한산성을 20일 동안이나 포위하여 공격하였다. 이때 뇌음신은 포차를 이용해서 돌을 날려 북한산성의 건물과 성벽을 파괴하였으나, 북한산성 성주였던 대사(大舍) 동타천(冬陁川)은 성밖 바닥에 마름쇠를 깔아서 고구려군의 침입을 막고 망루와 노포를 설치하여 고구려의 공격을 막는 데 성공하였다. 즉, 7세기 중반 신라와 고구려 모두 포차, 노포 등의 무기를 성곽 공방에서 널리 사용하고 있음을 알 수 있다. 다양한 성곽 전투 관련 무기가 제작된 것은 7세기 말의 무관 편제를 보여주는 『삼국사기』 무관조에 나타난 여러 부대명을 통해서도 확인할 수 있다. 이에 따르면 신라에서는 쇠뇌를 쏘는 부대인 노당(弩幢), 성을 공격할 때 사용하는 이동식 사다리 수레를 다루는 운제당(雲梯幢), 성벽을 파괴하는 수레인 충차(衝車)를 맡은 충당(衝幢), 포차를 다루는 부대인 투석당(投石幢)이 편제되어 있는 것을 볼 수 있다. 즉, 7세기 말 이전 이러한 부대가 신라군에 창설되어 삼국통일 과정의 여러 공성전에 적지 않은 활약을 하였을 것이다. 이러한 특수 병종의 창설은 중국 세력과의 전투와 교류를 통해 이루어졌을 가능성이 매우 높다.

각종 성곽 관련 무기 이외에 새로운 전술이 도입되면서 관련된 무기 기술도 도입되었다. 가장 대표적인 것은 당나라의 전술이 도입된 것을 들수 있다. 당은 이전 중국의 제국과 달리 주변 민족의 여러 전술을 적극적으로 도입하고 이를 중국의 전술과 결합하여 우수한 전술을 개발하였다. 당은 건국 초기 고창국, 토욕혼(土谷渾), 돌궐, 거란 등과 싸우면서 이들의 전술을 적극적으로 수용하여 새로운 전술을 익히고 발전시켜나가게 된다. 그중 가장 대표적인 것이 이정(李靖)이 창안한 이른바 육화진법(六花陣法)을 들 수 있다. 육화진은 가운데 둥근 원진(圓陣)을 밖의 6개 네모난 방진(方陣)이 둘러싸고 있는 진법을 의미하는데, 육화진에는 장창보병과 궁수 등의 여러 보병 병종과 기병이 통합 편성되어 있다. 바깥의 방진에는 보병의 여러 병종이, 가운데 원진은 기병이 배치되어 있어, 보병이 사방에서 공격하는 적의 기병을 저지하여 세력을 약화시키면 가운데 기병이 돌

〈그림 2-5〉 육화진

격하여 승패를 결정지었다. 육화진의 개괄적인 형태를 도식하면 대체로 다음의 〈그림 2-5〉와 같다.

　육화진을 소개한 병서인 『이위공문대李衛公問對』는 7세기 중반 돌궐군을 격파하여 큰 전공을 세운 위국공(衛國公) 이정(李靖)이 당 태종과 다양한 전술에 대해 문답한 내용을 정리한 유명한 병서이다. 이 책에서는 역대 군제와 병법을 정리하고 한족 군병인 한병(漢兵)과 주변 민족 군병인 번병(藩兵)의 전술을 종합하였다. 이는 중국 한족의 우수한 보병과 유목민족의 기병을 통합하여 군사적 효율성을 높인 것이었다. 각종 병종을 통합한 전술인 육화진은 총 여섯 진이 하나의 팀워크를 이루는 전술 단위를 이루었으므로 각 부대를 통제하기 위해 우수한 신호체계가 요구되었다. 전근대의 군사용 신호체계는 각종 깃발과 군악을 이용하였는데, 7세기 중엽 신라에 보이는 군악대(軍樂隊)의 존재는 이를 반증한다.[19]

　다음으로, 새로이 창설된 각종 병종이 사용할 여러 가지 무기의 제작 필요성이 높아졌다. 가장 대표적인 것으로는 기병의 돌진을 저지할 장창(長槍)이었다. 이전의 장창은 일반적으로 기병이 사용하는 것이었는데, 앞서 보았던 고구려의 삭(槊)이 대표적이었다. 당은 기병용 장창이 아니라 보병이 밀집하여 기병을 저지할 목적으로 장창을 제작하여 야전에서 사용하였다. 대표적으로 6세기 중반인 657년 당나라의 소정방(蘇定方)은 서돌궐을 공격할 때 장창보병부대를 활용하여 돌궐 기병의 기세를 꺾고 기병을 내보내어 돌궐 기병을 격파하였다.[20] 기병의 기세를 저지하기 위해서는 땅에 고정시킨 장창의 기술적인 견고성은 매우 중요한 문제였다. 아울러 낙마한 적의 기병에게 타격하거나 공성 전투 중 적의 성곽 시설을 파괴하기 위한 도끼병의 존재도 필요하였다.

장창과 함께 이 전술을 운용하기 위해서는 원거리 무기를 활용하여 돌진하는 기병의 수를 줄여 장창 부대의 부담을 덜어줄 필요가 있었다. 이를 위해 강력한 활이나 노(弩)의 존재는 필수적이었다. 노는 기계 활이었으므로 명중할 때 위력이 컸고, 숙련도가 낮은 병사들도 집단으로 화망(火網)을 만들어 운용할 수 있었다. 다만 발사속도가 느렸으므로 근거리에서는 발사속도가 빠른 궁시의 집중 사격이 필요하였다. 아울러 궁시의 성능도 개량되어 사정거리와 관통력이 상당히 향상되었을 것이다. 보병의 각종 병종과 함께 전통적인 장기인 중장 및 경기병 등 중국의 군대와 겨루기 위해 각종 다양한 병종이 혼합 편성되어 삼국은 이전에 비해 높은 전투력을 발휘할 수 있었다. 삼국의 다양한 군사 편성과 전술의 일단은 고구려 고분인 안악 3호분 벽화의 행렬도를 통해 잘 알 수 있다.

〈그림 2-6〉의 안악3호분의 벽화에 나타난 행렬도를 보면 중장기병과 경기병이 좌우에 서고 아울러 앞에서부터 각종 병기를 지닌 보병들이 보인다. 먼저 앞에 선 창수들은 긴 창으로 무장하고 있으며, 볼가리개와 털 장식이 달린 이른바 종장판주(縱長板胄)[21] 형식의 투구를 쓰고 있다. 또한 찰갑(札甲) 갑옷 및 다양한 형태의 방패로 몸을 보호하고 있다. 이를 통해 각 병종의 전투 양상을 다음과 같이 짐작할 수 있다. 먼저 창과 방패로

〈그림 2-6〉 안악3호분 벽화 행렬도

무장한 창병들은 대형을 짜고 방패를 이용해 적의 공격을 방어하면서 긴 창으로 서서히 적군의 숨통을 조여갔다. 중기병이 돌진하여 적의 대오를 무너뜨리고, 날쌘 경기병들이 기습 공격을 하여 적의 혼란을 가중시키면 마침내 창병들이 나아가 보병전을 개시하였다. 이때 환두대도로 무장한 환도수(環刀手)들은 대오를 이룬 싸움에서는 길이가 긴 창에 비해 불리하나, 보병들이 뒤섞여 싸우는 난전이나 혹은 지형이 비좁고 험한 곳에서 이루어지는 산악전, 공성전 등에서는 창 못지않은 효율을 발휘하였을 것이다. 수레 옆에 보이는 활로 무장한 궁수들은 원거리에서 적을 살상하거나 적의 대오를 흩뜨릴 수 있는 능력을 지니고 있어 상당히 중요한 병종 중의 하나였다. 위 행렬도에 묘사된 부월수(斧鉞手)들은 도끼로 무장한 보병들인데, 도끼에 붉은 책(幘)만을 쓰고 있을 뿐 갑옷과 방패 같은 방어구는 전혀 갖추고 있지 않았다. 본래 도끼는 고대로부터 애용되던 무기 중 하나로, 창이나 칼에 비해 비교적 만들기도 쉽고 사용하기도 어렵지 않았다. 또한 도끼는 보병들 간에 뒤엉켜 싸우는 난전, 공성전, 산악전에서 칼과 마찬가지로 창 못지않은 효율을 발휘하는 무기로서 중시되었다.

기존의 병법과 함께 앞서 보았듯이 7세기에 들어서면서 새로운 전술체계를 담은 당나라 이정의 『이위공문대』가 신라에 소개되었다. 이 전술이 도입된 것은 신라가 당나라와 나당동맹을 맺은 직후인 것으로 짐작된다. 나당전쟁 후기인 674년(문무왕 14) 9월 문무왕이 영묘사 앞길에서 군대를 사열하고 설수진(薛秀眞)의 육진병법(六陣兵法)을 직접 관람하였다는 기록이 있는데, 이는 그 이전 관련 전술체계인 육화진법이 도입되어 설수진에 의해 개량되었음을 의미한다. 7세기 중엽 이 전술을 도입한 신라는 장창부대인 장창당(長槍幢)을 창설하여 삼국 정복 직후 나당전쟁(羅唐戰爭)의 여러 전투에서 당의 기병에 큰 승리를 거두었는데, 이는 당의 장창 관련 기술과 전술이 도입되었음을 의미한다.[22]

삼국의 전통적 원거리 무기인 활은 앞서 보았듯이 매우 우수하였다. 7세기 중반에 나타난 특징적인 것은 원거리에서 기병의 돌격을 저지할 수 있는 기계 활인 노를 개량하고 대량 제작한 것이었다. 널리 알려져 있듯이 669년(문무왕 9) 당나라 태종이 노사(弩師)인 구진천(仇珍川)을 데려다가 우수한 노를 제작하려고 하였다는 사실은 당시 신라의 관련 기술이 매우 우수하였음을 반증한다. 당시 구진천이 만든 노는 1천 보(步), 약 1,200미터가 넘게 화살을 날릴 수 있는 강력한 무기였다고 한다. 원거리 공격 능력이 있는 우수한 노의 존재는 돌진하는 기병에 대해 여러 차례 사격을 할 수 있었음을 의미하며 이를 통해 장창보병이 보다 쉽게 기병을 저지할 수 있었다.

6세기 이후 크게 개량되기 시작하는 삼국의 다양한 무기와 함께 관련된 우수한 제작기술은 이웃 일본에 전해지기도 하였다. 598년 고구려에서 일본에 노와 포석(砲石)을 보냈다는 사실로 이를 짐작할 수 있다.[23]

고려시대의 무기와 군사체제

1. 고려시대의 군사기술 발전의 배경

고려가 존속하였던 10~14세기에 걸친 약 500년의 시기는 동아시아 역사에서 민족 이동기에 해당되는 매우 유동적인 시대였다. 당의 멸망과 송의 건국, 거란과 여진의 흥기, 몽골의 세계 정복과 명의 건국 등 고려시대의 국제정세는 이전과는 완전히 다른 양상이었다. 변화하는 동아시아 국제정세는 대내외적인 긴장을 높였다. 특히 고려는 건국 직후부터 고구려를 계승한다는 적극적인 북진정책을 채택하고 북방 영토의 확장에 나섰으므로 주변 국가와의 군사적인 충돌의 가능성은 매우 높았다. 이에 대비하기 위해 군사력 강화에 나서게 됨에 따라 무기의 생산과 개발에 매우 적극적이었음을 짐작할 수 있다.

고려시대의 군사기술 발달의 양상은 당시 금속 등 관련 기술 발달을 통해 짐작할 수 있다. 고려시대에 세계 최초로 금속활자를 제작하고 높은 열로 만든 우수한 도자기인 고려청자가 제작되었다는 점을 고려한다면 고려의 금속 가공기술 등 관련 기술은 상당한 수준에 올랐음을 짐작할 수 있다. 이 외에도 몽골군과 함께 일본원정군을 편성하는 과정에서 외국의 새로운 군사기술이 도입되었을 가능성도 매우 높다. 그러나 몽골 간섭기에 고려는 군사력을 강화하고 새로운 무기를 개발하는 데에 한계가 적지 않았다. 예를 들어 몽골 간섭기 초기인 충렬왕대에는 조정에서 방(榜)을 붙여 일반 백성들이 궁시 등의 무기를 소지하지 못하게 하였을 뿐 아니라 사람을 보내어 민간에 있는 궁시를 거두어들이도록 하고 사냥꾼들이 사용하는 화살까지 모두 거두어들이기까지 하였다.[24] 이 외에도 우리의 전통적인 장기인 기마(騎馬)를 금지하고 아울러 활쏘기를 연습하는 곳인 습사장(習射場) 등도 없애도록 하였다.[25]

몽골의 간섭과 몽골과의 일본 원정 이후 한동안의 평화로 인해 고려의 군사기술 발전에는 적지 않은 제약과 정체가 있었을 것임에 틀림없다. 그러나 14세기 중반 이후 원나라의 쇠퇴와 주변 지역의 동요로 인해 고려는 적지 않은 군사적 위협에 시달리게 된다. 왜구의 발호와 홍건적의 난 등이 그것이다. 이에 대응하여 고려는 새로운 무기의 개발에 적극 노력하게 되는데, 고려 말 화약과 화약무기 제조에 관련된 기술을 최무선이 원나라 사람을 통해 도입한 것은 이를 보여주는 한 사례이다. 고려 말 화약과 관련 무기 개발은 이제 새로운 전쟁의 시대로 접어들었음을 의미한다.

2. 고려시대의 군사기술과 무기체계

고려의 무기 종류는 삼국시대와 동일하게 각종 창검 등 근접전 무기인 단병기와, 활 등 원거리 무기인 장병기로 구성되었다. 다만 각 무기의 구성이나 중요성은 삼국시대와는 다소 차이가 있었다. 고려시대에는 단병

기 중 다양한 도검이 제작되었는데, 삼국시대의 대표적 무기인 환두대도
는 그대로 사용되었다. 환두대도(環頭大刀)는 통일신라 이전까지 의장용으
로 주로 많이 사용된 것에서 더 나아가 고려시대에는 일반 관리들이 이
를 즐겨 패용하였다. 고려시대에는 도검 이외에 전투용 격살 무기로 도끼
[斧]가 많이 사용되었던 점이 흥미롭다. 도끼는 이전부터 부대의 지휘관
에게 권위의 상징으로 국왕이 하사하여 권위를 세워주는 목적으로 많이
사용되었다. 그러나 고려 후기의 경우 5명의 병사 중에서 3명에게 도끼
를 준비하도록 한 사실이 있는 경우를 보면[26] 도끼가 일반적으로 알려진
것보다 널리 사용되었음을 짐작하게 한다. 도끼는 무거워 파괴력이 높았
으므로 성문을 부수고 갑옷으로 보호된 적군을 공격하기 위해 사용되거
나 선두에 선 장수와 군사들이 돌격하여 적의 기세를 꺾는 경우에 사용
되었다. 예를 들어 묘청(妙淸)의 난 당시 승려인 관선(冠宣)이 갑옷을 두르
고 큰 도끼를 메고 선두에 서서 십수 인을 죽인 일과 의장이라는 승려의
지휘 아래 승려들이 도끼로 신봉문 기둥을 부순 일 등의 기록을 보면 그
사용이 상당하였음을 알 수 있다.[27]

　고려시대에 각종 도검과 도끼가 널리 보급된 것은 근접전 무기의 제작
기술이 상당히 발달하였음을 의미한다. 이 시기 군사기술 수준에 대해서
는 고려시대의 무기 유물과 함께 당시의 금속제품을 통해 미루어 짐작할
수 있다.[28] 고려시기 철제 무기와 철제 농기구들을 분석한 결과에 따르면
대부분 질 좋은 숙철(熟鐵)로 단조하여 제작하였다. 단조 작업의 경우에
도 단순히 장인이 망치 등을 이용하여 단조하는 수동 단조도 있었지만
질 좋고 견고한 금속무기 제작을 위해 무거운 기계 단조를 이용한 경우
가 많았음을 알 수 있다. 따라서 이전보다 더욱 견고한 무기 제작이 가능
하였을 것이다.

　『고려사』에 언급된 바에 의하면 원거리 무기 제작은 기존의 무기체계인

궁시와 노의 위력을 높이는 동시에 새로운 무기를 개발, 제작하는 방향으로 발전하였다. 송의 사신 서긍(徐兢)이 지은 『고려도경』에는 "고려의 활과 화살은 간단하게 만들었으나 활에 탄성이 있으며 길이는 5자이고, 화살은 대나무를 쓰지 않고 버들가지를 많이 이용하여 제작한다."고 하였다.[29] 이처럼 고려 활은 탄성이 높았고 대나무가 아닌 버들가지를 이용한 호시(楛矢)였음을 알 수 있다. 고려의 궁시는 매우 우수하였으므로 1038년(정종 4)에는 이를 외국에 수출까지 하였다.[30]

『고려사』에는 궁시 이외에 원거리 무기 제작과 관련된 내용이 적지 않게 산견되는데, 예를 들어 1032년(덕종 1)에 혁거(革車), 수질노(繡質弩), 뇌등석포(雷騰石砲) 등 24종의 무기를 제작한 것과 1040년(정종 6)에 서북병마사 박원조가 수질구궁노(繡質九弓弩)를 제작한 것, 그리고 묘청의 난(1135년) 때 조언(趙彦)의 계책으로 포기(砲機)를 제조하여 성과를 거두었다는 것 등이 있다. 이를 통해 고려시대에는 원거리 무기로 기존의 무기인 궁시 이외에 각종 노(弩)와 포(砲) 그리고 전차 등이 새로이 개발되거나 개량되었음을 알 수 있다.

일종의 기계식 활인 쇠뇌, 즉 노는 기계적 장치를 이용하여 화살을 쏘는 활의 일종이다. 쇠뇌는 나무로 된 활 틀과 발사장치인 뇌기로 이루어져 있는데, 뇌기는 시위걸개와 방아쇠멈추개, 그리고 방아쇠로 구성되어 있다. 고려의 쇠뇌도 삼국의 쇠뇌 구조를 계승하여 보다 강력한 무기로 발전시켰을 것으로 보인다. 명중률도 쇠뇌가 활에 비해 대단히 높다. 쇠뇌는 시위를 노기에 걸기만 하면 큰 동작 없이 좁은 공간에서 좁은 틈새를 통해 상대에게 사격할 수 있었다. 따라서 쇠뇌는 엄폐된 곳에서 운용하는 등 방어에도 유리하여 수성작전에 사용되었다. 뿐만 아니라 엄폐된 곳의 구멍을 통해 언제라도 사격이 가능하여 매복 공격에도 유리하다. 묘청의 난 당시 상장군 이녹천의 군대가 이 쇠뇌 매복에 걸려 전멸당하기도

하였다. 쇠뇌의 우수한 전술적인 능력을 고려하여 고려는 쇠뇌를 전문적으로 운용하는 부대인 정노대, 강노대 등을 설치하였다.

고려시대 제작된 여러 신형 노 중, 먼저 수질구궁노는 9개의 궁을 둔 쇠뇌라기보다는 일종의 연노(連弩)로서 줄을 이용하여 여러 대의 노를 연결한 것으로 추정된다.[31] 수질구궁노는 문양이 새겨진 9대의 노를 연결한 것으로, 한 사람이 첫 번째 노를 당기면 궁이 펴지면서 다음 노를 차례로 당겨주어 연속사가 가능한 것으로 생각된다. 1032년 3월 박원작이 만든 팔우노(八牛弩)는 활줄을 뒤로 당기는데 소 여덟 마리가 필요할 만큼 힘이 많이 든다고 하여 붙여진 이름으로 보인다.[32] 박원작은 팔우노 외에도 천균노(千鈞弩)를 제작하였다고 하는데,[33] 천균은 약 18톤에 달하는 무게로 매우 무거운 노의 하나임은 말할 것도 없다. 이처럼 고려는 다양한 종류의 각종 노를 제작하여 관통력이 높은 큰 화살로 매우 먼 거리까지 사격할 수 있을 뿐 아니라 동시에 여러 발의 화살을 발사할 수 있었으므로 북방 기병의 돌격에 효과적으로 대응할 수 있었다. 고려 전기 거란 및 여진과의 전쟁에서 우월한 전투를 할 수 있었던 원인 중 하나는 이러한 원거리 무기의 우수한 능력에 따른 것으로 보인다.

혁거는 가죽을 씌워 방어력을 높인 전차로 생각되는데, 11세기 초 거란과의 제2차 전쟁에서 고려의 강조(康兆)가 거란군 기병의 돌격을 저지하기 위해 각 진영에 다수의 검차(劍車)를 배치하여 거란군의 10차례의 기병 돌격을 저지하여 승리를 거두었다. 검차는 수레의 차체와 바퀴살에 단검을 빈틈없이 꽂아 적의 접근을 막고 짐승의 얼굴 모양을 한 방패를 두어 적을 저지하는 2륜 전차였다. 혁거도 검차와 상당히 유사한 모양과 기능을 가진 전투용 수레로 보인다. 이는 중국 당나라 시기부터 사용되어왔던 고정식 대기병 장애물의 하나인 거마창(拒馬槍)의 발전된 형태라고 할 수 있다.

고려시대 무기 개발에서 흥미로운 것은 석포(石砲)
또는 포(砲)라는 이름이 붙은 무기였다. 먼저 뇌등석포
(雷騰石砲)를 들 수 있는데, 이는 틀을 사용하여 돌을
쏘는 무기였다. 석포는 지렛대의 원리를 이용하여 돌,
포탄 등을 멀리 쏘는 돌 대포로서, 뇌등석포는 돌탄

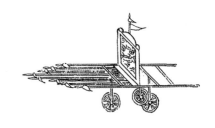

〈그림 2-7〉 검차

을 큰 소리를 내면서 날아가게 하는 곡사포의 일종이
었다. 고려 인종대 묘청의 난(1135-1136) 당시 김부식(金富軾)이 서경(西京)
을 포위 공격할 때에 화구(火具) 5백여 석을 만들어 조언(趙彦)이 만든 석
포로 발사하니, 그 화염이 번개와 같고 그 불길은 바퀴와 같아 화기(火氣)
가 더욱 성하였다는 기록을 보면 돌탄 이외에도 포를 통해 화구를 쏘아
보내기도 하였음을 알 수 있다. 뇌등석포, 화구 등이 고려 중기 이미 초
기 형태의 화약무기의 가능성이 있음을 보여주는 것이라는 연구도 현재
나타나고 있다.[34] 이에 대해서는 논란이 적지 않지만 분명한 것은 유통식
화기가 아닌 강한 인화력을 가진 화약과 유사한 물질을 전장에서 널리
사용하였을 가능성이 높음을 보여준다. 화약과 화기의 존재에 대해서는
향후 보다 자세히 검토할 필요가 있다.

아울러 『고려도경』에는 고려의 각종 무기에 대한 기술이 적지 않은
데,[35] 먼저 궁전(弓箭)의 제도와 함께 방패인 수패(獸牌)에 대해 "그 제도는,
몸체는 나무이고 그 뒤에 가죽을 덮었으며 산예(狻猊 사자) 모양을 그렸
다. 위에 다섯 개의 칼을 꽂고 꿩 꼬리로 가렸는데, 그것은 자신을 보호
하고 또 능히 상대방을 찌를 수 있으나, 그 견고하고 예리함을 남에게 훤
히 보이지 않게 하려 한 것이다."라고 되어 있다. 고려시대의 창은 주로 투
접창(銅矛: 긴 장대 끝에 갈고리 모양으로 휘어진 쌍날의 칼이 달린 창)을 사용
하였으며, 이 밖에 기창(旗槍)이 의장용으로 사용되어 국가적 행사의 위
엄을 과시하였다고 전하고 있다. 기창은 단창(短槍)이라고도 하는데, 형태

는 장창과 동일하나 길이는 장창의 절반 정도였다. 기창에는 황색이나 홍색의 작은 깃발을 달아 시각적 효과를 높였다. 고려는 중국과 달리 여전히 과와 모가 사용되었는데, 이것은 성곽 위주의 요새전이나 북방 기마민족을 상대하는 데에 다른 무기보다 효과적이었기 때문일 것으로 추측된다.

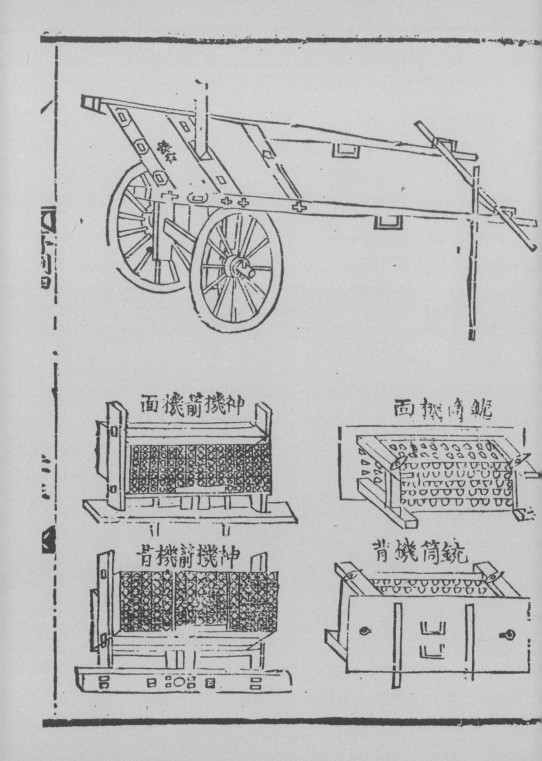

面機箭撥神　　　　鉞前機面

背機箭撥神　　　　銃筒機背

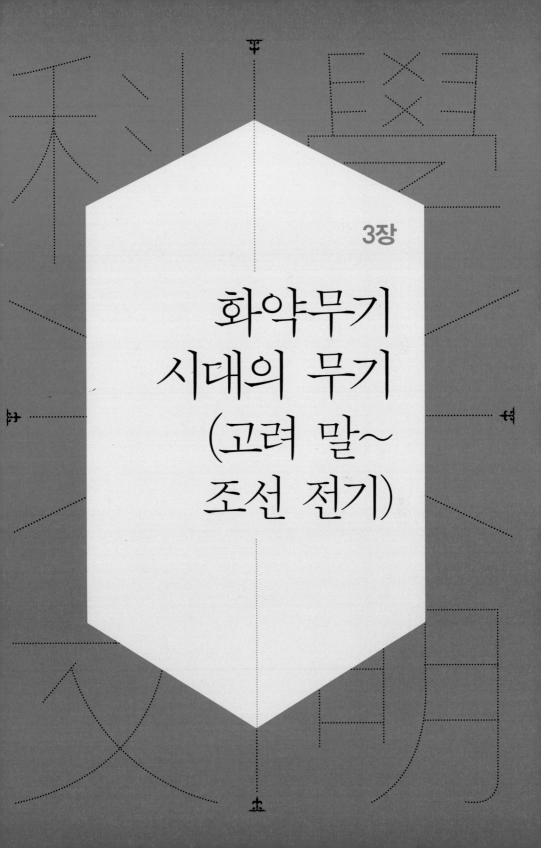

3장

화약무기
시대의 무기
(고려 말~
조선 전기)

고려 후기의 화약과 화약무기 개발

고려 말 화약 제조법의 도입과 화약병기의 개발은 고려의 국방체계에 적지 않은 변화를 가져왔다. 고려에서 화약이 발명되기 이전에도 화약병기가 사용된 것으로 추정되지만(예를 들어 발화[發火], 화구[火毬] 등), 유통식(有筒式) 화약병기가 개발 혹은 도입된 것은 공민왕 5년(1356) 이전이었다. 『고려사』에 의하면 공민왕 5년에 재추(宰樞)들이 숭문관(崇文館)에 모여 서북면의 방어용 장비를 검열할 때 "총통(銃筒)을 남강(南岡)에서 쏘았더니 화살이 순천사(順天寺) 남쪽 땅에 떨어졌는데 화살 깃이 땅 속에 박혔다."는 기록이 있다(『高麗史』 권 81, 志35, 兵1, 공민왕 5년 9월). 여기서 총통은 그 명칭으로 보아 유통식 화약병기임이 틀림없다. 당시 고려에서 사용한 총통이 자체적으로 제작된 것인지 아니면 원나라에서 도입된 것인지에 대해서는 논란이 있지만 적어도 도입과 제작 등에 원나라의 영향을 받았을 가능성은 매우 높다. 고려는 원나라와 함께 수행한 일본 원정에서 원나라 군이 철포(鐵砲, てつほう)라는 이름의 진천뢰(震天雷)를 사용하는 것을 목격하였다.[1]

〈그림 3-1〉 일본 원정에서 몽골군이 사용한 화약무기인 鐵砲

　　그러나 고려에서 최초로 총통을 개발하여 발사하던 공민왕 5년까지
도 화약을 자체적으로 제조하지는 못하였다. 이는 원나라에서 화약 제조
에서 가장 중요한 재료인 염초(焰焇) 제조법을 비밀로 취급하여 대외적인
유출을 엄격히 금지하였기 때문이다. 고려의 관원이었던 최무선(崔茂宣,
1328-1395)은 당시 왜구의 침입에 효과적으로 대응하기 위해서는 화약과
화약무기 개발이 매우 중요한 것을 인식하고 고려를 찾은 원나라의 염초
장(焰焇匠)인 이원(李元)으로부터 염초 제조기술을 전수받아 자기 집 하인
들에게 기술을 익히게 하고 시험해보았다. 여러 차례 조정에 건의한 끝에
1377년 10월 화통도감(火焔都監)이 설치되어 본격적으로 화약과 각종 화
약무기 제조에 착수하였다.[2]

　　고려 말 최무선 등이 개발한 화약무기는 그 종류가 매우 다양하였는
데, 자료에 의하면 다음과 같은 화약무기가 개발되었음을 알 수 있다.

　　* 발사기: 대장군, 이장군, 삼장군, 육화석포, 화포, 신포, 화통, 총통

* 발사물: 철령전, 피령전, 철탄자
* 폭탄: 질려포
* 로켓무기: 주화(走火)[3]

  이들 무기 이외에 화약 주머니를 기존의 화살에 붙인 화전(火箭)이 대량으로 제조되어 기존의 활과 함께 사용하여 많은 성과를 거두었다. 최무선은 화약무기 이외에도 화포를 탑재하여 운용할 전함(戰艦)의 제도를 연구하고 제작하기도 하였다. 화약과 화기 개발을 위한 최무선의 노력에 의해 개발된 화약무기는 고려 말 두 차례에 걸친 홍건적과 왜구 격퇴에 적지 않은 역할을 하였다. 최무선의 화약 제조와 각종 화약무기의 개발은 중국에 비해서는 상당히 늦었지만 일본 등 주변의 다른 세력에 비해서는 160여 년 앞선 것이었다. 따라서 한반도 세력은 주변 세력에 비해 군사적으로 상당한 우위를 점할 수 있었다. 실제 최무선이 전함인 누선(樓船) 80척을 건조하고 여기에 화통과 화포를 비치하여 진포(鎭浦) 해전에서 큰 성과를 거두었음은 이를 잘 보여준다. 진포 해전은 함포를 사용하여 승리한 우리 역사상 최초의 해전이라고 할 수 있다.

  화약무기의 등장으로 인해 궁술과 승마 등 개인의 전투 기량과 군사력의 규모 등을 중시하던 기존의 전투 양상에서 적지 않은 변화가 나타났다. 이제 전투에서 주요한 고려 대상은 기존의 요소에 더하여 화기의 사정거리와 살상 범위의 문제도 아울러 중요해졌다. 특히 대 기병 전술에서도 기병으로 기병에 대응하거나 아니면 원거리에서 활을 쏘고 마지막 단계에서 장창 등으로 저지하던 기존의 방식에서 탈피하여 화포병 등 다양한 병종을 편성하고 이를 통해 기병의 돌격 저지가 가능해졌다. 실제 14세기 중반 중국의 원명(元明) 교체와 유럽의 기사 몰락 등의 과정에서 화약무기의 제조와 활용은 매우 중요한 원인이 되었음은 이를 반증한다.[4]

고려 말 화약무기의 출현 이후 화약무기의 비중이 점차 높아지기 시작하였다. 따라서 전통적인 무기체계인 궁시류 및 창검류와 같은 재래식 무기류의 비중은 상대적으로 감소되었다. 장병기인 화약무기는 인간의 근력(筋力) 에너지를 이용하는 궁시(弓矢)에 비해 관통력과 사정거리가 길어 전투에서 살상력이 높으며 병사들은 단기간의 훈련에 의해서도 어느 정도 사격이 가능하였다. 다만 화약과 총통은 제작비용이 많이 들고 발사 속도가 활에 비해 상당히 느릴 뿐 아니라 우천 시에는 사격이 곤란하였다. 이 외에 당시 화약무기의 기술적인 문제로 인해 조준 사격은 불가능하였으므로 전통적인 장병기인 궁시는 계속 유효성을 가지고 있었다.

조선 전기의 군사적 전통과 전술적 특징

조선의 건국은 단순한 왕조의 교체가 아니었다. 고려 말 지배층인 권문세족(權門勢族)의 정치적 전횡에 따른 내부적 모순의 격화와 명의 흥기와 원의 쇠퇴로 대표되는 유동적인 국제정세를 극복하기 위한 여러 세력들의 개혁적 움직임의 결과였다. 조선 건국은 이성계로 대표되는 신흥 무인 세력과 개혁적 성리학자인 정도전(鄭道傳) 등의 연합 세력에 의해 이루어진 것이었다. 이들 세력은 혈통적으로 하자가 있거나, 지역적으로 개성 일대가 아닌 변방 등에서 성장하였다. 사상적으로도 조선 건국 세력은 성리학 일변도가 아니라 부국강병과 중앙집권을 강조하는 한당(漢唐) 시대 유학도 중시되었으며, 각종 기술학과 무학(武學)도 존중되었다.[5] 따라서 조선 초기 국방과 관련된 다양한 연구와 저술이 나타났다. 실용적이고 개방적인 조선 초기의 사회적 분위기는 훈민정음 창제와 과학기술 발전, 영토 확장 등 15세기 조선에서 이룩한 여러 성과의 원천이 되었다.

조선의 건국 세력 중 하나인 이성계 집단은 지도자인 이성계는 비록 동북면 일대로 이주한 고려인의 후예였지만 그의 주위에는 여러 여진족

출신들도 참여한 형태였다. 고려 말 이성계의 선조는 함흥 지역으로 이주 초기 기존 여진족과의 갈등도 적지 않았지만 조부인 이행리(李行里)가 1300년 쌍성총관부의 천호(千戶)에 임명되면서 이 지역의 새로운 지배 세력으로 확고한 자리를 잡았다. 이후 이 가문은 몽골 및 주변의 여진족과도 긴밀한 관계를 맺게 되었다. 이행리의 아들 이자춘(李子春)이 1361년(공민왕 10) 46세의 젊은 나이로 사망하고 그의 아들 이성계가 뒤를 이은 이후 이성계 주위에는 다양한 세력과 인물들이 집결하게 된다. 여러 차례의 전투를 통해 여러 북방 세력을 제압하면서 이성계 주변에는 많은 여진족들이 집결하게 되는데, 예를 들어 그와 의형제를 맺은 함경도 일대 최대의 여진 추장 이지란(李之蘭, 본명 퉁두란)과 여진 장수 처명(處明) 등이 있었다. 이후 경원의 공주(孔州)를 침입하였던 원나라 장수 조무(趙茂)와 이원경 등도 이성계의 휘하가 되었다.[6] 당시 이성계가 거느린 군사력은 기존의 고려 군사력이 아닌 이성계 자신의 사병인 가별초(家別抄)와 동북면 일대의 다른 가별초 집단을 통합한 것이었다. 이 집단은 동북면 일대의 유이민 출신이 중심이 되었는데 이들 중에는 여진족이 다수를 이루었다.[7]

여진족은 지역적으로 만주 남부 평야지대의 강가에 사는 오랑캐와 만주의 서북 및 동북 산악지역에 거주하는 우디캐 두 종족으로 크게 구분하였다.[8] 지역별로 차이가 있었지만 기본적으로 오랑캐는 수렵, 목축과 함께 원시적인 농경생활을 하였고 우디캐는 수렵에 전적으로 의존하였다. 여진족은 몽골족이나 투르크족 등 일반적인 유목민과 달리 수렵적인 전통이 매우 강한 성격을 가지고 있었고 또한 목축을 하는 유목민들이 지닌 강인함과 능숙한 기마 궁술을 가지고 있었다. 이는 이들의 높은 군사적 능력의 원천이 되었다.[9] 이러한 특성에 바탕을 둔 가별초군은 몽골 지배하에 있던 쌍성총관부 지역 출신이었으므로 몽골의 유목 전술과 함께 장백산맥(長白山脈)을 배경으로 한 산악전 능력도 갖춘 우수한 군대였

다.[10]

이성계 친병인 가별초 집단의 전투 양상에 대해서는 『용비어천가(龍飛御天歌)』와 『태조실록』 앞부분에 매우 자세히 묘사되어 있다. 대표적인 전투 사례로는 1380년 진포에 상륙한 왜구 토벌 과정에서 갑옷과 투구로 중무장한 왜구 장수 아기발도(阿其拔都)를 이지란과 함께 말을 타고서 화살로 투구를 쏘아 벗기고 이어 머리를 쏘아 사살하는 모습이 나타나 있다. 동북면을 침공한 나하추(納哈出) 세력과 대결한 이성계는 나하추 주변의 비장(裨將)을 활로 사살하여 적의 사기를 꺾었다. 아울러 적장의 창 공격에 대해서는 마상재로 피하는 모습도 『용비어천가』에 수록되어 있다. 이는 이성계 집단이 기본적으로 수렵민족의 군사적 성향과 궁기병의 전형적인 전투 수행 능력을 가지고 있었음을 짐작하게 한다.[11] 실제 가별초는 여진어의 활(gabe)에서 그 어원을 두고 있음을 생각한다면 이성계 군사집단이 가진 여진적인 특성과 기마 궁기병으로서의 모습을 미루어 알 수 있다. 나하추와의 전투에서 이성계는 적은 병력에도 불구하고 우수한 기동력을 바탕으로 기만과 기습 그리고 선제공격 등의 전술을 구사하는 등 몽골과 여진의 기병에게서 보이는 전투 양상을 보이고 있다.[12]

몽골과 여진의 전술과 작전 능력을 함께 갖추고 있던 이성계의 군사집단은 당시 고려의 다른 군사집단보다 매우 우수한 전투력을 발휘하여 고려 말의 왜구 토벌 등 여러 전투에서 큰 공을 세울 수 있었다. 이는 이성계가 고려 말 최고의 군사적 실력자로 부각되는 데 큰 역할을 하였고 조선을 건국하는 원동력이 되었다. 실제 『태조실록』에는 이성계의 군대에 편입되어 종군한 30여 명의 여진족의 대소 추장이 기록되어 있는데 이들의 영역은 두만강 이북의 목단강, 송화강에 이르는 넓은 지역으로 만주의 동부 지역이 모두 이성계의 영향력 하에 있었음을 알 수 있다.[13] 여진의 군사력은 조선 건국 이후 조선 군사력의 주요 기반 중 하나가 되었다. 실제 조선 건국 직후 이성계 휘하의 친병들은 의흥친군 좌·우위(義興親軍左右衛)로 재편되어 조선 중앙군의 핵심 군사력이 되었다.[14]

고려 말 이성계의 북방 세력이 고려에 편입되면서 기존 고려의 전술체계와 함께 여진 및 몽골의 다양한 전술이 결합되어 새로운 군사적 양상이 전개되었다. 이에 따라 고려 말, 조선 초기의 전술체계는 이전에 비해 매우 유연하고 다양하게 발전할 수 있었다. 여기에 최무선에 의해 화약무기가 도입되면서 조선의 군사적 능력은 이전에 비해 월등히 향상되었다. 조선 초기 여러 차례의 여진 정벌전 등 적극적인 대외 정벌과 영토 확장은 이러한 조선의 군사적 능력 강화에 따른 것이었다.

다양한 전술체계와 화약무기 등 새로운 무기체계 등이 도입되면서 고려 후기부터 이를 정리하여 하나의 체계로 만들려는 시도가 나타났는데, 고려 말~조선 초 진법에 대한 여러 논의와 병서의 편찬 작업은 그 결과였다.[15] 진법의 종합적이고 체계적인 정리의 필요성이 제기되면서 다양한 진법 논의가 나타났다. 그 원인은 여러 가지가 있지만 고려-몽골 전쟁의 결과 고려가 몽골의 원나라 영향력 아래 들어가면서 몽골의 기병 전술이 고려에 소개된 것과도 밀접한 관련이 있다. 고려 후기 이제현(李齊賢)이 진법을 편찬하고 그 진법이 이후 조선 초 정도전이나 하륜(河崙)의 진법에 직접적인 영향을 미치고, 이어 조선 초 변계량이 편찬한 것으로 짐작되는 1421년(세종 3)의 『진도법(陣圖法)』에도 영향을 미치고 있었다.[16] 이제현의 진법 편찬 이후 정도전, 하륜, 변계량 등에 의해 진법의 기본 원리에 대한 검토가 이루어졌고 이에 따라 기본 진법으로서 오행(五行)의 원리에 입각한 오행진법(五行陣法)이 확립되었고 군사편제로서 위(衛), 군(軍), 익(翼), 소(所) 등이 검토되었다. 오행의 원리란 오행의 상생, 상극의 이치에 따라 좌는 청룡, 우는 백호, 앞은 주작, 뒤는 현무를 의미하는데, 예를 들어 적이 만일 화(火)에 해당되는 예진(銳陣)으로 전진해 오면 아군은 수

(水)에 해당되는 곡진(曲陣)으로 대응하도록 하는 것을 의미하였다.[17]

오행진법은 기본 진법으로서 평탄한 지형에서 정규적인 전투에서 사용하기 적합한 것이었다. 그러나 산악 지형과 같은 험난한 지형에서는 사용하기 어려운 점이 많았다. 따라서 임기응변에 필요한 여러 진법의 필요성이 제기되었다. 조선의 경우 북방 산악지역에서 소규모 여진과의 전투 가능성이 높았으므로 이에 따른 진법의 필요성이 컸다. 변계량은 험한 지형, 예를 들어 산과 계곡, 천택(川澤) 등의 지형에 적합한 진법으로서 산택진법(山澤陣法), 조운진법(鳥雲陣法), 곡전법(谷戰法), 수전법(水戰法) 등의 채용을 주장하였다. 그러나 변계량은 이러한 임기응변의 전투방식이나 진법이 어떤 것인지에 대해서는 아직 구체적으로 검토하지 못하고 있었다. 『진도법』에 이에 대한 내용이 소개되지 않은 것은 이를 반영한다. 『진도법』을 통해 진법의 기본 원리를 정리하고 아울러 여진에 대응하는 데 필요한 기본적인 전술과 편제의 정리를 시도하였다.

한편 15세기 전반인 태종 후반기~세종 전반기에 조선은 여진과의 잦은 전투 과정에서 여진족의 소규모 산개 전술을 습득하게 되었다. 당시 여진은 산골짜기에 기거하면서 수시로 모이고 흩어져 조선군을 혼란시켜 지형이 험한 곳으로 유인하고 한밤중에 불의의 기습을 가하는 전술을 구사하였다.[18] 험한 산악 지형을 이용한 여진의 전술에 대해 조선은 대규모 기병을 동원하여 토벌하였지만 만족할 만한 성과를 거두기는 매우 어려웠다.[19] 여진에 효과적으로 대응하기 위해 조선은 대규모 전투에 적합한 오행진법 이외에 새로운 진법을 개발할 필요성이 나타났다. 1433년(세종 15) 편찬된 『계축진설(癸丑陣說)』에 소개된 이른바 조운진(鳥雲陣)이 바로 그것이다. 조운진은 "그 형태가 마치 새가 날아 흩어지고 구름이 모이듯 변화가 무쌍하기 때문에 붙여진 진의 형태"라고 할 수 있다. 오행진을 친 상태에서 중군에서 대소 나팔[角]을 함께 불면서 북을 울리고 4색의 깃발을 올렸다 내렸다 하는 신호를 하면 각 군에서 유군을 내세워 경계하면서 조운진으로 변하게 된다. 조운진의 구체적인 모습을 보면 다음과 같다.

먼저 각 소(所)의 네 방면에 방패수를 배치한 상태에서 보창장검수(步槍長劍手)가 바깥으로 나와 2열로 포진하여 전열이 된다. 전군(前軍)의 경우는 방패수와 보창장검수 앞에 휘하 전소(前所)의 기사(騎射)와 중소(中所)의 기사, 전소의 기창(騎槍)과 중소의 기창, 전소의 화통궁수(火㷁弓手)와 중소의 화통궁수가 횡렬로 늘어서 적과 마주하게 된다. 보다 구체적으로 보면 맨 앞줄은 중소의 기사가 중앙에 늘어서고 좌우에 전소의 기사가 나뉘어서 넓게 서게 된다. 이어서 전소의 기창 – 중소의 기창 – 전소의 화통궁수 – 중소의 화통궁수의 순으로 서서 앞이 벌어진 곡식을 까부는 키(箕)와 같은 형성을 띠게 된다. 이를 통해 조운진은 기본적으로 화통과 궁수의 지원 하에 기병인 기사와 기창을 주력으로 하는 진형을 취하고 있었음을 알 수 있다.

조운진은 그 이전의 『진도법』에는 나타나지 않은 내용으로 기사와 기창을 주력으로 하는 매우 기동성이 높고 융통성 있는 전술체계가 도입되었음을 알 수 있다. 이를 통해 당시 조선군의 편성과 전술이 여진의 군사 편성 및 전술과 상당히 높은 친연성이 있는 모습을 볼 수 있다. 다음의 자료는 조선 초기 여진족의 편성과 전술을 잘 보여준다.

당초에 여진(女眞)은 보졸(步卒)이 없고 1천여 명의 기병만이 있었다. 작은 목패(木牌)를 새겨 사람과 말에 달아 표지를 삼고서 50명을 1대(隊)로 만들었는데, 앞장서는 20명은 견고한 갑옷[重甲]에 모과(矛戈)를 잡고 뒤에 배치한 30명에게는 가벼운 갑옷에 궁시(弓矢)를 잡게 하였다. 적과 접촉할 때마다 반드시 2명씩 말을 타고 달려가서 적진의 허실을 관찰하고 나서 사면으로 대오를 편성하여 쳐들어가 공격하되, 1백 보 밖에서는 일제히 활을 쏘게 하니 모두 명중하지 않은 것이 없었다. 그리하여 (병력의) 분산과 집합, 출격(出擊)과 퇴입(退入)의 행동에 있어 임기응변에 능하고 병사들 각자 능력대로 싸우게 하였으므로 항상 승리를 거두었다.[20]

이 자료를 보면, 여진족의 전술은 1천 내외의 병력을 50명을 기본 단위로 편성하되 전원이 기병으로 구성되어 있다. 창인 모과(矛戈)를 이용한 중기병의 충격력과 궁시를 갖춘 경기병의 공격을 함께 중시하고 각 병사의 기량을 최대한 발휘할 수 있도록 하는 전법을 구사하고 있음을 알수 있다. 또한 여진족의 전투 장면을 묘사한 실록의 기록에 의하면 그들은 "새처럼 흩어지고 구름처럼 퍼져 일정한 항오를 이루지 않는다(鳥散雲行 不成行伍)."고 하여 병력의 분산과 집합 등 상황에 따라 유연하게 움직이면서 부대 단위로 함께 이동하는 조선군에 대해 강궁(强弓)으로 집중사격하여 적지 않은 피해를 입혔음을 볼 수 있다.[21] 이에 대처하기 위해서는 조선의 전술도 이러한 여진의 전술을 고려하지 않을 수 없었을 것이다. 『진도법』과 『계축진설』에서 50명을 기본 전투 단위로 편성하고 다수의 예비대인 유군을 두어 임기응변에 대처하도록 한 점, 그리고 많은 기병을 편성한 것은 기병 중심의 여진족 전법을 의식한 것이었다. 조선은 기병 중심의 전술에 더하여 방패, 창수, 장검수, 화통수, 궁수 등으로 구성된 보졸을 아울러 편성하여 다양한 지형과 상황에 대응할 수 있도록 하고, 궁시와 화약무기 등 조선의 장기인 장거리 무기[長兵]를 편성하였다. 아울러 여진족의 "새처럼 흩어지고 구름처럼 퍼져 일정한 항오를 이루지 않는" 진형을 참고하여 이를 적극적으로 전술에 도입하려는 시도도 나타나게 되는데 『계축진설』에 나타난 조운진은 바로 이러한 상황의 반영이었다.

함길도의 산악지대에서 대오를 이루지 않고 산발적으로 공격하는 여진에 대한 조선군의 전술을 보여주는 다음의 자료는 『계축진설』에 나타난 조운진이 함길도 산악지역 여진과의 전투를 위해 고안되었고 널리 채택되었음을 잘 보여주는 자료이다.

조운진은 산천이 험하고 좁아서 열을 이룰 수 없는 곳에서 쓰는 것이므로 그 항오를 성기게 하여 흩어져서 적을 막게 되어 사람들이 각자 싸우되 거의 항오를 잃지 아니하고 (중략) 결진과 행진은 모두 『(계축)陣說』에 의하고 적을 만났을 때에는 중익(中翼)이 나팔[角]을 한 번 불고 청, 백의 두 깃발[麾]이 앞을 가리키고 북을 울리면 좌·우익이 옆으로 나와 그 대오를 성기게 하여 구름이 피어오르고 새가 흩어지듯이 하고 서기를 기러기가 가는 듯이 하여 좌우로 벌리어 형세가 포위하는 것같이 합니다. 다섯 사람이 항오(行伍)가 되어 한 사람은 방패를 가지고 칼을 차며, 한 사람은 궁시를 차고 창을 가지며, 세 사람은 궁시를 차고 칼을 가지는데 만일 걸으면서 전투할 경우에는 한 사람이 네 사람의 말을 지키는데 (중략) 세 대(隊)마다의 사이에 화통 부대를 두되 역시 다섯 사람으로 항오를 만들어서 방패를 가진 사람은 칼을 차고 화통을 가진 네 사람은 칼을 차며 말을 지키는 사람은 위와 같이 합니다. (중략) 북이 급히 울리면 방패를 가진 사람이 빨리 달려 앞으로 나아가고 뒤의 세 사람도 빨리 앞으로 나아갑니다. 말을 지키는 한 사람을 제외하고 다만 세 사람이 활과 창을 번갈아 쓰면 (적군이) 나무와 돌에 의지하여 굳게 하지 못할 것입니다. 적이 패하여 달아나면 좌우가 일제히 앞으로 나아가서 급히 치되 적이 만일 말을 타고 달아나거든 우리도 말을 타고 쫓으며 (하략)[22]

다소 긴 인용이지만 조운진의 실제 전투 양상을 잘 그리고 있는데, 여진족이 기병만으로 편성하고 말에 탄 기마(騎馬) 상태에서의 전투만을 하는 것과는 달리 조선은 조운진을 운용할 때에는 상황에 따라 기병이 말에서 내려[下馬] 보병과 같이 전투하되 방패로 군사를 보호한 상태에서 적과 거리가 떨어져 있으면 화통과 궁시로 대응하다가 근거리로 접근하면 단병기를 사용하여 적을 제압하는 모습을 보여준다. 조선군의 공격으로 여진이 무너져 달아나면 다시 말에 올라타고 추격하는 전술을 가지고 있음을 알 수 있다. 이 조운진은 산악 지형에서 기병의 능력이 충분히 발휘되기 어려운 상황에서는 기마 전투만이 아닌 조선이 가진 총통과 궁시의 능력을 발휘하여 이들을 제압하고 퇴각 시에는 기병으로 추격하여 기병의 전투력을 극대화시키고 있음을 볼 수 있다. 아울러 방패를 통해 보호를 받으면서 근접전을 회피하고 원거리 궁시 사격 위주의 전술을 강요하는 여진의 전술을 이용한 조선의 전술체계로서 조운진이 개발되었음을 알 수 있다. 즉,『계축진설』의 조운진은 여진족의 산개 전술을 고려하면서 동시에 조선의 장기인 총통, 화포 등의 능력을 극대화할 수 있는 전술체계로 개발된 것이다.

이후에도 조선의 진법 연구는 계속되어 세종대 직후인 문종 초 편찬된 『(오위)진법』에는 오행진법과 조운진 이외에도 병세의 규모나 지형에 따라 장사진(長蛇陣), 학익진(鶴翼陣), 어린진(魚鱗陣), 언월진(偃月陣) 등 다양한 형태의 진법을 소개하여 전투에서 운용하도록 하였다.[23] 오행진법과 조운진 등 다양한 진법의 개발 및 보급과 함께 전투방식에서도 적지 않은 변화가 요구되었던 것으로 보인다. 예를 들어 여진족과의 근접전에 대비하기 위해 목검과 목극(木戟) 등을 가지고 하는 이른바 장전(杖戰)과 창술의 일종인 농창(弄槍) 등의 무예를 보급하였다. 아울러 2인이 한 조를 이루어 공격과 방어 등을 하는 군사훈련인 갑을창(甲乙槍)과 갑·을·병의 3대

(隊)가 서로의 꼬리를 물려 공격과 방어를 행하는 집단 무예인 삼갑창(三甲槍) 등을 보급하기도 하였다.[24]

3절

조선 전기의 재래식 무기

이상에서 보듯이 고려 말 몽골의 간섭과 이성계 세력의 고려 유입으로 인해 여진, 몽골의 전술과 군사적 전통이 도입되고 새로운 무기체계인 화약무기가 개발되면서 15세기 조선은 매우 다양한 전술의 개발과 운용이 가능해졌다. 다양한 병서의 간행과 진법 논쟁은 이를 반영한다. 새로운 군사적 문화의 유입에 따라 무기체계도 이전보다 매우 다양하고 역동적으로 나타나게 된다. 조선 전기 무기 중 화약무기를 제외한 재래식 무기를 우선 살펴보도록 하겠다.

조선 전기의 대표적인 재래식 무기 중 가장 중요한 것은 궁시류(弓矢類) 무기라고 할 수 있다. 우리는 고대 시기부터 우수한 궁술을 보유하였으며 화약무기가 도입되기 전까지 궁시는 원거리 무기의 대표였다. 조선 전기 화약무기 보급이 이루어졌지만 궁시의 중요성이 떨어진 것은 아니었다. 화약무기는 발사속도 등에서 약점이 적지 않았으므로 궁시는 화약무기의 약점을 보완하는 역할과 함께 그 자체가 매우 우수한 원거리 무기였으므로 화기와 함께 상호 보완적인 기능을 한 조선의 주력 무기였다. 특히 기병이 마상에서 궁시를 사격하는 기사(騎射)는 조선 전기에 가장 중요한 무예의 하나였으며 동시에 조선의 우수한 군사적 능력을 보여주는 것이었다. 궁시는 발사속도가 화기에 비해 빨랐으므로 성을 지키는 데에도 매우 중요한 역할을 담당하였다.

조선은 유교 이념적으로 문무겸전(文武兼全)을 이상적인 덕목으로 여겼으므로 유학자가 궁술을 익히는 것은 매우 중요한 실천으로 인식하였다. 조선의 왕실에서도 궁술을 익히고 사냥을 하는 것을 자연스러운 것으로 인식하였는데, 예를 들어 조선 초기 널리 시행된 대규모 사냥 훈련인 강무(講武)에서 보이는 양상은 이를 잘 보여준다.[25] 강무에서는 멀리서 몰이군[驅軍]이 사슴 등의 사냥감을 몰아오면 왕이 활을 쏘아 3마리의 짐승을 먼저 사냥하였고, 이어 왕자들과 공신·장수·군사들이 차례로 활을 쏘는 등 조선의 지배층 대부분은 상당한 수준의 궁술 수준을 가지고 있었다.

조선의 활로는 정량궁(正兩弓), 예궁(禮弓), 목궁(木弓), 철궁(鐵弓), 고(砧), 철태궁(鐵胎弓), 각궁(角弓) 등 7종이 있었다. 화살로는 편전(片箭), 세전(細箭), 장군전(將軍箭), 대우전(大羽箭), 유엽전(柳葉箭), 철전(鐵箭), 예전(禮箭), 목전(木箭) 등 8종이 있었다. 이 중 각궁과 편전이 조선 궁시류의 대표적인 존재였다.

각종 활을 구체적으로 살펴보면, 먼저 정량궁은 속칭 큰활이라 하며 길이는 5척 5촌이며 그 모양이 각궁과 유사하나 크고 두꺼워 힘이 세다. 조선시대 무과(武科)에 응시하는 자는 모두 이 활로 시험하였으므로 무인으로서 이 활을 쏘지 못하는 자가 없었다. 예궁은 본명이 대궁(大弓)으로서 길이는 6척이고, 모양은 각궁과 유사하나 궁중연사(宮中燕射)와 반궁대사례(泮宮大射禮) 및 향음주례(鄕飮酒禮)에 쓰였으므로 예궁이라 불렸다. 목궁은 일명 호(弧)라고도 하였는데, 순전히 궁간목과 궁간상(弓幹桑: 산뽕나무)으로 제조하여 전투와 수렵에 널리 쓰였다. 철제 활인 철궁은 전투용 활이었다. 철태궁(鐵胎弓)은 각궁과 모양이 같으나 간(幹)을 쇠로 만들며 전투와 수렵으로 두루 사용하였다. 고는 속칭 동개활로서 가장 작은 활이었는데, 활과 화살은 화살을 수납하는 동개(筒箇)에 넣어 등에 지고서 달리는 말 위에서 쏘는 활로서 전투용으로 사용되었다. 조선의 여러 활 중에서 가장 대표적인 것이 각궁이었다.

각궁은 서로 다른 성질의 여러 재료, 예를 들어 궁간상(弓幹桑), 각(角, 물소의 뿔), 소의 힘줄, 부레풀, 실, 칠(漆) 등 6~7종의 재료를 복합함으로써 서로 밀고 당기는 힘이 있게 하여 활의 탄력성을 증가시킨 대표적인 복합궁이었다. 각궁은 탄력성이 매우 높았으므로 특히 작은 화살인 편전을 사용할 경우에는 사거리가 200보(步)에 달하였다. 당시 보통의 화살의 사정거리가 100보, 즉 120미터 전후인 것을 고려한다면 상대하는 적군에 대해 일방적인 공격이 가능하였다. 다만 주 재료 중의 하나인 물소뿔(水牛角)이 조선에서 생산되지 않는 것이었으므로 재료 공급에 적지 않은 문제가 있었다. 이에 조선은 각궁의 재료 문제를 해결하기 위해 물소를 도입하여 사육하고자 시도하였다.[26] 아울러 물소뿔의 대체 재료로서 사슴뿔, 즉 녹각(鹿角)을 사용한 녹각궁(鹿角弓)을 개발하기도 하였으나 여의치 않았다.

조선 전기의 화살을 살펴보면, 먼저 목전은 이름과 같이 나무로만 만든 화살로서 무과의 과목으로 주로 쓰였다. 철로 만든 철전은 세 종류가 있었는데, 육냥전(六兩箭)은 무게가 6냥이라 육냥전이라고 하며 정량궁에 쓰인다고 하여 정량(正兩)이라고도 한다. 아량(亞兩)은 무게가 4냥이고, 장전(長箭)은 무게가 1냥 5, 6전으로 전투용이었다. 예전(禮箭)은 예궁에 쓰이는 화살로서 다른 화살에 비해 깃이 큰 것이 특징이다. 동개살은 일명 대우전이라 하는 큰 깃털을 가진 화살로서 동개활 즉 고로 발사하며 주로 기사(騎射)에 사용되었다. 장군전(將軍箭)은 쇠로 만든 무거운 화살로서 무게가 3~5근이며 포노(砲弩)로 발사하여 적선 등 큰 목표를 파괴할 수 있는 큰 위력을 가졌다. 가는 화살인 세전은 적진에 격문을 보낼 때 쓰는 화살이었다. 유엽전은 연습용으로 사용되며 각궁으로 발사하면 120보 정도 날아갈 수 있었다.

위에서 살펴본 여러 화살과 함께 조선의 대표적인 것은 편전이었다.[27] 편전은 화살의 크기가 작으므로 일명 '애기살'이라 불리었는데, 화살의 길이가 짧으므로 발사 시에는 통아(筒兒) 또는 통이라 불리는 대롱에 넣어 발사하였다.(그림 3-2 참조) 통아를 통하여 화살이 발사되어 화살이 직진으로 날아가 적중률과 관통력이 증가되었다. 또한 화살의 중량이 가벼운 데 반해 긴 화살을 쏠 때와 동일한 힘을 사용하므로 초기 가속도를 높이고 긴 화살보다 낮은 비행 항력이 발생하여 비행 마지막 단계에서 긴 화살보다 증가된 속도에 의해 운동에너지를 키워 관통력과 사정거리를 확대하였다. 이는 마치 오늘날 전차에서 얇은 막대기 형태의 고밀도 관통자 하나를 전차의 포탄으로 발사하여 관통자가 표적을 뚫고 들어가게 하는 이른바 날개안정철갑분리탄(APFSDS)의 원리와 거의 동일하다.[28] 따라서 먼 거리에 있는 갑주(甲冑)로 보호된 적병에 대한 공격에도 유리하였다. 편전은 일반적인 화살에 비해 20% 정도 무게를 줄이는 대신 속도를 15~33% 정도 높임으로써 운동에너지를 높인 무기라고 할 수 있다. 편전은 당시에도 조선의 최대 장기로 평가되었다. 편전과 각궁의 결합으로 매우 우수한 능력을 발휘하였으므로 조선은 화약무기와 단병기 등 다른 무기체계에 대한 관심이 상대적으로 떨어질 수밖에 없었다. 16세기 중반 일본에서 조총 보급이 급속도로 이루어진 것은 일본의 낙후된 궁시 기술을 보완하기 위한 것이었다. 임진왜란 직전 조선에도 조총이 소개되었지만 이의 제작 및 보급에 곧바로 나서지 않았던 것은 조총에 못지 않은 위력을 지닌 궁시인 각궁과 편전을 가지고 있었기 때문이다.

조선시대 사용되던 여덟 종류의 화살 중 유엽전만 오늘에 전하여 국궁(國弓) 등에 사용되고 있다. 각종 궁시와 함께 조선 초기에도 쇠뇌가 개발 사용되었지만 각궁에 대한 높은 의존도로 인해 중국에 비해 상대적으로 널리 사용되지 않았다. 다만 노의 은닉성과 정확성으로 인해 매복이나 복병전 등에서 일부 사용되었다.[29]

조선 전기 각궁과 편전 등 장병기인 궁시가 널리 사용되었음에 비해 창칼과 같은 근접전 무기는 상대적으로 비중이 약하였다. 그중 가장 널리 사용된 단병기는 짧아 휴대가 용이한 환도(環刀)였다. 환도는 궁시를 주 무기로 한 조선 전기 군사

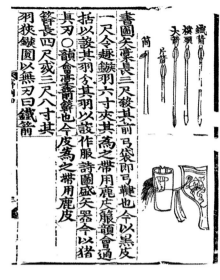

〈그림 3-2〉『국조의례서례』에 보이는 편전과 통아

들이 호신이나 최종적인 병기로 사용한 것으로, 문종대에는 환도의 규격화가 진행되었다. 이에 따르면 기병용 환도는 길이 1척 6촌 너비 7푼, 자루의 길이 1권(拳) 3지(指)로, 보병용 환도는 길이가 1척 7촌 3푼 너비 7푼, 자루의 길이가 2권으로 정해졌다. 보병용 환도가 기병용에 비해 긴 것은 보병용은 두 손으로 사용하고 기병용은 한 손으로 사용하기 위해서였다. 환도의 규격화는 여진족과의 전투 경험에 따른 것으로 그 형태는 직단 (直單)의 형태를 띠게 되고 개인의 신체를 보호하는 방신용(防身用) 성격이 강하여 휴대의 간편성과 갑작스러운 상황에서 사용하는 데 중점을 두면서 짧아지는 경향을 보이고 있다.[30]

환도 이외에도 조선 초기에는 여러 종류의 창도 제작되었다. 창은 일반 병사들의 기본 무기의 하나로 인정되었는데, 창은 제작비용이 적어 일반 병사들이 갖추기에 용이하였으므로 상당한 보급이 이루어졌다. 다만 조선은 창의 길이가 다소 짧은 단창(短槍)이 많이 제작되었는데, 이는 조선

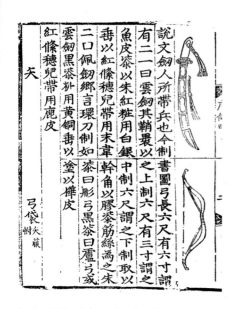

説文劍人所帶兵也今制書圖弓長六尺有六寸謂
有二一曰雲劍其鞘裹以朱紅粧用白銀
魚皮柒柒以朱紅粧用末韋之上制六尺有三寸謂
雲柒紅條穗兒帶用末韋中制六尺謂之下制取以
二口佩劍鄉言環刀制如幹角以膠柒筋絲為之朱
雲劍黑柒柒用黃銅柒以柒曰形弓黑柒曰盧弓或
紅條穗兒帶用鹿皮

矢

弓袋矢嚴

〈그림 3-3〉 『국조의례서례』에 보이는 환도

의 군사체제 및 전술과 밀접한 관련이 있다. 조선의 보편적인 전투방식은 기동성이 뛰어난 여진 기병을 상대로 한 전술을 채택하고 있으므로 전투진형이 상황에 따라 대단히 유연한 면을 가지고 있었다. 또한 각각의 군사들이 각각의 여진 기병을 상대로 뛰어난 전투력을 가질 것을 요구하고 있었다. 장병기(長兵器)의 사격으로 상대를 제압하고 난 이후에는 흩어진 여진 기병을 조선 기병이 1:1 결전을 통해 제압하는 것이 필수적이었으므로 각 군사에게 기창(騎槍)과 기사(騎射)의 능력이 절대적으로 요구되었다.

여진 기병에 대해 궁시 및 화기 사격을 통해 일전을 벌이는 것을 전투의 전형적인 형태로 상정하고 있었으므로 기병의 돌격을 저지하기 위해 창, 검, 방패를 든 보병이 적절히 편성되었다. 앞서 보았듯이 여진족은 보병은 없이 기병 50명을 1대(隊)로 삼아 20명은 중무장에 창을 소지하고 30명은 경무장에 활을 소지하였다. 조선군은 당시 기병과 보병을 균등하게 편성하고 기병의 경우 40%는 창수(槍手), 60%는 사수(射手)로 편성하였다. 이에 비해 보병의 경우에는 궁수(弓手), 총통수(銃筒手), 창수, 검수(劍手), 방패수(防牌手) 등의 군사들을 균형 있게 편성하였다. 조선시대 기창과 기사가 무과에서 가장 중요한 과목이었던 것은 기병을 중시하였던 조선 초기의 전술과 관련이 있다. 조선시대 무과 초시의 경우 목전(木箭), 철전(鐵箭), 편전(片箭), 기창(騎槍), 기사, 격구 등 활쏘기와 말타기가 중심이 된 무예를 시험하였다. 이 중 대부분이 궁시 사격이고 기창이 유일한 단병 무예인 것도 이를 반영한다.

조선 전기 화약무기 개발의 추이[31]

고려 말부터 발전하기 시작한 화약무기는 15세기 초 조선 태종대 들어 본격적으로 발전하기 시작하였다. 먼저 최무선의 아들 최해산을 군기 감 주부로 임명하여 화약무기 제조를 총괄하도록 하였다. 이에 태종 7 년(1407)에는 화약의 성능이 종전의 2배로 개량되었고 화기의 주조와 화 약무기를 다루는 병사의 수효가 증가하였다. 즉, 태종 15년(1415)경 1천 명이었던 화통군(火筒軍)이 1년 후 1만 명으로 증가하고 화통의 수효도 13,000자루로 증가하였다. 새로운 화약무기로서 화전(火箭), 완구, 석탄자 (石彈子), 탄환 등이 개발되었다. 태종은 1417년 화약제조청(火藥製造廳)을 설치하여 화약 제조에 진력하였다. 기술적으로도 화포의 무게를 줄여 야 전에서 운용하기 편리하도록 포신의 두께를 줄이는 대신 포신 주위에 금 속 띠인 죽절(竹節)을 둘러 포신이 과열로 파열되는 것을 막도록 하는 기 술이 개발되었다.

세종대에는 화약무기 개발이 더욱 활발해져 다양한 화약무기가 출현 하였다. 세종 전반기에는 염초 생산이 확대되고 화약의 성능이 이전보다 더욱 향상되었다. 아울러 완구가 개량되고 폭발물인 발화(發火)와 신호용 화포인 신포(信砲)가 개발되었다. 또한 소형 화포가 출현하여 군대의 행군 중에도 공격 무기로서 화약무기가 사용 가능해졌다. 발사물로는 철탄자(鐵彈子)가 개발되고 사용하기 편리한 소형 화포가 개발되면서 조선 초기 진법 편성에서 화통군이 배치될 수 있는 계기를 마련하였다.

세종 중반에는 새로운 체제의 다양한 화약무기가 개발되었는데 그중 가장 큰 성과는 다전(多箭) 화포였다. 1432년(세종 14) 두 발을 한 번에 사격할 수 있는 쌍전화포(雙箭火砲)를 처음으로 만들었다. 이는 한 번에 여러 개의 화살을 장전하여 발사할 수 있는 것으로 이전의 화포가 한 발의 화살만을 사격할 수 있었던 것에서 크게 발전한 것이었다. 여러 개의 화살을 발사할 수 있었던 것은 새로운 포신 내부 구조를 가진 총통 개발을 통해 가능해졌다. 이른바 격목형(隔木形) 총통의 출현으로, 이 총통의 내부 구조는 격목통의 내부가 안쪽으로 갈수록 좁아져 격목을 격목통에 꼭 맞게 낄 수 있도록 한 것이다.[32] 이를 통해 격목에 가해진 압력으로 화살을 여러 발 날릴 수 있었다. 또한 휴대용 소형 화기로 오늘날 권총과 같은 세총통(細銃筒)이 발명되고 박격포와 비슷한 완구(碗口)도 개량되어 화약무기를 휴대하고 야전에서 편리하게 사용할 수 있었다.

세종 후반기인 1444년(세종 26) 세종은 군기감에 명하여 대대적인 화포 개량을 연구하도록 하였다. 이듬해 3월에 화포 개량에 성공하였는데, 그 결과 이전보다 화살의 사정거리가 크게 늘어나고 한 번에 8개의 화살을 쏠 수 있는 이른바 팔전총통(八箭銃筒)이 제작되었다. 아울러 화포의 중량이 감소되고 보다 적은 양의 화약으로 멀리 쏠 수 있게 되었음에도 적중률은 향상되었다. 그 결과 천자(天字)화포의 경우 이전 400~500보에 지나지 않았던 사정거리가 적은 화약으로도 1발 사격 시 1,300여 보, 4발 사격 시 1,000보에 달하였다. 이는 지자(地字), 황자(黃字), 가자(架字), 세화포

(細火砲) 등도 마찬가지였다. 또한 이전에는 발사하는 화살인 시전(矢箭)이 화포에서 발사되면 곧바로 횡사(橫斜)하여 수십 보도 가지 못하는 경우가 많았으나 이 시기 개량으로 횡사하는 경우는 거의 없어졌다. 이는 발사물인 시전의 구조 개량과 적정량의 장약에 대한 실험을 통해 가능해졌다. 세종 후반기에는 새로운 화기로 이총통(二銃筒), 삼총통(三銃筒), 사전총통, 팔전총통이 제작되고 로켓형 무기인 중·소 신기전과 각종 주화(走火)의 개량도 나타났다. 각종 화약무기의 개발과 함께 1445년(세종 27)에는 화약무기를 전문적으로 다루는 병종인 총통위(銃筒衛)가 창설되고 2,400명이 선발되었다. 총통위는 800명씩 6개월마다 3교대로 근무하도록 하였는데, 3년 후인 1448년 1월에는 4천 명으로 증원되었다.

화약무기의 개량과 함께 화약의 생산을 전담하기 위한 비밀 부서인 사표국(司豹局)이 궁중의 사복시 남쪽에 1445년 설치되었다.[33] 사표국 설치 이전까지 관원과 장인을 지방에 보내어 염초를 굽도록 하였는데, 민간에 대해 이들의 폐단이 극심하였고 지방에서 염초를 생산할 경우 일본인에게 그 기술이 누설될 우려가 있어 이러한 폐단을 없애고 염초 제조기술을 향상하는 것이 필요하였다. 사표국 창설 이후 궁중의 환관으로 하여금 화약을 시험 제조하게 하였다. 환관들의 염초 제조기술이 향상되자 이들에게 화약 제조를 맡도록 하고 종래 화약과 화기 제조를 모두 담당하였던 화약장(火藥匠)을 화포장(火砲匠)으로 개칭하고 화포만을 제조하게 하였다.

1448년(세종 30)에는 당시까지 개발한 각종 화약무기의 제작 방법과 화약 장전법 등을 수록한 『총통등록(銃筒謄錄)』이 편찬되었다. 『총통등록』에는 당시 개발된 화포의 주조법과 화약의 사용법을 상세히 기록하고 또한 그림으로 표시하고 정확한 규격을 기입하였다. 1448년 9월에 이 책이 간행되어 춘추관에 비밀리에 보관하였다. 지방의 각도에는 화포주조 감독

관을 파견하여 정해진 제원에 따라 모든 화포를 새로 주조하도록 지시하였다. 『총통등록』은 편찬 이후 조선의 화포 제조에 큰 영향을 미쳤는데, 편찬 직후인 문종대에 완구(碗口), 철신포(鐵信炮), 장군화포(將軍火炮), 세총통(細銃筒) 등의 제작에 그 규격을 『총통등록』에 의거하여 통일했다는 사실을 통해 잘 알 수 있다. 이 책의 간행을 통해 조선의 화기 제작이 중국 화기의 모방 단계를 벗어나 조선 특유의 형식과 규격을 갖춘 독자적 발전 단계에 들어섰음을 보여준다. 이 책의 내용이 주변 국가에 유출될 경우 조선에 매우 심각한 위협이 될 수 있었으므로 배포, 소지, 열람이 매우 엄격하게 제한되었다. 심지어 세조 후반기 양성지(梁誠之)는 당시 춘추관(春秋館)에 1부, 문무루(文武樓)에 21부, 군기감(軍器監)에 몇 부가 보관된 이 책 중에서 내외의 사고(史庫)에 각각 3부씩 보관하고, 홍문관(弘文館)에 보관하는 3부는 견고하게 봉인하고 수결(手決)까지 찍어야 하며, 한자로 쓴 것은 모두 불태워 없애야 한다는 주장까지 하였다. 이 책 내용의 일부는 『국조오례의서례(國朝五禮儀序例)』 「병기도설(兵器圖說)」에 전해져 15세기 당시 조선의 화포 제작기술 수준 등을 알 수 있다.

『총통등록』 편찬 이후에도 새로운 화약무기의 개발과 제조는 계속되었다. 1451년(문종 1)에는 태종대인 1409년 최해산이 이도(李韜)와 함께 제작한 화차를 개량하여 새로운 화차를 제작하였다. 태종대 화차는 철령전(鐵翎箭) 수십 개를 장전한 구리통을 수레 위에 싣고 화약을 써서 발사하는 무기였다. 문종대 이를 개량하여 수레 위에 세전 4개를 장전하는 사전총통 50문을 설치한 총통기(銃筒機)나 로켓형 화기인 소신기전(小神機箭) 또는 중신기전(中神機箭) 100발을 꽂아 동시에 발사할 수 있는 로켓 발사 틀인 신기전기(神機箭機)를 장치하여 야전에서 다량의 신기전이나 화살을 동시에 사격할 수 있게 하였다. 특히 화차에 사용한 수레의 차체가 바퀴 축 위로 올라와 발사 각도를 0~40도까지 조절이 가능하였으므로 신기전의 사정거리를 늘려주고 험한 지형에 대해서도 사용하는 것이 가능하였다. 화차는 그해 말까지 전국에 700량 이상이 제작되어 전국의 해안과 주요 성에 배치되었다.

세종 후반기 이후 화차 등 조선의 화약무기 개발과 군사력 증강은 당시 동아시아 국제정세 변동과 밀접한 관련이 있다. 이 무렵 북방 몽골의 오이라트족의 에센(也先)이 세력을 팽창하며 명나라와 무역갈등을 빚다가 결국 1449년(세종 31) 오이라트족을 정벌하기 위해 직접 군사를 거느리고 출정하였던 명나라 황제 영종(英宗)이 오늘날 내몽골 지역의 토

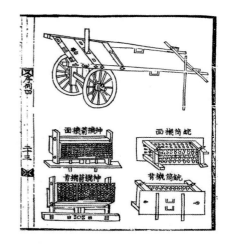

〈그림 3-4〉 『국조오례서례』의 화차

목보(土木堡)에서 오이라트군에게 포위되어 명군이 전멸하고 영종이 포로가 되는 토목의 변이 일어났다.[34] 그 여세를 몰아 오이라트군은 북경을 포위하여 명을 압박하고 압록강 일대에 사신을 보내어 조선에 대해서도 위협을 하였다. 세종 말, 문종대 화차 등 화약무기 개발은 유동적인 당시 국제정세에 대응하기 위한 것이었다.

문종대 화차 제작에 이어 세조대에도 새로운 체재의 휴대용 총통인 신제총통(新製銃筒)이 제작되기도 하였다. 그러나 세조 후반기인 1467년(세조 13) 함길도에서 일어난 내란인 이시애(李施愛)의 난 진압 이후 총통군은 해체되고 화약무기 생산은 일시적으로 정체된 것으로 여겨지기도 하였다. 그러나 성종 24년(1493)에 육총통(六銃筒), 주자총통(宙字銃筒), 즉자총통(仄字銃筒) 등 소형 화기의 개발과 함께 1489년에는 대형 화기인 대포(大砲)의 존재가 확인되는 것으로 보아 세조대 이후에도 조선의 화약무기 개발은 꾸준히 계속되어 상당한 성과를 거두었음을 알 수 있다.[35] 조선 초기인 15세기에 제작된 주요 화약무기는 『국조오례서례』 등에 잘 나타

나 있는데 구체적으로 다음과 같다.

* 총통: 총통완구, 장군화통(將軍火筒), 일총통, 이총통, 삼총통, 팔전총
  통, 사전총통, 사전장총통(四箭長銃筒), 세총통, 철신포(鐵信砲), 신제총
  통
* 발사물: 대전, 차대전, 중전, 차중전, 소전, 차소전, 세전, 차세전, 세장
  전, 차세장전, 신제총통전
* 로켓 화기: 주화, 신기전(대신기전, 산화[散火]신기전, 중신기전, 소신기전)
* 폭발물: 질려포통(蒺藜砲筒, 대, 중, 소 3가지), 산화포통, 발화통(發火筒),
  지화통(地火筒)
* 화차: 총통기(사전총통 50정 탑재) 또는 신기전기(중·소신기전 100개 발
  사) 탑재

　15세기에 조선에서 개발된 위의 화약무기 중 독특한 것으로는 먼저 로
켓 화기인 주화(走火)와 각종 신기전(神機箭)이 대표적이다. 신기전에는 대
신기전, 산화(散火)신기전, 중신기전, 소신기전 등이 있었다. 신기전은 스
스로 추진하여 나아가므로 한 번에 많은 양의 사격이 가능하였다. 또한
신기전은 비행 중에는 불과 연기를 분출하여 적을 정신적으로 위협하였
을 뿐만 아니라 발화통(發火筒)이라는 폭탄이 장착되어 목표물에 도달할
즈음에 폭발하여 적을 혼란에 빠뜨릴 수 있었다. 추진력이 커서 날아간
이후 앞에 달린 화살촉의 관통력도 높아 적군의 갑옷을 관통하여 살상
할 수 있었다. 또한 사정거리가 상당히 길었으므로 압록강 변에 배치하
여 강 건너 여진족이 나타나면 선제공격하는 데 사용할 수 있었다.
　16세기 이후에도 화약 제조와 화약무기 개발이 꾸준히 이루어졌는데,
중종대에는 중종 초기에 일어난 삼포왜란(1510, 중종 5년)의 영향으로 화

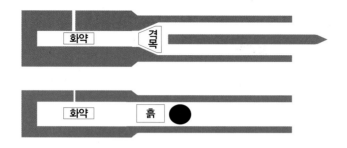

<그림 3-5> 격목형과 토격형의 구조

약무기의 중요성이 재인식되었다. 특히 중종 말년에 왜인들이 중국 연해 주민으로부터 화약병기의 기술을 습득하여 철환(鐵丸)을 사격하는 화포를 제작하였다. 특히 1543년 규슈 남쪽의 다네가시마(種子島)에 표류한 포르투갈 상인으로부터 조총 제조법이 도입되어 조선에 위협이 되었다. 실제 1552년에 제주도에 표착한 황당선(荒唐船)에 동승한 중국인들과 왜인들은 험난한 지형에 의지하면서 조선 군사들에 철환이라는 신무기를 사용하여 대항하였다.[36] 얼마 지나지 않은 1555년 을묘왜변(乙卯倭變) 당시 일본인이 새로운 선박 건조 방식을 채용한 대형 선박을 타고 전투 시에는 철환 화포를 사용함으로써 조선군은 이들을 토벌하는 데 크게 고전하였다. 이에 대응하기 위해 조선은 천자총통, 지자총통 등 대형 화포의 개발과 제작에 힘을 기울였다.[37] 16세기 후반인 선조대인 1593년 일어난 두만강 이북 여진족인 니탕개(泥湯介)의 난을 토벌하는 데 새로운 체제의 개인 화기인 승자총통(勝字銃筒)을 대량으로 사용하여 큰 성과를 거두었다.

　승자총통은 김지(金墀)가 전라좌수사 재임 시 창안한 개인 화기로서 그 이전의 소형 총통을 개량하여 철환을 장전하여 사격할 수 있도록 하

〈그림 3-6〉 경희대 박물관 소장 소승자총통

였다. 특히 승자총통은 총열을 이전의 소형 총통에 비해 2배 이상 길게 하여 사정거리를 늘리고 명중률을 높인 것이었다. 또한 이전의 격목(隔木) 대신 토격(土隔)을 사용하여 탄환을 발사함에 따라 장전 시간이 빨라졌다. 화살에 비해 소형인 탄환을 많이 가지고 다닐 수 있게 되어 전투운용 효율도 높아졌다. 최초의 승자총통은 탄환과 화살을 겸용으로 사용하였지만 조선에서 최초로 탄환을 발사할 수 있는 소형 총통이었다.

다만 승자총통은 손으로 심지에 불을 붙이는 지화식(指火式) 총통이었으므로 임진왜란 당시 일본군이 사용한 화승식(火繩式) 소총인 조총과 같이 일제 사격이나 날아가는 새를 쫓아가며 맞힐 수 있는 능력을 갖지는 못하였지만 이전의 조선 화기에 비해 성능상 많은 발전이 있었다. 임진왜란 당시 조선이 일본의 조총을 모방하여 제작할 수 있었던 것도 승자총통 제작기술이 있었기 때문에 가능한 것이었다. 16세기 후반 승자총통의 개발이 조총으로 이어지지는 않았지만 현존하는 승자총통류를 볼 때 조선에서 승자총통을 발전시키기 위해 계속적인 노력을 하였음을 알수 있다. 17세기 초 편찬된 『신기비결(神器祕訣)』에는 승자총통을 대·중·소로 구별하고, 『화포식언해』에서 승자총통, 차승자총통, 소승자총통 등으로 분류한 것을 통해 임진왜란을 거치며 승자총통은 매우 다양하게 개량되었음을 알 수 있다. 현존하는 승자총통 계열 소형 화기는 승자총통, 차승자총통, 소승자총통 이외에 별승자총통(別勝字銃筒), 별양자총통(別樣字銃筒), 소양자총통(小樣字銃筒), 소소승자총통(小小勝字銃筒), 별조자총통(別造字銃筒) 등 더 많은 종류가 확인된다. 최초 승자총통 개발 이후 20여 년이 지난 마지막 단계의 소승자총통은 가늠자와 가늠쇠, 그리고 총자루와 연결하는 고정 고리 장치가 모두 장착되어 기술적으로 조총의 바로 전 단계까지 발전하고 있다.[38]

고려 말 화약무기가 처음으로 도입되고 조선 전기 각종 화약무기가 개발되면서 이전과 다른 전술 양상이 전개되었다. 화약무기가 도입되기 이전에는 적을 제압하기 위해 적과 동일한 무기체계를 사용하여 양적으로 적을 대응하는 방법을 사용하였다. 따라서 고려시대 이전에는 북방 기병을 제압하기 위해 다수의 기병을 확보하는 데 중점을 두지 않을 수 없었다. 그러나 화약병기의 도입으로 기존의 궁시(弓矢)에 화기가 추가되면서 이른바 장병(長兵) 전술을 중심으로 전술이 개발될 수 있었고, 보병과 기병을 균형 있게 편성할 수 있었다. 이는 조선 전기 병서인 『진법(陣法)』에 반영되어 궁시와 화기를 중심으로 무장된 기병과 보병을 중심으로 한 전술의 채택이 가능해졌다. 이를 위해 원활한 전투대형 숙달을 위해 상당한 훈련이 계속 진행되어야 했는데, 조선 전기 사냥 훈련인 강무 위주의 군사훈련에서 열무(閱武) 등 군사 편성을 유지하면서 체계성을 강조하는 훈련이 강화된 것은 이러한 변화된 전술 양상을 반영한다고 할 것이다.[39]

4장

동아시아 화기
혁명과 조선
(16세기말~
18세기)

임진왜란 중 절강병법(浙江兵法)의 도입 과 신형 단병기

16세기 말 발발한 일본의 조선 침략인 임진왜란 초기 패전의 원인에 대해 기존의 입장은 대부분 조총으로 대표되는 일본에 비해 이를 갖추지 못한 조선의 무기체계의 열세에서 기인하는 것으로 파악하고 있다. 그러나 근본적으로는 기존의 단병 전술에 더하여 새로운 장병기인 조총으로 무장한 일본군의 전술적 우위로 인해 장병기에 의한 제압 사격과 기병의 돌격을 중시하던 조선군은 전술적인 취약점으로 인해 육전에서의 초기 패배는 불가피한 것이었다. 신립의 탄금대 전투가 대표적인 사례이다. 1592년 말 이여송이 지휘한 명군이 구원병으로 조선으로 들어와 이듬해 초 평양성 탈환 전투에서 선보인 전술은 이전에 조선에서는 보지 못한 것이었다.

평양성 전투에서 명군은 불랑기, 대장군포(大將軍砲), 멸로포(滅虜砲) 등 각종 화포를 이용하여 조총의 사격 거리보다 원거리에서 일본군의 기선을 제압하고 평양성의 주요 성곽 시설을 공격하였다. 아울러 소형 로켓형 무기인 화전(火箭)을 다량으로 발사하여 일본군의 조직적인 대응을 어렵게 하였다. 각종 화기의 집중사격 이후 명군은 다량의 방패를 이용하여 조총 공격을 막으면서 다양한 근접전 무기인 낭선(狼筅), 장창(長槍), 당파(鐺鈀) 등을 갖춘 보병을 투입하여 일본군과 과감한 근접전을 수행하여 일본군의 장기인 근접 백병전을 무력화시키는 전술을 사용하였다.[1] 이들 보병은 중국 남방인 절강(浙江) 및 복건성(福建省) 일대의 군사들로서 일명 남병(南兵)이라 불리었다.

명군의 평양성 전투에서 선보인 전투방식은 이전에 전혀 보지 못한 것으로, 남병의 전술이 일본군을 격퇴하는 데 효과적인 것을 목격한 조선은 이를 적극 습득하고자 하였다. 특히 이 전술의 내용이 명나라 총병(總兵)이었던 척계광(戚繼光)이 저술한 『기효신서(紀效新書)』에 수록되어 있음을 확인하고 이 책의 입수에 노력하게 된다.[2] 이후 여러 경로를 통해 여러 판본의 『기효신서』가 입수되자 이를 정리하여 1596년(선조 29)에는 이 책을 조선의 군진에 군사사 교련용으로 내려보낼 수 있을 정도가 되었다.[3] 이 책에는 그동안 조선이 접하지 못했던 무기와 새로운 전술 등이 많이 수록되어 있었는데 신형 무기로는 불랑기, 호준포(虎蹲砲), 화전 등의 화기와 낭선, 방패, 당파, 장창 등의 새로운 단병기의 제원과 사용법에 대한 내용이 수록되어 있었다. 따라서 신형 단병기의 운용과 관련하여 이를 이해하고 활용하기에는 어려움이 있었다. 이러한 내용의 해석을 위해 명나라 군진에 역관(譯官) 등을 보내어 의문 나는 점을 질문하기도 하였다.[4] 당시 명나라 남병들은 10명으로 이루어진 한 대(隊)를 2열 종대 진형인 이른바 원앙대(鴛鴦隊)로 편성하여 일본군과 근접전을 수행하였는데 이러한 모습은 조선에 매우 강한 인상을 남겼다. 원앙대는 가장 앞에 대장(隊長)이 서고 이어 방패수 2명 − 낭선수 2명 − 장창수 4명 − 당파수 2명이 차례로 서며, 가장 마지막에는 취사 등의 잡일을 맡은 화병(火兵) 1명이 서도록 하였다.

절강병법의 채용에 따라 남병이 채용하고 있던 새로운 단병기에 대한 관심도 매우 높아졌다. 단병기는 일본군의 장검(長劍)에 대항하기 위해 척계광에 의해 최초로 편제 무기로 채택된 것으로 그 이전에 조선에는 소개되지 않은 매우 생소한 것이었다. 먼저 낭선(狼筅)은 가지를 남긴 대나무 끝에 창날을 부착한 창의 일종으로 길이 1장(丈) 5척(尺), 무게 7근 정도의 독특한 형태의 무기였다. 낭선은 남겨놓은 대나무 가지 등으로 일본군의 칼날을 적절히 막을 수 있고 쉽게 잘려지지도 않았다. 또한 이를 좌우로 돌릴 경우에는 부분적으로 화살을 막아낼 수도 있었다.[5]

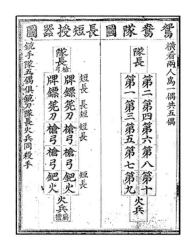

〈그림 4-1〉 원앙대

방패수(防牌手)들이 휴대하고 있는 방패인 등패(藤牌)는 등나무 가지로 만들어 다른 방패에 비해 매우 가벼우면서도 견고하였다. 방패수들은 한 손에 등패를 들고, 먼저 던지는 창인 표창(標槍)을 던진 이후 한 손에 요도(腰刀)를 쥐고 일본군의 창수(槍手) 앞으로 바짝 접근하여 공격하였다.[6]

〈그림 4-2〉 낭선수

당파는 끝이 세 갈래로 된 삼지창으로 길이는 7척 6촌이고 무게는 5근으로, 가운데 창날인 정봉(正鋒)은 좌우의 창날인 횡고(橫股)와 합하여 한 자루가 되는데 가운데 창날은 반드시 좌우 창날보다 2촌이 높게 만들었다. 또 좌우의 두 창날은 평평하여 당파에 걸치고 화전을 장전하여 발사할 수 있었다. 당파는 적의 창이나 칼날을 막으면서 적을 찔러 죽이는

〈그림 4-3〉 방패수

〈그림 4-4〉 당파수

〈그림 4-5〉 장창수

데에 필요한 무기였다.

원앙대 중 네 명의 장창수들이 운용한 장창은 주로 낭선, 방패, 당파수들이 적의 공격을 저지하면 긴 창인 장창으로 찌르기 공격을 주로 하는 무기로서 자루의 길이가 1장 5척이고, 창날[鎗頭]은 그 무게가 4량 정도였다. 이 외에 조총수 등에게는 사격 후에 근접전을 수행하기 위한 장도(長刀)의 운용법도 요구되었다. 장도는 두 손으로 사용한다고 하여 일명 쌍수도(雙手刀)라고도 하였다. 장도는 칼날의 길이가 5척이고 칼날 뒤쪽 부분에 칼날을 동으로 둘러싼 1척 길이의 동호인(銅護刃)이 있었다. 칼자루의 길이는 1척 5촌으로 전체 길이는 6척 5촌, 무게는 2근 8량이었다. 장도는 일본의 왜구들이 명나라 해안을 침범한 때부터 비로소 소개된 것으로 근접전에서 큰 위력을 발휘하였다.

임진왜란 기간 동안 절강병법의 정리와 보급에 노력하였던 한교(韓嶠)의 주도하에 우리 역사상 최초의 무예서인 『무예제보(武藝諸譜)』가 선조 31년(1598)에 완성되었다. 이 책은 근접전 병사인 이른바 살수(殺手)에 필요한 당파의 운용에 관한 「파보(鈀譜)」 등 여러 보(譜)의 번역과 내용의 증보 및 통일 작업을 통해 당시 시급한 절강병법을 보급하는 데 필요한 방패, 낭선, 장창, 당파와 장검, 곤봉 등 등 근접전에 필요한 6가지 단병 기예를 정리한 것이다. 『무예제보』 편찬을 계기로 임진왜란 이후 조선의 단병 기예는 일단 정리될 수 있었다. 이 책이 완성됨으로써 이제 각종 무인 선발시험인 시취(試取)에서 통일된 평가가 가능하게 되었고,[7] 살수들이 임의로 일부 무예만 익히는 폐단도 막을 수 있게 되었다.[8] 『무예제보』는 6종의 무예에 대해 각각 그림[圖]과 보(譜)를 함께 수록하고 각 보의 뒤에는 무예의 연속 동작을 그린 총도(總圖)를 수록하여 그 무예의 각 동작을 종합적으로 익힐 수 있도록 하였다. 『무예제보』의 편찬 과정에서 조선은 절강병법에서 필요한 다양한 무예를 빠르게 보급할 수 있었다. 임진왜란 기간 중 창설된 중앙의 훈련도감과 각 지방의 속오군에서 상당 규모의 근접전 군사인 살수(殺手)가 편성될 수 있었던 것은 이 책의 편찬과 관련이 있다.

임진왜란 이후 조선의 조총 도입과 군사적 변화

1. 동아시아 지역의 조총 전래와 조선의 도입

조총(鳥銃)은 화승식(火繩式)의 점화구조(Firelock)를 가진 신형 화승총(火繩銃, Matchlock Musket)으로 방아쇠를 당겨 용두(龍頭)에 물린 화승이 화약을 담은 접시에 닿아 점화 발사할 수 있었으므로 일제 사격이 가능하였다. 또한 가늠자와 가늠쇠를 통해 정확한 조준사격도 가능하였다.[9] 이전과 완전히 다른 체제의 개인 화기인 조총의 등장은 전쟁의 판도를 완전히 바꾸게 된다.

조총이 동아시아 지역에 처음 도입된 것은 16세기 중반인 1543년 일본의 규슈 남단인 다네가시마(種子島)에 표류한 포르투갈 상인에 의한 것으로 일반적으로 알려지고 있다. 전래 직후 곧바로 다네가시마, 네고로(根來), 구니토모(國友), 사카이(堺) 등지에서 화약과 조총의 제조가 이루어지고 급속히 일본 전역으로 보급되었다. 1555년부터는 전투에서 조총이 사용되기 시작하여, 전래 후 30년 만에 일본의 군사제도 및 전술에 적지 않은 변화를 가져온 것으로 평가되고 있다.[10] 조총이 일본에 전해진 후 얼마 지나지 않아 중국에도 전해지게 되는데, 조총이 언제 어디에서 중국으로 전래되었는지에 대해서는 현재까지 그 경로가 다소 불분명하다.[11] 중국에서 조총 보급에 크게 공헌한 명나라 장수 척계광(戚繼光)이 그의 저서 『기효신서』에서 "이 무기는 중국에 원래 존재하지 않고, 왜구에서 전해진 것"이라고 밝히고 있는 것을 보면, 1548년 당시 밀무역 거점이었던 쌍서(双嶼)를 명군이 소탕하였던 때에 얻었던 이른바 왜총(倭銃)이 중국 조총 전래의 최초라는 설이 유력하다.[12]

조총이 전투에 사용되던 초기에는 그 수량을 충분히 갖출 수 없어 아직 전투의 승패를 가름하던 무기는 아니었다. 일본에서 조총을 이용한 가장 대표적인 전투로 알려진 나가시노(長篠) 전투(1573) 직후의 한 사례에 의하면 전체 군사에서 조총병이 차지하고 있는 비중은 6%에 불과하였다. 이에 비해 장창병은 65% 이상을 차지하고 있고 기병의 비중도 10% 이상이었다.[13] 즉, 16세기 후반 일본의 전술이 철포를 중심으로 전개되었다는 것은 논란의 여지가 있다.

조총이 전체 무기체계에서 차지하는 수량적 비중은 비록 높지 않았으나 전술적 중요성은 도입 초기부터 상당히 높았던 것으로 보인다. 기존의 원거리 무기였던 궁시에 비해 조총은 보다 원거리에서 사격하여 정확히 명중시켜 적군을 살상할 수 있었다.[14] 이는 조총이 가진 구조적 특성에 따른 것이었다. 조총은 구경에 비해 총열이 길어 추진력이 강하므로 총탄이 곧바로 날아가고 관통력이 높았을 뿐만 아니라 조준기로 인해 명중률도 높았다. 다만 한 번 쏠 때마다 화약과 탄환을 장전하는 시간이 활에 비해 많이 소요되지만 관통력이 높아 적의 돌격을 한 번의 사격으로 무력화시킬 수 있었다. 높은 위력의 조총으로 인해 야전에서 전투가 격화되

〈그림 4-6〉『원행을묘정리의
궤』반차도에 보이는 조총병

면서 사상자 수는 크게 급증하였다. 특히 조총이 보급되던 초기에는 조총에 숙달되어 있지 않거나 인식이 낮아 조총을 제대로 장비하지 못한 적에 대해 조총을 대량으로 사격하여 일방적 승리를 거두는 예도 종종 있었다.[15] 따라서 전체 무기체계에서 수량적 비중에 비해 조총의 전술적 중요성은 상당히 높았음을 짐작할 수 있다.

16세기 말 조선도 조총의 존재를 인식하고 있었으나 조선의 기존 장병기인 각궁과 편전의 위력이 높았으므로 조선에 곧바로 채택되지 못하였다. 아울러 임진왜란 직전까지 조선의 주된 군사적 위협이 아직 화약무기를 갖지 못한 여진족이었으므로 궁시 이외에 승자총통(勝字銃筒)과 같이 조총보다 낮은 수준의 화승총으로도 충분히 대응할 수 있었다. 그러나 임진왜란 초기 조총병을 위시한 다양한 병종(兵種)으로 구성되고 정교하고 체계적인 전술을 갖춘 일본군의 대규모 침공에 조선군은 크게 고전하였다. 조선은 일본군의 조총에 대항하기 위해 조총을 다루는 군사인 이른바 포수(砲手)의 양성에 힘을 기울였다. 국왕 선조는 중앙과 지방의 군사들로 하여금 조총을 익히도록 명령하고, 조총 사격술을 무과의 시험 과목으로 넣도록 하였다. 포수 양성을 위해 조총의 확보와 그 제작, 보급에도 역점을 두었다. 초기에는 일본군으로부터 노획한 조총을 활용하다가 조총의 제작기술을 알고 있는 항복한 왜군[降倭]를 통해 그 제작기술을 습득하기도 하였다. 그리하여 임진왜란이 일어난 이듬해인 1593년(선조 26) 중반 무렵부터 조선의 자체적인 조총 제작도 가능해졌다.

전투에서 포수의 중요성이 확인됨에 따라 포수의 양성 문제가 시급히 부각되고 아울러 새로이 명나라에서 도입된 보병 위주의 전술로서 조총병과 창검으로 무장한 근접전 전문의 군사(殺手)를 함께 운용하는 이른바 '절강병법(浙江兵法)'의 전술체계 보급을 위한 새로운 군사제도 창설의 필요성이 나타났다.[16] 1593년(선조 26) 10월 선조가 한성으로 환도한 직후 새로운 군영인 훈련도감(訓鍊都監)이 창설된 것은 새로운 군사제도의 필요성에 따른 것이었다.

훈련도감에는 포수와 살수 이외에 궁시를 다루는 사수(射手)를 함께 편성하였다. 포수, 사수, 살수 등 세 병종[三手兵]을 바탕으로 군사제도를 재편한 것은 조선의 지방군도 마찬가지였다. 7년간의 임진왜란 기간 중 기존의 궁시 위주로 편성되었던 조선의 군사제도에 이제 포수, 살수라는 새로운 병종이 도입되었다. 한성에서 창설된 훈련도감의 경우 최초 포수를 중심으로 500명 규모로 창설되었으나 1여 년이 지난 1594년 11월에는 포수 7초(1초는 약 110명), 살수 4초, 사수 2초 등 13개초에 달하여 50% 이상이 포수로 구성되었음을 알 수 있다. 이 무렵 지방군의 평안도 북부 지역도 30% 이상이 포수였다.[17] 아직 지방군에서 사수의 비중이 50%인 점을 고려한다면 조선군의 전술이 포수 위주로 이루어졌다고 단정하기는 다소 주저된다. 그러나 당시 조선의 새로운 전술 도입의 근거였던 절강병법을 다룬 『기효신서』에 의하면 전체 군사에서 포수는 20% 정도로 구성하고 나머지 80%가 살수로 편성하도록 되어 있는 점을 고려한다면 단기간 내에 조선의 포수 양성은 상당히 이례적인 느낌마저 든다.[18] 16세기 말 이후 전체 군병 구성에서 포수의 급격한 비중 증가는 조선에만 국한된 현상은 아니었다.

일본의 경우에도 임진왜란을 통해 전술 및 군사제도에서 조총병의 비중이 급격히 증가하고 있었다. 임진왜란 직후인 1600년 일본의 패권을 놓고 벌인 세키가하라 전투에서 도후쿠(東北) 지방의 다이묘(大名)인 다테 마사무네(伊達正宗)가 보낸 3천 명의 군사 중 기병 420명 등을 제외한 보병 전투원 2,300명 중에서 조총병이 1,200명에 달하여 전체의 절반을 상회하고 있음을 통해서도 분명히 알 수 있다.[19]

〈그림 4-7〉 16세기 말 일본의 조총병　　　　〈그림 4-8〉 명군의 조총 3단 연속 사격 모습(『軍器圖說』)

　　조총 사용의 확대 양상은 명나라에서도 비슷하게 나타나고 있다. 임
진왜란에 참전한 명군은 많은 일본군의 조총을 노획하고 아울러 다수의
일본군 포로를 데리고 귀국하였다. 조총과 일본인 포로는 명군 각 무장
의 휘하에 속하여 이들의 전력으로 중국 각지의 군사적 활동에 활용되었
다.[20] 아울러 신식 단조제(鍛造制) 조총 제작도 확대되었다.[21] 조총의 보급
과 함께 일본군의 조총 연속 사격 전술도 명에 전파되었다. 조사정(趙士禎)
이 저술한 『신기보(神器譜)』의 「혹문(或問)」에는 임진왜란에 참전 경험이 있
는 요동 지역 명군들이 전쟁 직후 압도적으로 많은 북방의 적군들을 화기
를 이용하여 차례를 바꿔가며 공격(以火器更番擊打)하여 크게 승리하였다
는 기록이 있는 것을 보면 이를 짐작할 수 있다. 이처럼 조총 중심의 전술
과 군사제도는 17세기 초 명나라에 위협이 되던 북방의 여진과 몽골 세력
에 대응하는 데 중요한 전술로서 역할을 하게 된다.[22] 즉, 임진왜란을 계기
로 조총은 동아시아 지역 전체에 핵심적 무기체계로서 자리잡게 되었다.

2. 17세기 초 조선의 조총병 확대

임진왜란을 계기로 조총이 도입 보급된 조선의 경우 기존의 전술체계에서 조총의 비중과 역할은 커졌으나 아직도 궁시의 비중은 상당하였다. 이는 조총의 발사속도가 궁시에 비해 아직 느리고 비가 오거나 심한 바람이 부는 경우에는 조총을 사용하기 어려웠던 당시의 기술적 제약에 따른 것이었다. 그러나 17세기 초 여진 세력의 심상치 않은 동향과 여진과의 군사적 충돌 경험은 조선에 조총 중심의 전술체계 모색을 불가피하게 하였다.

1599년 임진왜란 종전을 전후하여 누르하치의 건주여진의 군사 활동은 매우 적극적으로 전개되기 시작하였다. 특히 광해군 초기인 1609년에는 건주여진과 경쟁하던 해서여진(海西女眞)의 홀온(忽溫) 세력을 격파하면서 조선과 명나라에 직접적인 위협이 되었다. 당시 조선이 당면하였던 전술적 문제는 기존의 전술과 군사체제로는 야전(野戰)에서 여진 기병의 돌격을 저지하기 어려운 점이었다. 특히 1605년 5월 홀온(忽溫)의 여진을 공격하던 조선군 3천여 명이 50명에 불과한 여진 기병의 돌격에 큰 피해를 입는 사건이 있었다.[23] 이 전투 이후 조선은 평지에서 조총 사격으로는 기병에 대응하기 상당히 어렵다는 점을 인식하였다. 아울러 여진 기병의 갑옷은 궁시로는 관통이 어렵고 조총 등 화약무기로만 관통할 수 있다는 점이 강조되었다.[24] 따라서 야전에서 조총을 이용한 전술보다는 성곽에서 조총 등 각종 화기로 사격하는 전술이 주요한 대 여진 방어전술로 채택되었다. 화약의 폭발력으로 탄환을 쏘는 화기는 근력 에너지로 발사하는 화살에 비해 탄환의 속도가 매우 빨라 명중할 경우 갑옷 입은 신체를 관통한 이후에도 신체 내부에 치명적인 상처를 주어 적군을 완전히 무력화시킬 수 있었다.[25] 조선은 이러한 화기의 장점을 살리기 위해 화기

를 중시한 수성(守城) 위주의 전략을 대 여진 방어전략으로 채택하였다.[26]

수성 위주의 전략이 조선의 대 북방 방어전략으로 채택되면서 군사력 강화의 중심은 야전에 필요한 근접전을 위한 단병(短兵) 무예나 전투용 수레인 전차(戰車) 제작 등을 확대하기보다는 성곽을 방어하는 데 중요한 병종인 포수의 양성과 다양한 화포의 제작이 더 중요해졌다. 광해군 5년 (1612)에 기존의 조총청(鳥銃廳)을 화기도감(火器都監)으로 확대 개편한 것은 이러한 변화된 전략, 전술적 상황의 한 반영이었다. 화기를 이용한 수성 위주의 수세적 방어전략의 채택을 계기로 조선은 조총의 확보와 포수 양성을 위해 적극적으로 노력하여 광해군 10년(1618) 6월경에는 각 도에 수천 명의 포수가 확보되어 위급한 지역인 서북지역으로 보낼 수 있을 정도가 되었다.[27] 아울러 조총의 연속 사격을 통해 사격 간의 간격을 없애는 훈련도 적극적으로 이루어진 것으로 보인다.

예를 들어 1607년(선조 40) 평안도 감영의 교련청(教練廳)에서 편집하여 평안도 군사의 훈련에 사용된 병서인 『군예정구(羣藝正彀)』의 내용을 보면 조총을 사격하는 총수대(銃手隊)는 10명의 각 대(隊)마다 1명 또는 2명으로 한 층을 이루어 5차 혹은 10차로 계속하여 조총을 연속 사격하도록 규정하고 있다.[28] 1603년 편찬된 『신기비결』에도 적군이 다가오면 천아성 나팔 신호에 따라 총수(銃手)들은 몇 개의 층으로 나누어 반(班)을 번갈아 교대로 사격하도록 규정하고 있다.[29] 즉, 17세기 초 이후 조선은 조총의 5열 혹은 10열의 연속 사격을 통해 조총의 약점이었던 낮은 발사속도와 사격 간의 시간적 간격을 없앨 수 있었다. 조총의 연속 사격 전술은 17세기 초 최초로 절강병법에 바탕을 두어 편찬된 『병학지남(兵學指南)』에 수록된 「조총윤방도(鳥銃輪放圖)」를 보면 10명의 조총대 병사들이 두 명씩 앞으로 나와 차례로 사격하는 모습이 묘사되어 있다. 조총대가 연속으로 사격하는 동안 살수대의 군사 중 활을 가진 장창수와 화전을 쏘는 당파수들이 조총수들이 사격하는 옆으로 나아와 연속으로 사격하여 적군을 저지하였다.[30] 점차 조총의 사격술이 발전하면서 사수의 궁시 사격을 통한 시간 확보와 적 저지의 필요성은 상당히 줄어들었으므로 이후 사수의 비중은 차츰 낮아지게 된 것으로 보인다.

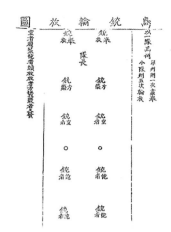

〈그림 4-9〉 조총윤방도

화기를 이용한 수성 위주의 대 북방 방어전략의 채택으로 인해 조선군 전체에서 포수의 비중은 상당히 커졌고 이후 포수를 중심으로 조선의 군사제도가 크게 변하는 계기를 마련하였다. 이제 조선군 포수의 사격 능력과 전투력은 명나라에서도 인정하는 수준에 이르렀다. 그러나 당시의 조총은 위력과 사거리, 정확도 등의 측면에서는 그 이전의 화기에 비해 우수하였으나 발사속도, 신뢰성 등 성능상의 한계는 분명히 있었다. 따라서 연속 발사 전술의 채택에도 불구하고 야전에서 기병의 돌격을 완전하게 저지하기는 어려웠다. 성능상의 한계가 분명히 존재하는 조총에 지나치게 의존한 조선군의 군사체제와 전술은 1619년 3월 명나라의 대 후금 반격전이었던 사르후 전투에 참전하였던 조선군이 심하(深河) 지역에서 후금 기병의 공격에 큰 피해를 입고 패배한 주요한 원인이 되었다.[31] 단 한 차례 후금 기병의 돌격에 조선군 수천 명이 전사한 심하 패전의 경험은 이후 조선의 군사제도와 전술에 적지 않은 변화를 가져온 계기를 마련하였다.

즉, 심하 전투를 통해 포수 위주의 편성과 전술체계로는 야전에서 기병의 일제 돌격을 적절히 대응하는 데에는 한계가 있다는 사실을 확인하였다. 특히 후금군은 조선 포수의 장점을 무력화하기 위해 기병 돌격을 곧바로 하지 않고 일단 말에서 내려 원거리에서 활을 쏘아 조선의 포수를 혼란시키고 이어 말에 올라타고서 철퇴와 곤을 사용하여 돌격하여 조선군을 무력화시키는 전술을 사용하기도 하였다.[32] 따라서 조총 사격 후 다음 장전 때까지 시간을 확보해주고 기병의 접근을 저지할 수 있는 살수와 사수의 존재가 다시금 부각되었다.[33] 아울러 후금 기병의 활동을 견제하고 다양한 상황에 대응하기 위해 융통성 높은 병종인 기병의 중요성이 부각되었다. 심하 전투를 계기로 포수 위주의 편제와 전술체계에서 다양한 사수, 살수, 기병 등 다양한 병종을 육성하고 아울러 이를 통합하여 운용하는 전술체계는 1636년 병자호란이 발발한 시기까지 계속 모색되었다. 실제 병자호란 시기 주요 전투에서 포수와 함께 사수의 비중이 적지 않았다. 수성전에서도 포수와 함께 사수를 균형 있게 배치할 것을 강조하기도 하였다.[34]

3. 병자호란 이후 조총 중심 전술체계의 완성

병자호란(1636)이 전쟁사적으로 조선에 미친 영향은 매우 큰 것이었다. 조선이 준비한 산성 위주의 수세적 방어전략은 새로이 화약무기를 장비한 청의 공격에 한계를 드러냈다. 병자호란 이전 조선이 채택한 대청 방어전략은 다양한 화기를 이용하여 수성에 치중하다가 일단 청 기병의 예봉(銳鋒)을 피한 후에 반격한다는 것이었다. 후금(淸의 전신)은 1631년 초부터 화약무기를 제조하여 주요한 병기로 채택하였다. 아울러 서양식 대형 화포인 홍이포(紅夷砲)를 최초로 생산하거나 노획하여 이를 장비한 부대를 편성하였다. 병자호란 직전 청군은 명군으로부터 노획하거나 제작한 홍이포가 30문에 달하였고 아울러 투항한 명군 장수인 공유덕(孔有德) 등으로부터 홍이포 16문을 확보하였다.[35] 홍이포 등 화포의 확보로 청나라군의 대 공성작전 능력은 크게 향상되어 조선의 수성 위주 방어전략은 효과를 발휘하기 어려웠다. 조선의 전략적인 장단점을 잘 파악하고 있던 청나라는 소규모 정예 기병으로 한성으로 곧바로 직행하여 인조의 강화도 피난을 막아 남한산성으로 몰아넣고 새로운 체제의 대형 화포인 홍이포를 이용하여 강화도를 함락시키고 남한산성에도 큰 피해를 입혔다.[36] 충분한 기병을 확보하기도 어렵고 수성전(守城戰)의 승산도 이전보다 높지 않은 상황에서 청의 기병에 근본적으로 대처하기 위해 이에 대항할 수 있는 새로운 전략과 전술의 필요성이 높아졌다.

병자호란의 야전과 수성전의 여러 전투 경험을 통해 이후 조선에는 조총이 궁시보다 더 유용하다는 인식이 널리 퍼졌다.[37] 이러한 인식은 병자호란 직후 청나라군의 명 금주위(錦州衛) 공격 등에 동원되었던 조선의 포수들이 전투에서 주요한 역할을 한 경험도 적지 않은 영향을 미쳤다.[38] 이는 인조 후반기 조선군의 병종 구성의 변화에서 확인할 수 있다. 예를 들어 병자호란 직후인 인조 17년(1639) 정월 어영군의 번상 군사 100여 명 중 포수와 사수의 비중이 절반이었는데 이 중 사수를 포수로 전환하는 것을 모색하였다.[39] 이에 사수 중에서 우수하지 않은 자는 포수로 전환하고 살수를 폐지하도록 하였다.[40] 총융청의 경우 포수로 편성된 것이 5,400여 명에 달하였는데 이 중 조총이 없는 자에게는 훈련도감에서 800자루를 받고 아울러 총융청에서 300자루를 제조하도록 하여 포수의 충실화를 시도하였다.[41] 이는 지방군의 경우에도 마찬가지였다. 인조 26년(1648) 함경 감영의 군병 중 장관이 거느린 8천 군사 중에서 포수가 4천여 명에 달하여 포수의 비중이 전체 군병에서 절반을 넘었다.[42] 이는 1627년 정묘호란 당시 한성으로 올라왔던 지방군 전체 군사에서 포수의 비중이 20% 내외에 지나지 않았던 점을 고려한다면[43] 20년 사이에 조선군의 병종 구성에서 급격한 변화가 나타났음을 보여준다.

포수 중심의 전술과 정예화는 효종대 들어 더욱 적극적으로 추진되었다. 이는 조총이 가진 단점이 효종대(1649-1659) 중반을 계기로 기술적으로 극복된 것과 관련이 있는 것으로 보인다. 효종 7년(1656) 중반 새로운 체제의 조총이 제작되었는데, 이는 표류한 네덜란드인으로부터 기술을 도입한 것이었다.[44] 새로운 서양식 조총의 위력과 편리함에 대해서는 조선에서는 이미 대마번을 통해 알고 있었고 병자호란 이후인 인조 26년(1648) 10월 이른바 남만(南蠻) 조총의 제조를 시도하고 있었다. 이때의 남만 조총은 운용하기 가볍고 사정거리도 2, 30리에 달하며 연속 발사도 가능하였다고 한다.[45] 인조 말 제조에 착수한 이 조총은 8년이 지난 효종 7년(1666)에 완성된 것으로 보이며 인조대 조선에 표류한 네덜란드인인 벨테브레(Jan Janse de Weltevree), 즉 박연(朴燕)의 역할이 컸다.[46] 효종대 완성된 신형 조총은 서구의 수석식(燧石式) 소총(flintlock musket)이라기보다는 기존 화승식 소총(matchlock musket), 조총을 개량한 것으로 보인다.[47] 화승식 소총은 뛰어난 위력에도 불구하고 장전과 발사에 여러 단계를 거쳐야 하였고 모든 단계를 다 거친다 하더라도 비가 오거나 날씨가 궂으면 발사가 되지 않는 경우가 있었다.[48] 이때 개량되면서 조총의 무게가 가벼워지고 길이도 줄어들어 다루기 쉬워짐에 따라 발사속도가 이전보다 두 배가 빨라지게 된 것으로 보인다.[49]

효종대 중반을 계기로 포수가 사수의 도움 없이도 완벽하게 야전에서 주도권을 장악할 수 있게 되었다. 조총의 성능이 개량되고 포수가 주요 병종으로 전체 군병에서 큰 위치를 점하게 되자 사수의 경우 효종대에 이르러 중앙 군영에서는 거의 소멸하였다. 다만 지방군의 경우에는 아직 사수가 적지 않게 존재하였던 것으로 보인다.[50] 조총의 기술적 진보는 효종 이후 현종대에도 계속되어 일본의 우수한 조총과 성능이 거의 비슷해졌을 뿐만 아니라,[51] 이 무렵에는 조총 제작 기간이 활의 제작보다 빨라져 대량 보급이 가능해졌다.[52] 이에 17세기 말이 되면 지방군의 경우에도 사수를 포수로 전환하는 조치가 적지 않게 나타났다. 예를 들어 1693년(숙종 19) 12월에는 남한산성 군병 중에 활에 익숙하지 않은 자들을 포수로 전환하도록 하였다.[53] 아울러 살수의 전술적 의미도 약화되어 17세기 후반 이후 살수는 훈련도감의 살수 6초(哨), 약 650여 명을 제외하고는 중앙 군영에서는 거의 없어졌고 그 군사적 역할도 대단히 미미해졌다.

17세기 조선의 화포 발달

1. 임진왜란과 중국 화포의 도입

임진왜란 당시 야전에서는 일본군의 조총에 비해 성능이 떨어지는 소형 화기를 가졌던 조선이 불리하였으나 조선은 천자총통, 화차 등 이미 개발한 대형 화기를 사용하여 각종 수성전과 수전에서 큰 활약을 보였다. 이러한 대형 화기는 이후에도 계속 제조, 사용되었다. 이에 더하여 명군으로부터 불랑기, 호준포 등 신형 화기도 도입되어 조선의 대형 화기의 제조는 매우 활발히 이루어졌다.[54] 17세기 초반인 1603년 간행된 화기 관련 병서인 『신기비결』은 이러한 사정의 반영이라고 할 수 있다.[55]

중국의 각종 화기가 본격적으로 소개된 것은 임진왜란 발발 이듬해인 1593년 1월 초 조·명 연합군의 평양성 탈환 전투를 통해서였다. 이 전투를 참관하였던 이덕형은 명나라군이 불랑기, 호준포, 멸로포 등의 각종 화포를 평양성에서 5리, 약 2km 정도 떨어진 곳에서 일제히 사격하여 일본군의 사기를 꺾고 각종 단병기를 든 명군이 돌진하여 일본군에 대응하고 있음을 보고하였다.[56] 평양성 전투에서 명나라군이 여러 가지 화기를 다량으로 운용하여 일본군을 공격하는 전술을 목격한 이후 조선은 전쟁에서의 화기의 중요성에 대해 보다 적극적으로 인식하기 시작하였다.[57] 이제 점차 화기가 전투의 승부를 가르는 중요한 무기로 인식되고 일본군의 기존 장기이자 근접전 무기인 단병(短兵)도 화기로 제압할 수 있다는 인식이 확산되어나갔다.

화포의 역할은 임진왜란 중 계속되었는데, 일본군의 경우 임진왜란 초기에는 대포를 그다지 사용하지 않았으나 조선 및 명군과의 여러 전투를 통해 대구경 화포가 공성과 수성에 매우 유리하다는 사실을 확인하였다. 따라서 정유재란 초기부터 각종 대구경 화기 사용이 활발해졌다. 예를 들어 1597년 8월의 남원성 전투에서 일본군은 석화시(石火矢, 이시히야)와 대통(大筒)을 사용하여 성을 공격하였다. 석화시는 남만(南蠻) 즉 포르투갈 등으로부터 도입된 후장식 화포인 불랑기(佛狼機)의 일종이었다. 그해 7월의 칠천량 해전에서도 시마즈 군은 육상에서 대철포(大鐵砲)를 사격하여 조선 수군을 공격하고 아울러 각 왜성에 대통과 석화시를 나누어 배치하였다.[58] 1598년 9월의 순천 왜성 전투에서 일본군이 조명 수군 함대를 공격하는 데 사용하였던 대포는 이를 반영한다.[59] 사천(泗川) 왜성 전투에서도 명군은 대형 화포로 성문을 파괴하는 데 성공하였으나 다음 발사에서 화포가 폭발하여 성을 함락시키는 데에는 실패하였다. 화기 사용이 전투에서 매우 중요한 역할을 하였음은 정유재란 당시 울산성 전투에서 명군이 대장군포 1,244문, 화전 12만 발, 삼안총과 불랑기 등 각종 화포 외에 7만 근의 화약을 사용하였다는 사실을 통해 이를 짐작할 수 있다.[60] 정유재란의 여러 공성전을 통해 화기의 역할과 화력의 우열이 전투의 승패를 가른다는 점을 확인할 수 있었다.[61]

임진왜란의 여러 전투에서 명군이 사용한 화기 중 조선에서는 불랑기,

〈그림 4-10〉 작자 미상의 〈평양성탈환도〉(국립중앙박물관 소장). 병풍 왼쪽 세 번째 그림에 평양성을 공격하는 명군 화포가 보인다.

호준포, 삼안총(일명 삼혈총) 등이 적극적으로 도입되었다. 불랑기는 임진 왜란 당시 명군을 통해 도입된 서양식 화포이다. 불랑기란 중부 유럽 지 역인 프랑크(Frank)를 음차한 말로 불랑기는 16세기 초 포루투갈인을 통 해 중국에 도입되었다. 포구를 통하여 화약과 탄환을 장전하던 기존의 전장식 화포와 달리 불랑기는 하나의 모포(母砲)에 여러 개의 자포(子砲) 가 있어 모포의 뒷부분에 자포를 결합하여 사용하는 후장식 화포였다. 불랑기는 자포에 미리 화약과 탄환을 장전해두었다가 사격 시 자포를 모 포에 결합하고 잠철(箴鐵)이라는 비녀 모양의 쇠기를 끼워 고정시킨 후 발 사하였다. 발사 후에는 자포를 빼내고 다른 자포를 결합하여 발사하는 방식이었으므로 발사속도가 매우 빨랐다.

불랑기는 임진왜란 이듬해 평양성 전투에서 명나라군이 사용한 것을 계기로 조선에 처음 소개되었다. 정확성과 위력 및 발사속도 등에서 이전 의 화포에 비해 매우 우수하였으므로 조선에도 곧 그 제도가 도입되었던 것으로 보인다. 1603년 편찬된 『신기비결』에 불랑기의 간략한 제원과 발 사법 등이 수록된 것을 통해 그 직전 조선에 도입된 사실을 알 수 있다. 『기효신서』에 의하면 불랑기는 크기에 따라 1호부터 5호까지 있었는데, 1 호 불랑기는 크기가 9척(2.7m)에 달하였고 화약을 1근이나 장전할 수 있 는 큰 규모였으나 5호 불랑기는 길이가 1척에 불과할 정도였다. 조선에서

는 4호와 5호 불랑기가 많이 제조되었는데 그 크기와 장
약량 등 제원은 『기효신서』와는 다소 달랐던 것으로 보인
다. 17세기 초 화기도감에서 제작된 4호 불랑기는 무게 90
근, 길이 3척 1촌 3푼(97.16cm), 자포의 무게 12근, 화약량 3
냥이었고, 5호 불랑기는 무게 60근, 길이 2척 6촌 5푼(82.15
cm), 자포의 무게 6근 4량, 화약량 1냥 5전이었다. 조선 후기
불랑기는 주요한 화기로 인식되어 19세기 중반까지 널리
사용되었다.

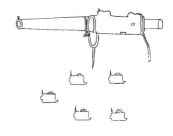

〈그림 4-11〉 불랑기 (『火器都監儀軌』)

호준포는 마치 호랑이가 걸터앉아 있는 듯한 형상을 하
고 있다고 하여 이름 붙여진 철제 경량 화포이다. 호준포
는 임진왜란 중 평양성 전투에서 명나라군이 사용한 것을

〈그림 4-12〉 호준포(『續兵將圖說』)

목격한 이후 곧바로 조선에 소개되어 모방 제작되기 시작하였다. 『기효신
서』와 『화포식언해』 등에 의하면 포의 길이는 2자이며 무게는 36근(21.6
kg)으로 큰 못 2개와 쇠 올가미[鐵絆] 하나가 있어 지형에 관계없이 포신
을 땅에 고정하여 발사할 수 있었다. 발사할 때에는 연환(鉛丸) 70개 혹은
철환(鐵丸) 30개를 장전하여 한 번에 사격할 수 있었다. 호준포는 조준기
가 갖추어지지 않아 명중률이 낮은 문제점이 있었지만, 사정거리가 길고
포의 크기가 작고 중량이 가벼울 뿐만 아니라 조작이 간편하여 운용하
기 매우 편리하였다. 16세기 중반 명나라 척계광이 논과 늪이 많은 중국
의 남방지역에서 왜구를 토벌할 때 무거운 화포를 운용하기 어려웠으므
로 가벼운 호준포를 개발하여 왜구를 공격하는 데 효과적으로 사용하였
다. 다만 호준포는 명중률이 낮아 전술적으로는 한계가 있었으므로 조선
후기에는 주로 신호용 화포인 신포(信砲)로서 사용되었다.

삼혈총은 일명 삼안총(三眼銃)으로, 3개의 짧은 총신이 있고 뒤에 손
잡이용 나무를 끼워 3개의 총신에 총환을 장전하고 차례로 심지에 불을

〈그림 4-13〉 삼안총

붙여 사격하는 휴대용 화기였다.[62] 길이가 짧아 휴대가 간편하고 3발을 연달아 사격이 가능하여 말 위에서도 편하게 사용할 수 있었으므로 주로 기병이 사용하였다. 그러나 총신이 짧아 관통력이 낮았으므로 조선에서는 신호용 이외에 널리 사용되지는 못하였다.

흥미로운 점은 임진왜란 이후 조선의 기존 화기가 이전에 비해 그 제원과 위력이 커지는 양상을 보이고 있다는 것이다. 조선 후기 화기 관련 병서인 『신기비결』(1603), 『화기도감의궤』(1614), 『화포식언해』(1635), 그리고 『융원필비』(1813) 등에 나타난 각종 총포류의 제원과 성능을 비교 검토한 유승주의 연구에 의하면,[63] 조선 후기 총포류는 명중률을 높이고 사거리를 늘리는 방향으로 개선되었음을 알 수 있다. 즉, 각종 화포의 포신이 굵거나 길어지고 중량이 증가되는 등 대형화해갔고 소형의 총포는 점차 도태되었다. 또한 이전에 전(箭, 화살)을 사용하던 총포들이 환(丸)을 사용하는 경향이 두드러졌고, 발사하는 포환도 임진왜란 당시 연환(鉛丸)에서 점차 철환(鐵丸)으로 바뀌고 있었다. 이는 포신의 내구성이 높아져 이전보다 큰 위력을 가진 화포를 제작할 수 있을 뿐만 아니라 발사물도 연환보다 경도가 높은 철환을 사용할 수 있었음을 의미한다. 즉, 명군과의 교류를 통해 소개된 명의 각종 화포가 조선의 화포 기술 발달에 영향을 미치고 있음을 보여주고 있다. 아울러 임진왜란 이후의 전쟁 경험도 영향을 미쳤다.

2. 병자호란 시기 청의 홍이포 운용과 조선의 대형 화포 제작

1636년 말 청(淸)의 조선 침공(丙子胡亂)은 이전의 전쟁과는 완전히 다른 양상을 보였다. 1630년 이전까지 화기를 갖지 못하였던 후금은 1631년부터 화기를 자체적으로 제조하기 시작하였다. 특히 서양식 대형 화포인 홍이포도 생산하여 그해 7월부터는 명나라의 요서 지역 주요 방어거점인 대릉하성(大凌河城)과 주변 거점을 수개월 동안 포위하고 홍이포, 장군포(將軍砲) 등 대형 화포 수십 문으로 공격하여 항복을 받았다. 아울러 명나라의 장수로서 후금에 투항한 경충명, 공유덕 등은 서양에서 직접 수입한 신형 화포인 홍이포를 가지고 왔다. 따라서 후금의 화포 수준과 포병의 능력은 이전의 단계에 비해 더욱 향상되었다.[64] 병자호란 당시 청군은 조선군이 농성하고 있던 남한산성(南漢山城)에 홍이포 등 대형 화포를 수일 동안 사격하여 산성의 많은 성첩(城堞)이 부서졌고 포격을 받은 성곽의 본체인 체성(體城)도 거의 무너질 정도가 되었다.[65] 심지어 남한산성 기단부의 큰 돌도 부서질 정도로 홍이포의 위력은 대단하였다.[66]

전쟁 이전 조선도 청나라군이 화포를 보유하고 있는 것에 대해서는 파악하고 있었지만 성곽을 파괴할 정도의 위력을 가졌는지에 대해서는 잘 알지 못하였다. 당시 남한산성에는 충분한 수량의 대포가 배치되어 있지 않아 청군의 대포 공격에 적절히 대응할 수 없었다.[67] 남한산성 이외에 강화도 공격 시에도 청군은 홍이포를 원거리에서 사격하여 섬 안의 조선군을 공격하였다. 다만 당시 청군은 충분한 수량의 대포를 갖고 있지 않아 전면적인 포격으로 성곽을 완전히 붕괴시킬 수 있는 수준은 아니었다. 조선도 전쟁 당시 충분한 수량의 대포를 남한산성에 보유하지 못해 적절히 화포 공격에 대응하지 못하였을 뿐이었다. 따라서 이 전쟁 이후 높이나 두께 등 성곽 구조의 전면적인 개편은 나타나지 않았고 성곽의 부분적 개수와 충분한 화기의 확보에 노력하였다.

병자호란 직후인 1638년(인조 16) 남한산성 방어 강화를 위해 2개소의 포루를 설치하였으나 이듬해 연말 청의 견제를 받아 허물지 않으면 안 되었다.[68] 포루는 남한산성 방어에 매우 중요한 시설이었으므로 인조 말기인 1649년 4월에 다시 축조가 시도되었다.[69] 이와 함께 화포 공격에 취약한 곳인 성문의 방어를 위해 능선으로 연결되어 방어에 취약한 지점에 옹성(甕城)을 추가로 건설하였다. 남한산성의 옹성은 현재 정확한 축조 시기는 파악하기 어려우나 대체로 숙종대 전반기에 한봉외성(汗峰外城, 1693, 숙종 19), 봉암성(蜂巖城, 1696) 등 본성 주변의 방어상 필요한 곳에 외성(外城)을 쌓기 이전으로 판단된다. 각 옹성의 끝 부분에는 수개 소의 포루를 설치하였다.[70]

여러 곳에 옹성과 포루를 체성에 추가 설치한 것은 병자호란 이후 성곽 방어를 위해 충분한 수량의 대포를 확보하여 청군의 대포 공격에 대응하도록 한 것과 관련이 있다. 병자호란이 끝난 이듬해인 1638년 정월 인조는 남한산성 및 강화도 방어 대책을 논의하면서 "적을 막는 무기로는 대포만 한 것이 없다."고 하고 남한산성에 대포를 비치하지 못한 것이 수성전 실패의 주요 원인임을 밝히고 있다.[71] 인조 이후 효종(1649-1659), 현종(1659-1674) 연간에 지포(紙砲), 동포(銅砲), 남만포(南蠻砲) 등 각종 신형 화포의 제작이 이루어지고, 수어청 등에 별파진(別破陣) 등 화포를 전문적으로 다루는 부대가 창설된 것은 이러한 상황의 반영이었다.[72]

병자호란에서 홍이포의 위력에 충격을 받은 조선은 이에 대응하기 위해 새로운 체제의 화포 제작을 시도하였다. 이때 제조된 신형 화포의 하나가 남만국(南蠻國)에서 도입된 지포(紙砲)였다. 지포는 숙동(熟銅)으로 그 포신의 몸통을 만들고 그 위에 종이로 두껍게 싸서 기름을 먹였으므로 운용하기에 매우 가볍고 연속으로 사격을 하여도 깨지지 않는 장점이 있었다. 특히 높낮이를 임의로 할 수 있었으므로 이전의 화포보다 정확한 사격이 가능하였다.[73] 당시 지포별조청(紙砲別造廳)이라는 지포 제조 관청이 설치된 것으로 보아 지포는 상당수 제작된 것으로 보인다.[74] 중앙뿐만 아니라 물력이 풍부한 지방의 주요 군영에서도 각종 대포와 지포가

제작되었다.[75]

대포 제작과 함께 이를 전문적으로 다루는 부대인 별파진을 강화하는
조치도 이루어졌다. 별파진은 16세기 중반 명칭이 처음으로 보이는데 이
들은 화포를 익힌 충찬위로 편성된 병종으로 군기시에 번상하거나 아니
면 지방의 진포에 파견되어 복무하는 병종이었다.[76] 그러나 그 규모는 크
지 않았고 병자호란을 거치면서 수습된 화포가 매우 적었으므로 한동
안 별파진은 유명무실한 존재였다. 당시 별파진 군사들은 사격 연습을 모
두 폐하였으므로 화포의 사격법을 제대로 모르는 상태였다.[77] 별파진의
확대 강화 조치는 수성용 대형 화포의 제조에 따른 군제 개편의 일환이
라고 할 수 있다. 1655년(효종 6) 5월 어영청에서 별파진 모집을 시작하여
1656년에 100명으로 편성되고 이듬해에는 240명으로 대폭 증가하였다.
별파진의 증강과 짝하여 효종대에는 각종 화포의 개량과 강화가 계속되
었다.

효종대에는 화포 제작에 열전도율이 높고 쉽게 파열되지 않는 동철(銅
鐵)이 널리 사용되기 시작하였다. 1652년(효종 3) 2월 경상좌수사 정부현
(鄭傅賢)이 올려 보낸 동포(銅砲)인 현자포(玄字砲)와 황자포(黃字砲)가 지
포보다 성능이 우수하다 하여 노량에서 시험되었다. 무거운 무게로 인해
수성용 이외에 사용할 수 없는 단점이 있었지만 현자포의 경우 사정거리
가 2천 보에 달하고 잘 파열되지 않는 장점이 있었다.[78] 인조대 후반에 널
리 제조된 지포는 포신에 감싼 두꺼운 종이인 후지(厚紙)가 비록 포신의
파열을 막아주고 화포의 무게를 줄여주는 장점이 있지만 동포보다 다소
열전도율이 나빠 포신을 과열시키는 문제점이 있었지만 동포는 가볍고
잘 파열되지 않았으므로 점차 동포로 대체되었다. 예를 들어 1653년(효종
4) 12월에는 강화 유수의 계청으로 동철로 불랑기 142좌(坐)가 제조되었
고,[79] 이듬해 정월에는 대포 제작을 위해 다시 3만 근의 동철(銅鐵)을 사

용하기도 하였다.[80] 대포 제작이 활발해지자 이를 전문적으로 운용하기 위해 효종 9년(1658)에는 어영청 별파진(別破陣)을 511인으로 대폭 증강하였다.[81]

3. 17세기 후반 화포 중심 전쟁 양상과 조선의 화포 증강

17세기 후반 동아시아 지역의 전쟁 양상은 크게 변하기 시작하였다. 1644년 명(明) 멸망 이후 성립된 남명(南明) 정권과 정성공(鄭成功)이 이끄는 해상(海上) 세력은 홍이포 등 크고 작은 서양식 화포를 갖추고 청군의 공격에 대항하여 큰 성과를 거두었다. 1659년에는 일시적으로 청의 남경(南京)이 정성공 세력에 장악되기도 하였다. 이에 청군도 명나라 말기의 화기를 대량 제조, 장비하여 대응하였다.[82] 화포는 이후에도 전쟁에서 주요한 역할을 계속 담당하였다. 17세기 중반 흑룡강 일대로 진출한 러시아 세력을 저지하고자 러시아 세력의 근거지의 하나인 아극살(雅克薩, Yakesa, 일명 알바진스키)성을 둘러싸고 1680년대 러시아와 청군이 대규모 전투를 벌일 당시에도 청군은 홍이포 등 다량의 대형 화포와 각종 화전(火箭) 등을 동원하여 아극살성에 대해 수일 동안 포격을 가하여 큰 성과를 거두기도 하였다.[83] 1685년 6월 열흘에 걸친 전투에서 여러 문의 대포로 무장한 1만여 명의 청군은 450명의 코사크인이 지키는 이 요새를 포격하여 성벽과 탑을 폐허로 만들고 100여 명의 수비군을 죽인 후 항복을 받았다.[84] 이는 일본의 경우에도 마찬가지로 17세기 전반기의 주요 공성전인 오사카성 전투[大坂の陣]나 시마바라의 난[島原の亂]에서도 성문과 같은 성곽의 구조물을 파괴하는 데 대포가 본격적으로 도입되어 전쟁의 변화가 컸고 벽이 두꺼워지는 등 새로운 성곽제도가 나타나기도 하였다.[85] 즉, 화포 중심의 전쟁 양상이 전개된 것이다. 이는 전쟁 양상의 변화에 국한되지 않고 동아시아의 전통적인 군사적 상황의 변화를 가져왔다.

17세기 말 서몽골 지역의 준가르(Zunghar)부(部)가 크게 일어나 중국 내륙 지역까지 진출하였다. 1690년 5월에 준가르부가 내몽골까지 침략하자 청의 강희제(康熙帝)는 1690, 1696, 1697년 등 모두 세 차례 친히 원정에 나가 준가르부의 정예 부대를 격파하였다. 이 전역(戰役, Campagin)에서 강희제는 8만의 군병과 대규모 서양식 대포를 이끌고 원정하였는데, 특히 우르가(Urgha) 남쪽에서의 일대 회전(會戰)에서 강력한 준가르 기병 부대를 청군은 각종 화포를 동원하여 압도하였다. 이는 이전까지 유지되던 유목민족의 중원 세력에 대한 전통적인 군사적 우위가 화약무기의 발달과 대량 사용에 따라 사라지는 계기가 되었다.[86] 17세기 후반 대소 화포가 전쟁에서 전면적으로 사용됨에 따라 기존 성곽의 개수가 아닌 성곽 구조의 근본적인 변화의 필요성이 높아졌다.

17세기 후반 현종대(1660-1674)는 동아시아 정세가 일시 소강상태에 빠져 북벌 추진도 동력이 약화되었으나 방어용 대형 화포의 제작은 활기를 띠었다. 이 시기는 이전보다 사정거리가 보다 길고 위력이 높은 대형 화포 제작을 중시하였다. 1664년(현종 5) 강도(江都)의 군기(軍器) 현황을 보고한 민유중의 다음 언급은 이를 잘 보여준다.

> 화기 중에서 소소황자포(小小黃字砲)와 소소완구(小小碗口), 측자포(仄字砲) 등의 물건은 모두 오래된 제도이므로 포혈(砲穴)이 원래 좁아 화약(火藥)을 넣는 것도 적고, 불을 놓아 포환(砲丸)을 날리는 것도 멀리 미칠 수 없어 다른 화기에 비해 가장 열등합니다. 만일 이들 소소(小小)한 여러 포(砲)를 부수어 화기를 주조하여 만드는 역(役)에 보충한다면 실용에 유익함이 있을 것입니다.[87]

당시 강도에는 강화해협 방어를 위해 강화부에 각종 대포 65좌가 있었고, 승천보(昇天堡) 등 각 보에는 조총 2천여 자루 이외에 각종 대포 179좌, 진천뢰 63좌, 남만대포 12좌, 불랑기 244좌 등이 배치되어 있었다.[88] 이때 소형 화포를 폐기하고 대형 화포로 개조하려고 한 것은 병자호란 시기 강화해협 건너편에서 사격한 청의 홍이포로 인해 강화도가 함락된 경험에서 나온 것으로서 청의 대형 화포에 대항하기 위해 대형 화포의 필요성이 높았음을 알 수 있다. 특히 불랑기는 발사속도 등이 빠르고 성능이 우수하여 강화 유수 조복양(趙復陽)의 건의로 수백 자루가 한 번에 제조되어 강도에 배치되기도 하였다.[89]

대형 화포의 필요성이 높아짐에 따라 무거운 대형 화포를 운반하기 위한 운반용 수레의 필요성도 높아졌다. 이때 강도에서는 화포와 화약, 연환(鉛丸) 등을 운반할 수레 수십 량이 함께 제조되었다.[90] 방어 시 원거리 화기인 대형 화포 및 불랑기의 비중이 중요해지면서 그 운용 방법에도 다소 변화가 나타나기 시작하였다. 1681년(숙종 7) 이선(李選)의 다음 언급은 이를 잘 보여준다.

강(江)에 임하여 적을 막는 도구로는 화포 및 불랑기보다 나은 것이 없는데 이것은 모두 멀리 사격하는 병기로 그 탄환은 비록 크지만 맞추는 것은 많은 데에는 이르지 못합니다. 적군이 만일 100보 내에 접근하여도 화포 및 불랑기만 한 것이 없으니 작은 탄환을 많이 장전하면 사람을 맞히는 것도 많을 것입니다. 그러므로 고 상신(相臣) 이완(李浣)이 건백(建白)하여 수철(水鐵) 탄환으로 그 크기는 새알만 한 것을 많이 준비하고자 하였으나 미처 하지 못하였다고 합니다. 양남(兩南)의 병영, 수영, 통영(統營) 및 황해도 평안도 병영은 2년마다 두 영(營)으로 하여금 합쳐 구환(口丸) 각 500개와 조란환(鳥卵丸) 각 5,000개씩 갖추

어 옮기게 하여 완급(緩急)의 소용으로 삼으면 사세상 매우 편리하고 좋을 것입니다.[91]

그 이전까지 불랑기의 경우 납으로 만든 탄환[鉛子] 1개를 넣고 사격하도록 규정되어 있었다.[92] 지자총통, 현자총통 등의 경우에는 장군전(將軍箭), 차대전(次大箭) 이외에 달걀만 한 크기의 탄환인 조란환(鳥卵丸) 100~200개를 사격할 수 있었다.[93] 불랑기 등이 주요 화기가 되면서 근거리의 적군에 대해서도 조란환 등을 쏠 수 있도록 사격 방식이 변화한 것이다. 이는 화포 제작기술의 발달로 인해 포신(砲身)의 강도가 높아진 것과 관련된 것으로 대형 화포가 소형 화포나 조총과 같이 근거리 화기의 역할까지도 겸하게 되었다. 그만큼 대형 화포의 용도가 더욱 넓어졌고, 전쟁에서 대형 화포의 중요성이 높아졌음을 의미한다.

전쟁 양상의 변화에 따른 대형 화포의 필요성이 높아짐에 따라 무거운 대형 화포를 운반하기 위한 운반용 수레나 포차(砲車)의 필요성도 높아졌다. 화포가 주된 무기체계가 되면서 화포를 야전이나 성곽을 둘러싼 전투에서 사용하기 편리하도록 화기의 위력 향상과 더불어 이를 운반하고 야전에서 사용하기 편리하도록 하는 포차와 수레의 개량이 시도되었다. 예를 들어 효종대 제주도에 표류한 하멜 일행 중에는 대포[大礮]를 잘 아는 10여 인이 있었는데, 이들이 소개한 대포는 반드시 수레[車] 위에 안착시켜 발사하며 좌우로 돌리고 고저를 조절하기[周旋低仰]에 편리하였다고 한다. 대포를 발사하면 바퀴가 스스로 물러나면서 뒤로 나아가는 반동[後礮]을 감쇄시켰다고 한다.[94] 아울러 포의 구조도 변화가 나타나게 되는데 앞서 언급한 인조대 말 지포(紙砲)가 높낮이를 조절하게 되었다는 것은 아마도 지포 포차 등에 설치할 수 있도록 포열 좌우에 포이(砲耳, trunnion)가 달린 것으로 추정된다.[95] 이를 통해 볼 때 효종대에는 이미 새로운 체제의 화포와 포차에 대한 기본적인 지식이 도입되었고 이를 바탕으로 개발이 이루어졌음을 알 수 있다.

17세기 말인 숙종대 화포의 중요성이 높아진 것은 앞서 살펴본 동아시아 정세 변화와 밀접한 관련을 가지고 있다.[96] 1660년대 후반 바이칼 방면에서 많은 러시아인들이 흑룡강 유역으로 이주해 왔고 삼번의 난으로 청의 이 지역에 대한 영향력이 약화되자 1680년대에는 알바진스키를 중심으로 다수의 러시아 요새가 건설되었다. 앞서 본 알바진스키 공방전은 청의 영향력 확보와 관련된 것이었다. 1688년(숙종 14) 준가르부의 갈단이 군대를 동원하여 할하 몽골을 침공하면서 할하 몽골 세력들이 청으로 남하하는 일이 벌어졌다. 이에 강희제는 3차례 친정을 통해 1696년(숙종 22) 갈단을 제거하고 할하 몽골 지역을 청으로 복속시켰다.[97]

유동적인 동아시아 국제정세에 대응하여 조선은 화포의 제조와 포병의 증강에 노력하게 되는데 이는 별파진의 증강으로 나타났다. 1687년(숙종 13)에는 기존의 어영청에 더하여 금위영에서 절목을 마련하여 183명의 별파진을 모집하였다.[98] 수어청의 경우에도 1,279명이었던 별파진은 1704년(속종 30) 군제 개편 당시 오히려 크게 증가하여 2,500명에 달하였다. 구체적으로 한성에 있던 수어청의 경청(京廳)에 있는 경별파진 500명과 남한산성에 있는 산성별파진 2,000명으로 구성되어 있었는데 별파진의 군사적 중요성이 커짐에 따라 1710년(숙종 36)에는 남한산성에 편성된 산성별파진 500명을 증가시켜 총 2,500명이 되었다.[99]

화약 수요의 급증과 화약 제조법의 발전

1. 임진왜란과 화약 수요의 급증

임진왜란은 동아시아 전쟁사상에서 볼 때 화약무기가 전쟁의 주도권을 잡은 최초의 대규모 전쟁이었다. 이 전쟁을 계기로 화기 사용이 보편화되면서 화약 소요도 급격히 증가하였다. 예를 들어 임진왜란(1592) 발발 이전 한성의 군기시에 비축되었던 화약이 27,000근 정도였는데 수년이 지난 1597년(선조 30) 12월의 울산 도산성(島山城) 한 전투에서 명군이 소비한 화약의 양이 1만여 근에 달할 정도였다.[100] 새로이 도입된 화기는 이전보다 사정거리와 위력 등이 큰 경우가 대부분이었고 발사속도도 빨라졌다. 따라서 전투에서 사용되는 화약의 양이 급격히 늘어났다. 예를 들어 새로운 개인 화기인 조총의 경우 승자총통 등 이전의 화승총보다 화약의 소비량은 훨씬 컸을 뿐 아니라 그 사용하는 화약의 성분에서도 가장 중요한 재료인 염초(焰硝)가 차지하는 비중이 상당히 높았다.[101] 기존의 조선의 소총인 승자총통의 경우에도 임진왜란 이후 성능이 개량되면서 사용되는 화약의 양이 늘어났다. 예를 들어 1603년의 『신기비결』에서 차승자총통과 소승자총통에 소용되는 화약량이 각각 4전(錢)과 2전이었던 데 비해 1635년 『화포식언해』에서는 5전과 3전으로 다소 증가하고 있음을 통해 알 수 있다.[102]

화약의 수요가 증가하고 이와 함께 화약의 성분인 염초의 비중이 높아짐에 따라 염초의 수요가 더욱 높아지는 상황에서 새로운 염초 제조법의 도입이 절실히 요구되었다. 임진왜란 중 조선은 명나라와 일본의 앞선 염초 제조법을 입수하기 위해 다양한 노력을 기울였다. 조선은 원병으로 온 명나라군에게서 염초 제조법을 입수하고자 다양한 노력을 하였다. 심지어 선조는 중국 장수들이 데려온 수하의 병사인 가정(家丁) 중에서 그 제조법을 아는 자가 있을 경우 비밀리에 그 방법을 전수받도록 명령하기도 하였다.[103] 1593년(선조 26)에는 중앙뿐만 아니라 지방의 군진(軍陣)에서도 염초 제조법을 확보하기 위해 노력하여 성과를 거두기도 하였다.[104] 특히 일본의 염초 제조법 입수는 조총에 적합한 화약 제조를 위해 반드시 필요한 것이었는데,[105] 주로 항복한 왜군인 항왜(降倭)를 통해 제조법을 입수하였다.[106] 또한 충분한 염초 제조를 위해 명나라에서 시행된다고 알려진 염초 제조법인 '해수자초법(海水煮硝法)'에도 깊은 관심을 기울였다. 이는 바닷물을 달여 염초를 획득한다는 것으로 1595년(선조 28) 5월 충청도 서천(舒川)의 군보(軍保) 임몽(林夢)이 이 제조방법을 알아내었다고 알려졌으나[107] 실제로는 바닷가의 흙에서 염초를 제조한 것이었다.

이상에서 살펴본 바와 같이 임진왜란 중 조선은 명과 일본의 새로운 염초 제조법을 도입하고자 적극 노력하였으나 큰 성과를 거두지는 못하였다. 따라서 화기가 전면적으로 사용되던 당시의 전투 상황에서 필요한 다량의 염초 확보는 어려웠던 것으로 보인다. 부족한 화약의 확보를 위해 임진왜란 발발 이듬해인 1593년 8월에는 조선 건국 이래 민간에서 염초 제조를 엄격히 금지하던 기존의 정책을 완화하기도 하였다.[108] 그럼에도 불구하고 필요한 양의 염초 확보에 어려움을 겪자 조선은 명에서 많은 염초를 수입하여 이 문제를 해결하고자 하였다. 특히 1597년(선조 30) 정유재란이 발발하여 화약의 수요가 크게 요구되자 전쟁 발발을 알리기 위해 고급사(告急使) 권협(權悏)이 북경으로 파견되었는데 이때 명에서 다량의 염초와 유황의 수입도 이루어졌다. 당시 권협 일행이 수입한 염초는 53,552근(觔) 2량(兩), 유황 6218근 12량 등 막대한 양이었다.[109]

2. 17세기 화약 제조법의 발달과 관련 서적의 간행

임진왜란 중 일본과 명나라의 새로운 염초 제조법의 도입이 시도되고 명나라로부터 다량의 염초, 유황의 수입이 이루어졌지만 전쟁이 끝나자 명은 조선에 염초를 공급하는 것을 엄격히 제한하기 시작하였다. 명은 염초 무역을 완전히 금지하지는 않았지만 염초를 무역할 때 많은 제약을 가하거나 일시적으로 무역을 중지하는 조치를 행하기도 하였다.[110] 명의 염초 무역에 대한 제한 조치가 나타나자 조선은 염초 생산을 장려하기 위해 1603년(선조 36)에는 각 고을에서 염초를 자체 생산하게 하는 이른바 각읍월과자초법(各邑月課煮硝法)을 시행하였다. 이러한 체제로는 충분한 염초 생산에는 한계가 적지 않았는데 이는 임진왜란 중 습득된 여러 염초 제조법의 생산 수준이 그다지 높지 않았던 것과 관련이 있다. 17세기 전반 인조대에 들어서면서 국내의 염초 생산이 당시의 수요를 충분히 충족시킬 정도가 되지 못한 것을 통해 이러한 사정을 확인할 수 있다. 특히 1627년(인조 5) 정월 발발한 정묘호란 이후 각종 화기 생산이 급증하면서 화약의 소요는 크게 증가하였다.[111] 그러나 정묘호란을 계기로 조선과 후금이 형제의 맹약을 맺자 명은 조선을 의심하여 염초와 유황의 무역을 엄격히 금지하는 조치를 취하였으므로 조선의 화약 부족 현상은 매우 심각해졌다.[112] 아울러 정묘호란 이후 조총을 사용하는 포수의 전술적인 중요성이 더욱 커지면서 성능이 좋은 일본의 조총 수입과 제조 등의 논의가 활발히 나타났다.[113] 실제 1633년(인조 11) 말에는 속오군 소속 포수에게 훈련 시 필요한 화약과 탄환을 지급하도록 하는 등 화약의 소요는 급격히 증가하였고[114] 보다 생산 효율이 높은 새로운 염초 제조법의 습득이 매우 절실히 요구되었다.

화약의 소요가 급격히 증가하자 당시 별장(別將)인 성근(成根)이 새로 습득한 염초 제조법을 당시 군사 관련 업무를 관장하고 있던 완풍부원군(完豊府院君) 이서(李曙)가 정리, 편찬하여 병자호란 직전인 1635년(인조 13) 『신전자취염초방언해(新傳煮取焰硝方諺解)』를 간행하였다. 이 책은 1책 22장의 목판본으로 17세기 말인 숙종 11년(1685)에 중간된 바가 있다. 이 책 편찬을 계기로 이서는 당시 화기에 대한 내용을 종합 정리하여 『화포식언해(火砲式諺解)』와 합철하여 간행하였다.[115] 그동안의 여러 사정은 『신전자취염초방언해』의 「서문(序文)」을 통해 인조 이전에 전해진 염초 제조법이 생산 효율이 그다지 높지 못하여 명나라로부터의 염초 수입에 진력하고 있음을 알 수 있다.[116] 따라서 인조대 들어 새로운 염초 제조법을 익히기 위해 요동 난민으로부터 염초 제조법을 도입하자는 의견이 나타나기도 하였다.[117] 염초 제조법을 익히고자 하는 여러 시도가 이루어지는 과정에서 별장 성근이 이를 알아내게 된다.

한편 『인조실록』에 의하면 인조 9년(1631) 명나라에 사신으로 갔던 정두원(鄭斗源)이 염초 제조법을 알아내어 이후 각 지역에서 이 방법에 따라 염초 제조가 활발히 이루어진 것으로 되어 있다.[118] 따라서 『신전자취염초방언해』의 서문과 많은 차이를 보이고 있다. 정확히 판단할 수는 없으나 아마도 성근은 정두원의 사행(使行)에 동반하였던 별장이거나 아니면 정두원이 가져온 염초화(焰硝花)를 분석하고 당시 피로인 등에게서 습득한 기술을 활용하여 제조법을 익힌 실무자였을 두 가지 해석이 가능하다. 분명한 것은 1633년(인조 11) 무렵에는 새로운 염초 제조법이 조선에 정착되었고 그 실무자가 성근이었음을 확인할 수 있다. 새로운 염초 제조법의 확립으로 인해 조선은 각종 화기의 화약 소요를 충당하는 데 다소 여유를 갖게 되었다. 이제 보다 적극적으로 화기 제작에 나설 수 있게 되었다. 『화포식언해(火砲式諺解)』의 편찬은 이러한 상황의 반영이었다. 최명길의 다음 「발문」은 염초 제조법의 획득 및 『화포식언해』의 편찬과 관련하여 몇 가지 사항을 알려주고 있다.

> 우리나라 사람들이 염초를 달이는 법을 알지 못하여 항상 중국에서 사들였는데 근래 황조(皇朝)에서 금령(禁令)을 매우 엄히 하여, 이전에 이익을 보지 못하는 경우가 많아지자 조정에서 이를 근심하였다. 이공(李公, 李曙)이 (염초에 대한) 신방(新方)을 구득(購得)하고 공장(工匠)에게 명하여 시험 삼아 달여보도록 하고 직접 염초를 만들기도 하니, 이에 총(銃)과 화약이 모두 넉넉해졌다. 이에 화포제식(火砲諸式)을 방음(方音)으로 번역하여 학습에 편리하도록 하고 『자초방(煮焇方)』을 권미(卷尾)에 붙여 중외(中外)에 전포(傳布)하였다.[119]

이 발문을 통해 이서는 성근이 어느 정도 개발한 염초 제조법을 시험하여 확립하였음을 알 수 있다. 『신전자취염초방』에 제시된 염초 제조법은 그 이전의 염초 제조 공정에 비해 상당히 혁신적인 변화가 나타났는데, 가장 큰 것은 염초의 기본 재료로서 오래된 건물의 추녀나 담장 밑의 짜고 습한 흙인 이른바 함토(醎土)에서 염초를 추출 정제하던 기존 방법에서 더 나아가 함토에 오줌을 섞어 수개월 이상 숙성시켜 보다 많은 양의 염초를 생산하였다. 뿐만 아니라 쓰고 난 함토에 다시 새 흙과 오줌, 말똥, 재를 다시 질게 이겨 3년을 숙성하여 인공적으로 추가적인 염초 생산을 할 수 있게 되었다.[120] 새로운 염초 제조법의 확립으로 인해 당시 급격히 요구되던 화약의 소요가 충당됨으로써 화기 제작도 다시금 활기를 띠게 되었다. 실제 병자호란을 전후하여 조선의 화기 제작은 크게 증가하였다. 이는 병자호란 직전 조선이 청의 기병에 대응하기 위하여 성곽에서 화기를 이용한 수성 중심 방어전략을 세우면서 화기와 화약의 수요는 급격히 늘어났기 때문이다.[121] 특히 병자호란의 여러 전투 경험을 통해 조선에서는 조총이 궁시보다 더 유용하다는 인식이 널리 퍼지고 조선군의 병종 구성에서 조총병 포수의 비중이 급격히 높아질 수 있었던 것도 새로운 염초 제조법의 도입과도 관련이 있다.

인조대 조선에서 제조 운용하던 화기에 대한 책인 『화포식언해』에는 17세기 초 한효순에 의해 저술된 『신기비결』에 수록된 18종류의 화기보다 많은 43종류의 각종 화기가 수록되어 있고,[122] 아울러 대발화(大發火)와 같은 폭발물에 대한 내용도 함께 담겨 있어 당시까지 조선에 전래된 모든 화약무기 관련 사항을 정리하고 있다. 임진왜란 중 명으로부터 도입된 후장식 화포인 불랑기의 경우도 한 종류만 소개된 『신기비결』과 달리 1호(號)에서 5호에 이르는 모든 종류의 불랑기와 그 제원을 소개하고 있다. 이와 함께 화약(火藥), 왜약(倭藥), 명화약(明火藥), 석류화전약(石硫火箭藥), 분통약(噴筒藥) 등 각종 화약에 대한 성분 비율과 제조방법에 대해 소개하고 있다. 다음의 〈표 4-1〉은 『화포식언해』「제약법劑藥法」에 나타난 각 화약의 성분 비율을 보여주고 있다.

〈표 4-1〉에서 정리된 각종 화약의 용도에 대해서는 정확히 알 수 없으나, 대체로 화약은 일반 화포의 발사 때 사용하는 용도의 화약으로, 왜

<表 4-1> 『火砲式諺解』 「劑藥法」에 나타난 각종 화약의 성분비

	火藥	倭藥	明火藥	石硫火箭藥	噴筒藥
焰焇	76.1	78.2	60	66	53.2
石硫黃	4.7	10.9	38	33.5	15.7
柳灰	18.9	10.9	2	0.5	3.2
斑猫	0.3	-	-	0.02	0.4
水鐵	-	-	-	-	20
正鐵	-	-	-	-	7.5
합계	100	100	100	100	100

(출전: 채연석, 『韓國初期火器研究』 [일지사, 1981], 64쪽 표7 참조)

약은·일본의 화약, 명화약은 명나라의 화약으로 해석하기도 한다.[123] 이와 달리 화약을 조선의 화약 제조법으로 해석하는 견해도 있다.[124] 그러나 명화약의 염초 비중이 60%에 지나지 않는 것을 보면 반드시 명나라의 화약 전반으로 파악하기에도 무리가 따른다. 이는 당시 명나라에서 간행된 여러 병서에 나타난 화약 성분비를 분석한 자료를 보면 명나라 중기 간행된 『기효신서』, 『신기보(神器譜)』 등에 나타난 화약 속 염초의 성분비가 각각 75%, 83%에 달하고 있음을 통해 짐작할 수 있다.[125] 명화약은 어떤 특정 용도로 사용되는 명나라 화약의 일종으로 짐작할 수 있다. 왜약은 조총 사격용으로 사용되는 화약으로 파악하는 것이 타당할 것이다.[126] 그리고 화약은 조총을 제외한 당시의 일반적인 화기에 사용되는 화약으로 볼 수 있다.

1630년대 『신전자취염초방언해』에 제시된 새로운 염초 제조법은 그 뒤 한세룡(韓世龍)이 일본인으로부터 익힌 염초 제조법으로 대체되었다. 이전의 염초 제조법에 비해 한세룡이 익힌 염초 제조법은 염초 생산량이 늘어나는 장점이 있으나 두 제조법 모두 염초의 품질이 정련되지 못한 문제점이 있었다.[127] 따라서 염초의 품질을 보다 높일 수 있는 제조방법이 요구되었다. 염초의 품질을 보다 높이고 적은 노력으로 많은 염초를 얻을 수 있는 새로운 방법이 요구된 것은 앞서 살펴본 당시의 대형 화포 발달과 관련이 있다.

효종, 현종대 이후 위력이 큰 대형 화포의 중요성이 높아짐에 따라 보다 멀리 탄환을 보내기 위해 화약의 위력을 더 강력하게 할 필요가 있었다. 이를 위해 염초의 품질이 높아야 한다. 포환을 멀리 보내는 것과 함께 점차 이를 정확히 표적에 맞힐 수 있도록 하기 위해서는 모든 화약의 품질이 균일하게 유지되어야 했다. 앞서 보았듯이 인조대 후반 남만국(南蠻國)으로부터 지포가 도입되어 포의 높낮이 조절이 가능한 방법이 전해졌고,[128] 효종대에는 표류한 하멜 일행을 통해 포를 상하좌우로 운용할 수 있는 방법이 전해지는 등 조선의 화포 발달에도 적지 않은 변화가 나타났다.[129] 이전보다 정확히 표적을 명중시키기 위해서는 『화포식언해』에서와 같이 여러 가지 화약으로 구분되어서는 곤란하고 화약의 품질도 보다 균일하게 만들 필요가 있었다. 17세기 말인 숙종 24년(1698)에 간행된 『신전자초방(新傳煮硝方)』은 이러한 상황에서 나온 화약 관련 병서이다.[130] 『신전자초방』의 아래 내용은 그간의 상황을 알려준다.

> 임신년(壬申年, 1692)에 이르러 판서 민취도(閔就道)가 절사(節使)의 부개(付价)로 연경(燕京)에 가는데 김지남(金指南)이 역관으로 수행하였다. 민공(閔公)이 도중에 지남에게 일러 말하기를 "염초를 달이는 방법에 대하여 조종조(祖宗朝)부터 그 묘방(妙方)을 얻으려고 하였으나 끝내 얻을 수 없었다. 그대가 만일 얻을 수 있다면 다행스럽기 이를 데 없을 것이다." 하였다. 지남이 이에 그 방법을 사들이려고 최선을 다하였으나 구할 곳이 없었다. 돌아오는 길에 요양(遼陽)에 이르러 가만히 촌사

(村舍)를 찾아가 한 사람을 만나 돈을 주고 물어서 비로소 자초(煮硝)하는 방법을 얻었는데… 전일에 소장한 화약은 날씨가 나쁘면 습기가 차고 장마를 만나면 (녹아) 없어져버리니 반드시 비용을 들여 새로이 다시 찧는 수고를 들인 연후에야 비로소 사용할 수 있었다. 지금 이제 새로이 구운 염초는 성분이 건조하고 힘은 맹렬하여 비록 땅구멍에 두어 10년 동안 장마를 지내도 습기에 젖을 근심이 결코 없었다.[131]

위의 언급을 통해 그 이전의 화약은 습기에 대단히 취약하여 보관하는 동안 화약의 품질이 급격히 낮아지는 약점이 있었음을 알 수 있다. 이 경우 화포 사격 시 일정한 성능을 기대하기가 어려웠다. 이러한 문제점을 해결하기 위해 조선은 중국에서 염초 제조기술 도입을 매우 적극적으로 시도하였음을 알 수 있다. 병자호란 이후 청나라는 조선에 염초 수출을 엄격히 통제하여 공무역은 물론 사무역까지도 염초의 수입을 불허하였다. 청나라는 조선의 염초 밀수가 적발될 경우 칙사를 파견하여 직접 관련자를 심문하고 엄벌에 처할 정도로 조선에의 염초 수출을 엄격히 통제하였다. 그럼에도 불구하고 17세기 중엽인 효종대와 현종대 수차례 염초 밀수 사건이 문제된 것을 보면 청의 염초 및 기술 도입이 매우 적극적으로 시도되었음을 알 수 있다. 조선은 1669년(현종 10) 기존의 염초 제조법으로 알려진 바닷가의 흙을 구하여 염초를 제조하는 이른바 해토법(海土法)을 시도하는 등 새로운 염초 제조법을 정립하고자 하였으나 성공하지는 못하였다.[132] 따라서 청의 우수한 염초 제조법 도입은 매우 시급하게 제기되었다. 위의 인용문에서 보듯이 1692년(숙종 18) 역관 김지남이 부사(副使) 민취도를 수행하여 북경에 갔을 때 새로운 염초 제조법을 구하기 시작하였으나 다 배우지 못하고 돌아온 뒤 이듬해 다시 중국에 들어가서 심양에서 비밀리에 돈을 주고 그 제조법을 익혔음을 알 수 있다. 새로운 염초 제조법으로 만들어진 화약은 습기에 매우 강하여 품질이 나빠지는 문제점이 해결되었다.[133] 이는 『신전자초방』의 제조법을 통해 염초 속의 불순물로서 수분을 흡수하기 쉬웠던 소금이나 질산암모늄, 질산나트륨, 요소 등을 제거하는 새로운 정제 기술이 도입되었기 때문이다.[134]

다음으로, 『신전자초방』에서는 화포에 소요되는 대량의 염초 확보가 가능한 제조법을 소개하고 있다. 『신전자초방』 이전의 염초 제조방식에서는 집 안팎의 오래 묵은 축축한 흙인 함토(醎土)를 이용하는 것이 필수였다. 그러므로 오래 묵지 않은 토양에서 염초를 추출하는 것은 불가능한 것으로 이해되었다. 『신전자초방』에서는 집 근처의 함토가 아닌 길 위의 흙에서도 염초의 원료인 질소화합물의 대량 추출이 가능한 방법을 제시하였다. 이 새로운 제조법을 통해 동일한 수량의 흙에서 추출하는 염초의 양이 증가하여 이전보다 함토를 1/3로 줄일 수 있었다. 아울러 투입된 원재료 대비 생산량이 획기적으로 늘어났다. 민병만의 연구에 의하면 염초 제조 시 이전의 『신전자취염초방』과 『신전차초방』에서는 염초 100근 생산을 기준으로 할 때 재[灰]의 사용량은 각각 160근과 153.8근으로 별 차이가 없지만 함토 사용량은 600말과 153.8말로 『신전차초방』이 3.9배나 생산효율이 높았던 것이다. 『신전자취염초방』에서는 함토와 함께 오줌과 말똥을 사용한다는 것을 고려한다면 적어도 4~5배 이상 수율이 좋았음을 알 수 있다.[135]

이 외에 『신전자초방』을 통해 이전의 여러 종류 화약이 단일한 화약으로 정리된 것도 의미가 크다. 화약, 왜약, 명화약, 석류화전약, 분통약 등으로 구분된 『화포식언해』와 달리 『신전자초방』에서는 단일한 배합 비율의 화약 제조법이 제시되었다. 화약의 성분 비중도 염초 78%, 유황(硫黃) 15%, 유회(柳灰) 7% 등 이전에 가장 염초 비중이 높았던 왜약과 유사한 화약으로 통일된 것도 중요하다. 화약의 폭발력을 결정하는 가장 중요한 성분인 염초의 비중이 높아진 것은 고성능의 대형 화포가 중시되는 당시의 상황을 반영하고 있다. 이 외에도 『신전자초방』의 화약 제조법은 토목(吐木)을 사용하지 않고 일반 풀인 시초(柴草)로써 대신하여 비용이 줄어드는 등 여러 장점이 있었다.

　17세기 전반 『화포식언해』와 『신전자취염초방언해』로 일단 정리된 조선의 화기 관련 병서는 17세기 중반 이후 대형 화기를 중시하는 전술의 변화에 따라 화약의 품질을 높일 수 있는 제조법의 출현이 요구되었다. 17세기 후반 『신전자초방』의 간행으로 습기에 강하고 염초 비율이 보다 높은 화약의 제조가 가능해졌다. 또한 보다 저렴한 비용으로 더 많은 화약을 제조할 수 있게 되어 18세기 이후 화약무기는 전투의 가장 주요한 병기로서 위치를 점하여 전쟁의 양상은 일변하였다. 18세기 전반기인 영조대 이전에 비해 위력이 높은 각종 화약무기인 천보총과 홍이포, 그리고 수레에 화포를 장착한 포차와 화차 등이 제조될 수 있었던 것은 조선의 군사기술적인 진보와 함께 우수한 화약 제조법의 정립으로 화약의 대량 소비에 대응할 수 있던 상황과도 밀접한 관련을 가진다.

전쟁의 양상 변화와 신호체계의 정교화

임진왜란은 동아시아 전쟁 역사상 근본적인 변화가 나타난 사건이었다. 먼저 동아시아 주요 3개국이 한반도에서 전투를 함에 따라 이들 국가의 군사적 능력이 여실히 드러난 전쟁이었다. 주요 전투에서 소개된 각국의 우수한 군사과학기술은 전쟁 기간 중 각국에 전해져 많은 영향을 주었다. 예를 들어 중국의 각종 화기는 조선과 일본에 전해졌고 일본의 조총기술은 조선과 중국에, 그리고 조선의 대형 화포는 일본에 전해졌다. 다음으로, 화약무기가 참전 국가 모두 전쟁에서 전면적으로 사용된 최초의 전쟁이라고 할 수 있다. 앞서 보았듯이 전투에서 많은 화약무기가 사용되고, 새로 도입된 화약무기는 위력과 발사속도 등이 우수하였으므로 전투에서 사용되는 화약의 양이 급격히 늘어났다. 또한 사용하는 화약의 성분에서도 가장 중요한 재료인 염초가 차지하는 비중이 상당히 높아졌다.

화약무기가 전면적으로 사용되면서 전투에서 전장 소음은 이전과는 차원을 달리할 정도로 커졌다. 따라서 시각적 신호 수단인 깃발의 대량 운용은 불가피한 것이었다. 조선 전기에도 대규모 군사들의 열병인 대열의 의례를 보면 군사들을 효율적으로 지휘·통솔하기 위해 휘(麾), 유류기(有旒旗), 초요기(招搖旗), 표기(標旗), 교룡기(蛟龍旗), 대장기(大將旗), 부장기(部將旗), 위장기(衛將旗), 영장기(領將旗) 등의 각종 군사용 깃발과 각(角), 금(金) 등 신호용 악기 등이 있었던 것으로 확인되지만 작은 단위까지 세부적으로 상세하게 나타난 것은 아니었다.[136] 이는 여러 이유가 있지만 조선 전기 주력 병종이 융통성이 높은 기병으로 이루어져 군사들의 세부적인 동작을 통제할 필요성이 상대적으로 적었던 것과 함께 화약무기가 전면적으로 사용되지 않아 전장 소음에서 상대적으로 자유로운 것과 관련이 있다. 임진왜란을 계기로 명에서 도입된 전술체계인 절강병법은 개인의 기량을 중시하던 이전의 병학과 달리 개인의 전반적인 군사 기량이 떨어지더라도 각 병사를 적성에 따라 편제하고 집단적으로 운용하여 보완하는 편성 원칙을 가지고 있었다. 이를 위해 엄격히 규율(discipline)과 군법을 적용하고 연좌율에 의해 대열에서 이탈하는 것을 방지하고자 하였다. 군사를 통제하기 위해서는 신호체계도 보다 체계적이고 정교하지 않으면 안 되었다.

군사용 신호체계의 확대와 정교화는 군사용 깃발과 악기의 세분화로 나타나게 된다. 임진왜란 중 절강병법을 담은 『기효신서』가 도입되면서 조선의 군사체제는 크게 변하게 된다. 그 양상은 1596년(선조 29) 평안도 지역의 속오군 편성을 보여주는 『진관관병편오책(鎭管官兵編伍冊)』에 자세히 나타나 있다. 이 자료에는 평안도 여섯 진관 중 영변, 안주, 구성, 의주 등 네 진관만 기록되어 있는데 각 진관은 병종별로 삼수병 체제에 따라 사수와 포·살수로 크게 구분하고 있음을 알 수 있다. 흥미로운 것은 각 진관에는 영(營) 소속의 참모진과 기수(旗手) 등이 자세히 기록되어 있는데, 예를 들어 영변 진관의 경우 중군(中軍) 1인, 기고관(旗鼓官) 1인, 기패관(旗牌官) 3인, 서기(書記) 3인, 취타수(吹打手) 31인, 기수 37인, 군뢰(軍牢)

6인, 마부 6인 등 88명이 있었다. 특히 주목되는 것은 각각 30여 인씩 편성되어 있는 다수의 취타수와 기수의 존재를 들 수 있다.

조선 전기에도 여러 취타악기가 있었지만 이때 다수의 취타수가 등장하는 것은 『기효신서』의 군사 편성체제와 함께 절강병법을 수용한 것과 밀접한 관련을 가지고 있다. 대규모 군사를 복잡한 전장 상황에서 조직적, 효과적으로 운용하기 위해서는 상황별로 다양한 신호체계를 확보할 필요가 있었다. 실제 『기효신서』의 전법에 따른 군사훈련을 정리한 병서인 『병학지남』에 의하면 교련장에서 이루어지는 훈련 절차만 해도 모두 34종에 이르고 있다.[137] 다양한 훈련에 대한 신호를 전달하기 위해 각, 나팔, 호적, 금, 솔발, 북 등의 각종 취타악기가 취타대에 편성되었는데 30여 인의 취타수의 존재는 이를 반영한다.[138] 이와 함께 37인의 기수의 존재도 매우 흥미롭다. 지휘관은 각종 훈련 상황에 따라 취타수의 신호와 함께 여러 가지 깃발을 다양하게 운용하여 구체적인 각 부대의 절차를 지시할 수 있었다. 조선 후기에는 인기(認旗) 등 부대 단위 깃발, 진법용 깃발, 신호용 깃발, 기타 깃발 등 10여 종의 깃발이 있어 부대를 효과적으로 지휘할 수 있었다.[139]

부대 단위를 나타내는 깃발은 인기가 대표적인 것으로 조선 후기의 부대 단위인 영(營)-사(司)-초(哨)-기(旗)-대(隊)별로 각각 인기를 소지하도록 하였다. 인기의 제도는 인기의 가운데에 해당 방위의 색깔을 넣고 그 가장자리는 깃발 본색에 상생하는 색깔을 하도록 되어 있다. 그리고 띠는 그 나라에서 숭상하는 색깔을 취하도록 하였다.[140] 그 크기는 영장(營將)의 인기의 경우 기폭이 사방 5척이고 깃대는 1장 8척으로 규정되어 있고 가장 작은 대장의 창기(槍旗)는 기폭이 사방 1척이며 깃대의 길이는 1장 5척으로 되어 있다.[141]

특히 인기는 그 단위 부대의 해당 방위를 표시하는 색깔을 띠도록 되

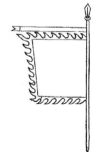

〈그림 4-14〉 영장 인기

어 있는데, 오행(五行)에 따라 중앙은 황색(黃色), 앞은 홍색(紅色), 좌는 남색(藍色), 우는 백색(白色), 후는 흑색(黑色)으로 표시하도록 하였다. 예를 들어 전영(前營)의 경우 전영장(前營將)을 표시하는 인기는 홍색 바탕에 그 주위에는 청색을 띠게 된다. 띠는 조선의 경우에는 목덕(木德)을 숭상하므로 청색을 하는 것이 일반적이다. 이 인기를 통해 그 부대가 어디 소속임을 빨리 알 수 있고 군사들도 이 깃발에 의해 동작을 취하게 된다. 즉, 각각의 군사들은 대장(隊長)의 깃발을 보고, 대장은 기총의 깃발을, 기총은 초관의 인기를 보고 동작을 행할 수 있으므로 일목요연하게 부대 통제가 가능해지므로 전투 시 혼란을 줄일 수 있다.

다음으로는 신호용 깃발을 들 수 있다. 당시 전투에서 사용되던 대표적인 것으로는 오방기(五方旗)와 고초기(高招旗)를 들 수 있다. 오방기는 사방 5척으로 깃대의 길이는 1장 5척이고 중앙에는 용(龍), 호(虎), 조(鳥), 사(蛇), 귀(龜) 등의 그림을 그렸다. 그 바탕색은 해당 방위의 색깔을 따르되 기폭의 가에는 깃발 바탕 색깔에 상생하는 색깔로 하는 것으로, 반차도에서는 청룡기, 주작기, 백호기, 현무기, 등사기 등의 명칭으로 나타난다. 고초기는 오방기와 함께 운용하여 해당 방위의 부대가 일정한 움직임을 하도록 하는 데 사용되는 깃발로, 그 모양은 길이 12척의 긴 깃발이며 색깔은 해당 방위에 따르도록 한다. 그 사용은 예를 들면 해당 방위의 오방기와 고초기를 모두 움직이면 모든 방위의 부대가 그 신호에 따라 동작을 하도록 하는 것이다. 여기서 재미있는 것이 있는데 그것은 신기(神旗)라고 하는 것으로 모양은 오방기와 비슷하지만 적군의 눈을 속이기 위한 것이었다.

이 외에도 몇 가지 부가적인 임무를 수행하는 데 필요한 신호용 깃발이 있었는데 당보기(塘報旗), 영기(令旗) 등이 그것이다. 당

〈그림 4-15〉 고초기

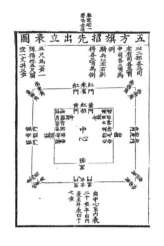

〈그림 4-16〉「오방기초선출입표도」

보기는 앞쪽으로 나아가는 척후병인 당보군(塘報軍)이 소지하는 깃발로 사방 1척의 크기에 9척의 창에 달며 노란색을 쓴다. 그리고 영기는 명령을 전달받을 때 반드시 소지하고 가야 하는 것으로 영내(營內) 출입 등에 필요한 것이다. 영기와 비슷한 것으로 영전(令箭)이 있는데 영전은 대장이 군중에 명령을 전달할 때 쏘는 화살로서 대부분 중군(中軍)이나 대장(大將) 곁에 배치하였다. 이 영기가 없을 때에는 영전이 있어야 명령 전달 시 영문 출입이 가능하다.

진법용 깃발은 주로 정사각형의 방진을 칠 때 사용하는 깃발로서, 방진의 크기를 정하고 방진의 문(門)의 위치를 정하기 위해 사용하는 깃발이다. 진법용 깃발로는 문기(門旗)와 각기(角旗)가 대표적이다. 그러나 주의할 사항은 오방기와 고초기도 반드시 방진을 펼칠 때 필요하다는 사실이다. 예를 들어 『병학통』에 보이는 방진을 설치하기 위해 방진의 모서리나 군문을 설치할 기준이 되는 각 지점에 각종 깃발을 보내 세우고 군사들을 배치하기 이전에 위치를 잡는 모습을 보여주는 아래의 그림인 「오방기초선출입표도(五方旗招先出立表圖)」를 보면 이러한 모습이 잘 나타나 있는데, 오방기는 방진을 펼칠 때 외루(外壘)의 각 방위의 중간에 세우는 깃발이고 고초기는 방진의 안쪽인 자벽(子壁) 각 방위의 중간에 세워 방진을 만들고 있다.

문기는 방진 각 방위의 중간에 문을 낼 때 문 좌우에 세우는 깃발로 조선시대 각 군영의 방진은 외루 각 방위에 문 1개소씩 그리고 자벽은 남쪽에 1개소의 문을 내도록 규정되어 있다. 따라서 문기는 모두 10개를 준비하도록 되어 있었다. 문기의 제도는 사방 5척이며 깃대의 길이는 12척이다. 중앙에 날개 달린 호랑이[翼虎]를 그리고 방위의 색깔에 따라 바탕색을 칠하도록 하고 있다. 예를 들어 중앙의 자벽에 세우는 문기는 중앙

의 색깔이 황색으로, 자료에 따라 황문기(黃門旗)로 나오기도
한다. 기폭의 가는 모두 황색이며 쇠 칼날을 꽂도록 한다. 각
기는 방진의 외루를 설치할 때 각 모서리[角]에 세우는 깃발
로, 예를 들어 동남쪽 모서리일 경우 남쪽 방향에는 남동각
기(南東角旗), 동쪽 방향에는 동남각기(東南角旗)를 세우도록
한다. 그 제도는 사방 4척이며 깃대의 길이는 12척으로, 남동
각기의 경우에는 남쪽을 상징하는 홍색을 위에, 동쪽을 상징
하는 남색을 아래 색깔로 한다. 동남각기의 형태는 그 반대
로 되어 있다.

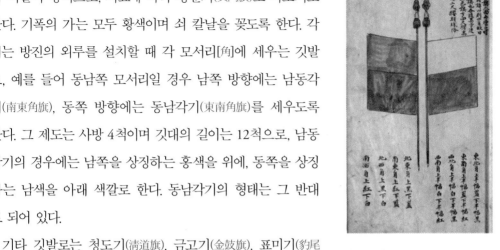

〈그림 4-17〉 각기

　기타 깃발로는 청도기(淸道旗), 금고기(金鼓旗), 표미기(豹尾
旗), 독기(纛旗) 등이 있다. 청도기는 행군 시에 군의 선두에
나아가는 깃발로 부대를 인도하는 역할을 하며, 훈련장인 교장(敎場)에서
훈련 시에는 장관(將官)과 기총(旗摠), 대장(隊長) 등을 인도하여 장대(將臺)
로 나아가 명령을 듣는 데 선도가 되기도 한다. 그 제도는 사방 4척이고
깃대의 길이는 8척이며 중앙은 남색, 가장자리는 홍색으로 되어 있다. 금
고기는 징과 북을 인도하는 것으로 모든 취타수들이 좌작진퇴(坐作進退)
하는 것을 이 깃발의 신호에 따라 하도록 한다. 그 제도는 사방 6척이고
깃대의 길이는 12척이며 중앙은 황색이고 가장자리는 홍색으로, 검은 글
씨로 '금고(金鼓)'라고 쓰여 있다. 표미기는 비단을 잘라 표범의 꼬리 모양
으로 만든 것으로 길이는 7척이며 깃대의 길이는 9척이다. 이 표미기를
세운 곳에는 영전(令箭) 등을 가진 자를 제외하고는 함부로 엿보거나 출
입하지 말도록 되어 있다. 독기는 매우 특이한 형태의 깃발로, 행군 시에
총대장의 뒤에 정지해 있을 경우에는 왼쪽에 위치하는 깃발로 사방 10척
이며 깃대의 길이는 16척에 달한다. 검은 비단으로 중앙을 만들고 흰 비
단으로 가를 만들며 끈의 위에 붉은 술을 달아 화려하게 꾸민다. 반차도

〈그림 4-18〉 좌독기

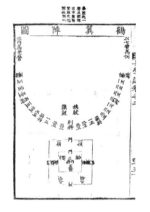

〈그림 4-19〉 마병학익진

의 그림과 달리 중앙에 태극(太極), 팔괘(八卦), 낙서(洛書)가 그려진 깃발이 덧붙여진 독기도 있다. 왕의 행차 시에는 국왕의 뒤에 위치하며 용기(龍旗)도 함께 있다. 이 외에도 순시기(巡視旗) 등의 여러 종류의 깃발이 있었다.

조선 후기 군사훈련을 정리한 『병학통』이나 『병학지남』을 보면 신호용 깃발과 악기를 이용하여 군사를 통제하고 있는 모습을 잘 볼 수 있다. 예를 들어 훈련도감 소속 기병부대인 좌, 우별장 휘하의 총 6초의 마병들이 마치 학이 날개를 벌리고 있는 형상과 비슷한 반월형 진형을 펴고 있는 모양의 진법인 마병학익진은 마병봉둔진(馬兵蜂屯陣) 훈련 이후 적군이 공격할 경우를 가정하여 적군을 포위하여 공격하는 훈련 모습을 보여준다. 먼저 신호포인 호포(號砲)를 1번 쏘고 남색과 백색 고초기를 좌우에 세우며 흔든다. 그리고 전신나팔(轉身喇叭)을 불고 북을 점점 빨리 치며 대오를 펼칠 것을 알리는 나팔인 파대오나팔(擺隊伍喇叭)을 불게 된다. 그러면 가운데 좌, 우별장이 서고 우별장의 오른쪽에 휘하의 3초인 전초(前哨), 좌초(左哨), 우초(右哨)의 순으로 벌려 선다. 그리고 좌별장의 왼쪽에 휘하의 전초, 좌초, 우초의 순으로 안에서 밖을 향해 벌려 선다. 그리고 각 초의 휘하에 있는 3개 기(旗)인 1, 2, 3기도 차례로 서게 된다. 학익진은 일반적으로 이순신이 한산도 대첩에서 사용하여 수군 진법으로 알려져 있으나, 원래는 기동성이 높은 기병에서 주로 사용하던 고대부터 알려진 진법으로서 조선 초기 이전부터 이미 널리 사용되었다. 『병학통』에는 훈련도감의 학익진 이외에 금위영과 어영청, 용호영의 학익진의 진도가 수록되어 있지만 기본적인 모양은 동일하다. 다만 각 군영의 구성상 구체적인 신호방식이나 단위 부대들의 위치에서 다소 차이가 있을 따름이다.[142]

학익진과 봉둔진 이외에도 훈련도감 마병은 안행진(雁行陣), 조상진(鳥翔陣), 호익진(虎翼陣) 등 8종의 진법을 훈련하였을 뿐만 아니라 중국의 전통적인 진법으로 풍후(風后)가 처음으로 고안하고 이후 제갈량이 전투대형에 사용하여 여덟 가지 진법으로 완성한 팔진(八陣) 훈련 등도 이루어졌다. 이 진법 훈련에 다양한 깃발이 운용되었음은 국립중앙도서관 소장『훈련도감별무기초군대습도(訓鍊都監別武騎哨軍大習圖)』에 수록된〈그림 4-20〉의 조상진 훈련 모습을 통해 확인할 수 있다.[143]

〈그림 4-20〉 훈련도감 마병의 조상진 훈련

이상과 같이 조선 후기 훈련과 전술에서 깃발과 악기를 이용하여 매우 정교하게 군사를 통제하고 있음을 알 수 있다. 조선 후기 의궤 등에 수록된 반차도를 보면 많은 기수와 군악대 등이 등장하고 있는데, 그동안 국악 등 조선 후기 문화의 일면으로만 이해하는 경우가 대부분이었다. 반차도의 내용을 근거로 당시의 깃발과 병서와의 종합 분석을 통해 평면적 이해에서 벗어나 당시 국왕 행차 시 국왕 경호체제의 내용과 각 군영의 역할 등에 대한 시각적인 이해가 가능해졌다. 아울러 정교해진 조선 후기 군사 지휘체계의 일면을 알 수 있다는 점에서 의미가 있다.

군사용 깃발과 악기가 전술적 차원에서의 신호체계라면 국가적, 전략적 차원의 통신, 신호체계로는 봉수(烽燧)와 파발(擺撥)을 들 수 있다. 봉수는 횃불과 연기에 의한 신호였으므로 매우 빠르게 중앙으로 변방의 급한 상황을 알리는 데에는 의미가 있으나 구체적인 내용을 전하기에는 한계가 많다. 실질적으로 그 의미는 변방에 주요한 사건이 있었음을 보여주고 봉수 선상에 있는 지역과 중앙에서 사전에 대비하기 위한 목적이 적지 않았다. 파발은 당시 사건의 내용을 구체적으로 전달하여 중앙에서 이에 대응하기 위한 목적에서 정비되었다. 따라서 조선시대 전략적 차원의 정보 소통은 이 두 체계를 종합적으로 이해할 필요성이 있다.

　일반적으로 알려진 것과 달리 임진왜란 발발 초기 조선의 봉수체계와 파발은 기본적인 역할을 다하였다. 일본의 공격이 시작되자 부산포 지역의 응봉 및 황령산 봉수가 기능하여 경상도 일대 관군이 전쟁 발발 당일 동원 준비를 갖추기 시작하는 양상은 이를 잘 보여준다.[144] 아울러 전쟁 발발 3일이 지난 17일 아침에는 국왕에게 파발을 통해 그 내용이 전해지는 등 조선의 통신체계는 기능을 수행하고 있었다. 다만 전쟁 기간을 거치며 일본군에 조선의 많은 지역이 점령되면서 그 기능은 상당히 약화되었다.

대형 화포의 등장과 조선 후기 성곽 구조 변화

1. 임진왜란의 전투 경험과 새로운 성곽 기술의 도입

임진왜란 초반 새로운 체제의 화승총인 조총과 다양한 무기로 무장한 일본군의 공성전술(攻城戰術)에 대해 성벽의 높이도 낮고 해자 및 치성 등의 방어시설을 충분히 갖추지 못하였던 조선의 평지 읍성(邑城)은 쉽게 함락되었다. 전국시대(戰國時代) 후반 일본의 주요 공성전술은 기본적으로 조총인 철포(鐵砲)를 성곽의 취약 구역에 집중 사격을 하여 방어군을 제압하고 그곳으로 병력과 화력의 우위를 통해 축차적으로 군사를 투입하여 성곽 전체를 단기간에 공략하는 것이었다.[146] 실제 임진왜란 중에도 일본군은 낮은 조선의 성에 대해 높은 망루(望樓)를 설치하고 조총을 난사하여 조선군이 움직이지 못하도록 한 이후 성에 접근하여 성을 공격하는 전술을 사용하였다.[147]

임진왜란 직전 조선은 경상도 의령, 성주, 영천, 성주읍성과 황해도의

해주읍성 등을 수축하기도 하였으나 성벽의 높이가 의령읍성이 4척 5촌, 청도읍성이 5척 5촌 등으로 매우 낮았을 뿐 아니라 기존 읍성에 여장(女墻)과 해자(垓子)를 보수한 정도였다. 전쟁 초기 여러 읍성이 방어에 큰 효과를 거두지 못한 경우가 적지 않았다. 실제 임진왜란 중 여러 전투에서 나타난 조선 성곽의 구조적인 취약점으로는 성벽의 높이가 낮을 뿐 아니라 체성 위 방어시설인 여장이 낮고 그 간격이 넓어 일본군의 조총 사격에 군사들이 쉽게 피해를 입었다.[148] 여장의 간격이 넓은 것은 임진왜란 이전 조선의 수성용 무기가 궁시(弓矢)였으므로 궁시를 사격하기 위한 것이었다. 성곽 방어시설인 옹성(甕城)과 치성(雉城)도 부족하여 적이 성벽 밑에 접근할 경우 제대로 공격할 수 없는 점이 지적되었다. 아울러 성 주위를 둘러싼 해자가 없는 곳이 많아 일본군이 성 아래에 접근하여 근거리에서 조총을 사격하거나 성을 넘어 올 수 있는 점도 큰 약점이었다.[149]

조선은 전쟁 중 일본군의 공격에 대응하기 위하여 조선 전기에 경영을 멈추었던 산성들을 수축하기도 하였다. 조총으로 무장한 일본군에 대항하기에는 앞서 보았듯이 조선의 읍성은 성의 규모를 넓게 하여 많은 사람을 수용하는 데만 주력하여 적절치 않은 점이 많았다. 성의 높이가 그다지 높지 않아 일본군이 쉽게 타고 넘을 수 있었고, 호참(濠塹) 등 각종 방어시설 등이 제대로 갖추어지지 않아 수성작전에 어려움이 많았다. 따라서 일본군의 조총이 위력을 발휘하기 어려운 산성을 중시하는 의견이 나타나게 되는데 류성룡의 의견이 대표적이었다.[150] 그래서 그 이전에 제대로 관리되지 않던 여러 산성에 대한 수축이 전쟁 기간 중에 이루어지게 된다. 이 시기 산성의 수축은 경상도, 전라도 및 경기도에서 가장 활발하게 이루어졌다. 선산의 금오산성(金烏山城), 남원의 교룡산성(蛟龍山城), 여주의 파사산성(婆娑山城), 수원의 독산산성(禿山山城), 남한산성 등이 대표적이다.[151]

산성 수축과 함께 조총으로부터 안전을 보장받으며 성곽을 방어하기 위해 새로운 방어시설을 추가 건설하는 것이 필요하였다. 임진왜란 당시 명나라 군대에서 입수한 『기효신서』에는 다양한 성곽제도가 소개되었는데, 예를 들어 성벽 위에서 안전하게 바로 아래의 적군을 볼 수 있는 현안(懸眼)과 성벽과 참호 사이의 공간에 만든 총포 사격용 담장인 양마장(羊馬墻) 등의 제도가 그것이다.[152] 특히 류성룡은 돌출된 성벽인 치성 속을 비워 여러 층을 만들고 그 속에

〈그림 4-21〉 포루

서 조총과 화포를 발사할 수 있는 총안(銃眼)과 포혈(砲穴)을 설치하여 성벽에 접근하는 적군을 정면 또는 측면에서 공격할 수 있는 포루(砲樓)의 설치를 적극 제안하였다.[153] 포루는 16세기 후반 척계광이 고안한 공심적대(空心敵臺)를 바탕으로 일본군의 보루(堡壘)를 조사하여 장점을 수용한 성곽 시설의 하나로서, 화승총과 화포를 장비한 방어군이 그 속에서 안전하게 적군을 공격하는 데 유용하였다.[154]

명나라에서 도입된 성곽제도로는 『기효신서』 이외에도 새로운 내용을 담은 명나라의 성곽제도론이 도입되기도 하였다. 대표적인 것으로 명나라 여조약의 「방호수성방약(防胡守城方約)」을 들 수 있다. 그 내용은 이시발(李時發)이 함경도 감사를 지내던 시기인 선조 40년(1607)경 「수성조약(守城條約)」을 작성하는 데 주요한 자료가 되었다.[155]

명나라의 성곽제도 이외에도 조선군은 일본군이 점령하여 개축한 조선 성곽과 남해안 일대에 축조된 일본의 거점성인 이른바 왜성(倭城) 등을 공격하면서 이후 일본의 성곽제도에 자연스럽게 관심을 갖게 되었다. 일본군은 점령한 조선의 읍성을 개조하여 방어에 활용하였다.[156] 류성룡에 의하면 일본군은 진을 설치할 때에는 반드시 좌우로 돌아볼 수 있는

높은 산꼭대기를 선정하여 참호를 견고하게 두른 목책을 세우며 거기에 흙을 발라 시석(矢石)을 막을 만하되 많은 구멍을 뚫어 조총을 사격하기 편리하게 하였다. 또한 한양 도성은 너무 넓어 수비의 어려움이 있어 남산의 기슭에다 군사를 배치하고 토굴을 서로 보이도록 만들었음을 지적하였다.[157] 1593년 초 남해안으로 철수한 일본군은 이전과 달리 새로운 체제의 성곽인 왜성을 축조하고 주둔하였다. 1593년 정월 대량의 화포를 이용한 명나라군의 평양성 공격에 크게 패한 일본군은 이후 명나라의 대형 화포에 대응하기 위해 왜성의 건설 과정에서 성곽제도에 변화를 도입하기 시작하였다.[158] 즉, 왜성은 본성 외곽에 외성(外城)인 이른바 나와바리(繩張り)를 넓게 두고 다수의 곡륜(曲輪)을 두는 다곽식 구조를 가지고 있었다. 그리고 유효한 십자 사격이 가능하도록 석축으로 된 오레(折れ)를 증설하는 것이 대표적이라고 할 수 있다. 이 외에도 성벽의 담장인 병(塀, へい)을 강화하여 화포 공격을 견디도록 하였다.[159] 이처럼 넓은 공간에 여러 겹으로 다양한 축성 재료를 이용한 복잡한 형태의 성곽 구조는 대포의 사정거리와 위력을 고려하여 축조된 것이었다.[160]

왜성을 관찰하고 공격하는 과정에서 왜성 제도의 우수성을 확인한 조선은 임진왜란 직후 왜성의 제도를 조선의 축성에 적용하자는 의논이 비변사 등에 나타나기도 하였다. 실제 병조에서는 북부지역 성곽 축조 시에 왜성을 참고하여 개축하라는 선조의 명령에 대해 일본에 피랍되어 일본의 성곽제도를 잘 알고 있는 전 좌랑 강항(姜沆) 등을 보내어 성을 수축하는 데 일본의 제도를 참조하도록 건의하여 허락을 받았다.[161]

이처럼 임진왜란을 계기로 조선의 기존 축성법에 더하여 명나라와 일본의 성제가 도입되면서 17세기 전반 이후 조선의 축성법에는 적지 않은 변화가 나타났다.

2. 17세기 전반 조선의 성곽 구조 변화

임진왜란 직후인 17세기 초부터 조선은 북방 여진족의 위협에 직면하게 된다. 이에 대비하기 위해 조선은 화기를 이용한 수성 위주의 대 북방 방어전략을 채택하게 되면서, 일본과 명나라의 유용한 성곽제도와 구조를 실제 조선의 성곽 축조에 적극 도입하게 된다. 앞서 언급한 포루(砲樓), 옹성, 현안 등 다양한 성곽 시설과 함께 큰 돌을 사용하여 성 아랫부분을 축조하고 3~5장(丈, 1장=2m)에 달하는 높은 성벽을 쌓았다. 당시 여진 기병은 성을 공격할 때에는 흙 자루를 가진 기병이 일제히 몰려와서 성 밑에 흙 자루를 쌓아 성의 높이만큼 되면 말을 탄 채로 성곽을 넘어오는 전술을 사용하였다.[162] 이를 저지하기 위해서는 성곽 축조 시 높은 성벽과 해자, 목책 등의 장애물, 그리고 화기 발사에 편리한 포루 등의 시설이 요구되었다. 17세기 초 여진 기병에 대응하기 위한 성곽 구조는 당시 축조된 북방의 여러 성곽에서 확인된다.

예를 들어 1606년(선조 39) 함경 감사 이시발은 기존의 함흥성이 지나치게 넓어 방어하기 어렵다고 하여 안쪽에 토성(土城)을 쌓았다. 이듬해에는 후임 감사 장만이 기존의 외성도 크다고 하여 외성의 남쪽 면을 줄였다. 이어서 함흥 부사 백사림의 주도하에 동북쪽 귀퉁이를 증축하고 대포루(大砲樓) 2곳을 추가로 설치하였다. 이렇게 하여 함흥성은 둘레 15,192척 규모의 기존 단곽식(單郭式) 구조에서 길이 4,146척 규모의 토성인 내성(內城)을 가진 총길이 14,064척, 높이 24척 규모의 복곽식 구조의 견고한 성곽으로 개축되었다.[163] 아울러 포루(砲樓) 등의 방어시설을 갖추어 방어력이 향상되었다. 함흥성의 높이나 두께 등은 현재 구체적으로 알 수 없으나 이시발의 「수성조약」에서 제시하고 있는 높이 3~5장, 성 아래 부분의 두께 3장(소형 성곽), 5장(대형 성곽) 등의 제도를 준용하였을 것으로 생각된다.[164] 충격에 강한 토성으로 내성을 축조하고 성벽의 두께를 상당히 두텁게 한 점은 화포 공격에 대한 신중한 고려라고 할 수 있다.

현존하는 성곽 중에서 17세기 전반기 개축된 함경도 북부의 경성(鏡城)읍성은 이 시기 성제 변화의 일단을 구체적으로 보여준다. 1616년부터 1622년까지 개축된 경성읍성의 경우 다른 성곽에 비해 큰 돌로 성벽을 축조하여 화포 공격을 견딜 수 있도록 하였다. 성벽의 높이는 32척(尺, 3.2丈)이고 한쪽 면만을 축조하고 뒷부분은 작은 돌과 흙으로 메우는 이른바 내탁(內托) 기법으로 쌓은 성벽의 아랫부분의 두께는 4~5장 전후인 12.5~16.5m에 달하고 있다.[165] 즉, 이시발이 제안한 성곽의 규격이 대체로 준용되고 있음을 알 수 있다. 특히 성벽 두께의 경우 다른 성곽에 비해 2배 이상에 달하고 있고 산성에서 주로 사용하던 내탁 기법을 평지성에 이용한 점은 강력한 화포 공격에 대해 대응할 수 있도록 성곽 구조에서 적지 않은 변화가 나타났음을 의미한다.[166] 축성에 사용된 돌도 큰 돌을 사용하여 성곽의 방어력을 높이고 있다. 성곽의 단면도 포루와 성문 주변을 중심으로 중앙이 안쪽으로 휘도록 하여 성벽에 가해지는 충격을 견딜 수 있는 형태를 가졌다.

새로운 축성 양상은 1626년(인조 4) 개축이 완료된 남한산성에서도 부분적으로 확인할 수 있다. 이 시기 남한산성 개축은 성곽의 본체인 체성과 성문(暗門 포함), 그리고 여장의 건설에 집중하였고 옹성, 포루, 치성 등의 방어시설은 축조되지 않았다. 인조 초 건설된 남한산성의 체성(體城)은 지반 위에 잘 다듬은 장대석(長大石)을 쌓고 장방형으로 가공된 성돌로 평축 형식으로 쌓았다. 성돌은 지대석의 크기가 50×30cm2 정도이고, 그 위로 33×22, 40×20, 43×18, 50×19cm2 정도 크기의 면석을 네 모서리를 다듬어서 쌓았으며 잡석으로 뒤를 채웠다. 각 성돌의 두께는 대체로 20cm 내외이고 폭은 30~50cm로써 두께 대 폭의 비율은 1:1.5~2.3 정도이다.[167] 성벽의 높이는 구간별로 차이가 있지만 산성임에도 불구하고 상당히 높게 축조되었는데 특히 완만한 남쪽 지역의 경우에는 평균 5미터 이상이고 기울기는 71° 전후로 가파르다. 심지어 11암문에서 동문에 이르는 구역은 높이가 10m에 달하기도 하였다.[168]

이상의 여러 사례에서 볼 수 있듯이 화포 공격에 견디기 위해 축성 재료에 흙과 큰 돌을 사용하고 내탁 기법을 이용하여 성벽의 두께를 확보하는 등의 변화가 나타났다. 아울러 중국 및 일본의 성제를 적극적으로 도입하였음을 알 수 있다.[169] 이 과정에서 성벽의 높이 등 성곽의 전체적인 구조 및 축성 재료에 대한 여러 대안이 제시되기도 하였다. 17세기 중엽의 실학자 반계 유형원은 중국 당나라 때 편찬된 두우(杜佑)의 『통전(通典)』에 나타난 성제를 준용하여 성의 높이는 5장 이상, 아래 두께 2.5장, 윗부분의 두께 1.25장의 성곽 규격을 제안하고 있다.[170] 『통전』의 성제는 당나라 시대의 성제를 반영한 것이어서 『기효신서』나 「수성조약」에 제시한 3~4장보다 성곽의 높이가 높게 제시된 것이다. 그러나 유형원은 기준 척도를 당시 성곽 축성에 사용되던 영조척(營造尺)이 아닌 보다 작은 주척(周尺, 1척=20cm)을 기준 척으로 사용할 것을 제안하여 실질적으로는 『기효신서』 등과 비슷하거나 다소 낮은 것임을 알 수 있다. 성의 아래 두께도 30척, 즉 3장이 되도록 하여 다소 두껍게 쌓도록 하였다.

아울러 유형원은 성벽의 내구성을 높이기 위해 성을 기본적으로 돌로 축조하되 이전처럼 겉은 돌로 하고 속은 흙으로 채우는 축성 방식이 아닌 성벽 내부를 전부 돌로 반듯하게 쌓아 장마 시에 무너지는 일이 없도록 할 것을 제안하였다. 그리고 성의 아래는 큰 돌로 하고 중간 이상은 벽돌로 쌓되 벽돌 사이는 석회를 바르도록 하여 견고성을 높이도록 하였다.[171] 즉, 축성 재료에서 이전에 그다지 사용하지 않던 벽돌과 석회를 적극적으로 사용할 것을 주장한 것이다. 옹성, 치성, 우마장, 포루 등 『기효

신서』를 통해 제시된 다양한 성곽 시설의 건축도 강조되었다.[172]

3. 17세기 후반 이후 조선의 성곽 구조 변화

17세기 초 다양한 성곽제도가 도입되어 북방의 여러 읍성 개축 등에 활용되었고 남한산성의 개축에는 부분적으로 반영되었다. 이는 조선의 위협이 되었던 여진족의 경우 17세기 초반까지 아직 화기를 보유하지 못하였으므로 높은 성곽에서 화기 등을 이용한 수성 위주의 전략이 충분히 유용하였기 때문이다. 그러나 1636년 말 청의 조선 침공(丙子胡亂)은 이전의 전쟁과는 완전히 다른 양상을 보였다. 1630년 이전까지 화기를 갖지 못하였던 후금(後金)은 1631년부터 화기를 자체적으로 제조하기 시작하였다. 앞서 보았듯이 후금은 서양식 대형 화포인 홍이포도 생산하여 그해 7월부터는 명나라의 요서(遼西) 지역 주요 방어거점인 대릉하성과 주변 거점을 수개월 동안 포위하고 홍이포, 장군포 수십 문으로 공격하여 항복을 받았다. 아울러 명나라의 장수로서 후금에 투항한 자 중 서양에서 직접 수입한 신형 화포를 가지고 온 경우도 있었다. 따라서 후금의 화포 수준과 포병의 능력은 이전의 단계에 비해 더욱 향상되었다.[173]

　1636년(인조 14) 말 발발한 병자호란은 당시 청나라의 화기 수준을 여실히 보여주는 사례이다. 앞서 보았듯이 당시 청군은 조선군이 농성하고 있던 남한산성에 홍이포 등 대형 화포를 수일 동안 사격하여 남한산성의 많은 성첩(城堞)과 체성도 거의 무너질 정도가 되었다. 심지어 남한산성 기단부의 큰 돌도 부서질 정도로 홍이포의 위력은 대단하였다. 따라서 전쟁 이후 조선은 성곽제도의 개선과 충분한 화포의 확보에 노력하였다. 예를 들어 남한산성의 경우 화포 공격에 취약한 곳인 성문 방어를 위해 능선으로 연결되어 방어에 취약한 지점에 옹성을 추가로 건설하였다. 그리고 각 옹성 끝부분에는 수개소의 포루를 설치하였다.[174] 여러 곳에 옹성과 포루를 체성에 추가하여 설치한 것은 병자호란 이후 성곽 방어를 위해 충분한 수량의 대포를 확보하여 청군의 대포 공격에 대응하도록 한 것과 관련이 있다. 아울러 화포 공격에 대응하기 위해 성돌의 크기도 커지고 각 성돌 사이에는 틈이 없이 서로 결합하는 면이 넓어지도록 함으로써 성벽의 안정성을 높였다. 성돌의 크기는 장방형이나 정방형에 가까운 형태로, 폭은 60~80cm이고 두께는 45cm 정도이며 심지어 60cm가 넘는 것도 있다.[175] 이는 병자호란 이전 축조된 도성 및 주변 산성의 성돌 크기가 두께 20cm 내외이고 너비가 30~40cm가 대부분인 점을 고려한다면 병자호란 이후 약 3~4배 정도로 성돌이 대형화되었음을 알 수 있다.[176]

앞서 보았듯이 17세기 후반이 되면 동아시아 지역 전쟁 양상은 크게 변하기 시작하였다. 1644년 명 멸망 이후 성립된 남명 정권과 정성공 세력은 홍이포 등 서양식 화포를 갖추고 청군에 대항하여 큰 성과를 거두었다. 이에 청군도 명 말기의 화기를 대량 제조, 장비하여 이에 대응하였다.[177] 화포는 이후에도 전쟁에서 주요한 역할을 계속 담당하였다. 즉, 화포 중심의 전쟁 양상이 전개된 것이다. 17세기 후반 대소 화포가 전쟁에서 전면적으로 사용됨에 따라 기존 성곽의 개수가 아닌 성곽 구조의 근본적인 변화의 필요성이 높아졌다.

17세기 후반 조선의 성곽제도에서 나타난 주요한 변화 중 첫 번째는 이른바 돈대(墩臺)의 출현이다. 돈대는 원래 적이 나타나는 것을 사전에 경고하기 위해 해안 등에 설치한 독립된 척후(斥候) 시설이었다.[178] 그런데 이 시기에는 돈대가 단순한 척후 시설만으로 건설된 것은 아니었다. 성을 공격하는 데에 화포가 점차 중요한 무기가 됨에 따라 성을 공격하는 적군이 점령할 경우 성을 화포로 공격할 수 있는 장소인 성 밖의 주요 지역에 돈대가 추가되기 시작하였다.[179]

두 번째는 성곽의 높이가 낮아지기 시작한 것이다. 정확성과 파괴력이 우수한 대형 화포가 대량으로 사용되는 전쟁 양상에서 기존의 높은 성곽 구조는 포격을 받을 가능성이 매우 높았다. 성곽이 낮아지면 포탄의 탄도(彈道) 특성상 대포의 공격을 받을 확률은 더욱 낮아져 방어에 상당히 유리하였다. 이에 포루의 형태도 변화가 나타났는데 이전의 포루가 소형 화기의 사격을 위한 타워 형태라면 17세기 후반에는 하층에는 포좌(砲座)를, 상층에는 여장을 둘러 사격하는 포대 형태로 변하였다.[180]

세 번째 성곽 자체의 내구성을 높이기 위한 몇 가지 시도가 나타났다. 먼저 성돌의 규격이 이전보다 더 커졌다. 18세기 초인 1719년(숙종 45) 축조된 남한산성의 신남성(新南城), 일명 남격대(南格臺)의 경우 성돌의 두께가 40~60cm이고, 폭은 60~100cm인 대형 석재를 사용하고 있다. 이는 1693년(숙종 19) 수축된 한봉외성(汗峰外城)의 성돌의 두께가 대략 45cm 정도이고 폭은 60~80cm인 것에 비해 상당히 커지고 있음을 볼 수 있다.[181] 다음으로, 내탁(內托) 기법이 광범위하게 사용되기 시작하였다. 내탁이란 성벽의 외벽만 석축(石築)으로 하고 그 내부에는 자갈을 채워 다지고 다시 흙을 두텁게 쌓는 방식을 말한다.[182] 임진왜란 이전 대부분의 성곽은 체성의 좌우를 석축하던 이른바 협축(夾築) 방식이 널리 사용되었는데 화포가 공성전에 널리 사용되는 전쟁 양상이 일반화되면서 외부 석재를 대형화할 필요성과 함께 포탄의 충격을 막아줄 수 있는 완충 공간이 필요하였다.[183] 내탁 기법은 이에 매우 유용한 것이었다. 실제 조선 후기에 개축된 읍성의 경우 성 안쪽으로 유사 판축의 형태로 내탁된 경우가 적지 않음은 이를 반영한다. 아울러 성돌의 뒤뿌리도 60cm 이상이 되도록 하여 성돌 간의 접촉면을 넓혀 쉽게 붕괴되지 않도록 하였다.[184]

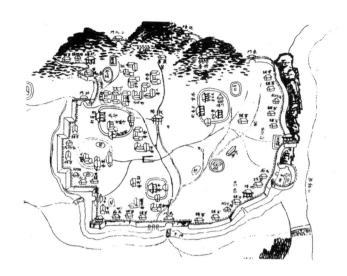

〈그림 4-22〉 개축 후의 황주성

　마지막으로, 축성 재료에서도 기존의 돌 이외에 다양한 시도가 나타났다. 석성(石城)의 경우 대포 포탄이 명중되면 돌이 부서지면서 주변 성벽도 함께 붕괴되는 경우가 적지 않았다.[185] 예를 들어 숙종 초반에는 중국의 벽돌로 쌓은 성, 이른바 벽성(甓城)과 토성을 주목하였다. 벽성은 대포 공격을 받아도 성벽이 완전히 무너지지 않아 성곽의 방어력을 유지할 수 있었다. 토성의 재료인 흙은 수많은 흙 입자가 모인 형태를 띠고 있으므로 외부의 충격을 받을 경우 입자 사이의 공간이 줄어들면서 충격을 완화시키는 특성을 가지고 있다. 토성은 포탄을 맞을 경우 그 지점에 포탄이 박혀 꺼지거나 파헤쳐지고 다른 부분으로 충격이 적게 전달되는 장점이 있다.

　17세기 후반 이후의 전쟁 양상 변화와 새로운 성곽제도의 도입은 17세기 말 강화도 돈대 건설과 18세기 이루어진 여러 읍성의 개축 과정에 보이고 있다. 예를 들어 1734년(영조 10) 개축된 황해도 황주성에는 포루 4개소와 치성 7개소, 옹성 1개소 등이 갖추어져 있다. 그리고 성의 서쪽과 남쪽의 평지 지역에는 강물을 끌어들여 만든 해자가 둘러져 있다. 성의 높이가 대체로 3장(6m) 정도였다. 또 하나 특징적인 것은 곡성(曲城)으로서, 해자를 따라 성벽을 축조하면서 성벽을 90도로 꺾어서 쌓아 좌우에서 사격을 지원할 수 있도록 한 것이다.[186] (그림 4-22)

강력한 화포 공격에 대해 단곽의 성곽만으로는 방어에 충분하지 않았으므로 17세기 중반 이후 다중(多重)의 성벽을 축조하는 경향이 나타나기 시작하였다. 이는 단절되고 험고한 지형에 다중으로 성벽을 축조하는 왜성의 영향도 있지만 대형 화포 공격에 대한 대응 양상이기도 하였다.[187] 17세기 후반인 숙종대에는 여러 산성에 내성, 외성, 중성 등을 갖추는 경우가 적지 않았으나 18세기 전반 영조대에 들어서면서 여러 평지 읍성에도 다중으로 성곽을 축조하는 사례가 보인다. 예를 들어 경상도 칠곡의 가산산성의 경우 내성이 1640년(인조 18)에 관찰사 이명웅(李命雄)의 장계로 처음 축성되기 시작하였다. 이후 외성이 1700년(숙종 26)에 완성되고, 중성이 1741년(영조 17) 관찰사 정익하(鄭益河)의 장계가 윤허됨에 따라 완성되기에 이르렀다.[188] 구미의 금오산성도 임진왜란 때에 그 전략적 중요성이 새롭게 인식되어 성벽을 수축하고, 1597년(선조 30)에는 도체찰사의 영을 설치하여 정기룡(鄭起龍) 등이 지켰다. 1639년(인조 17) 대대적인 확장 공사를 실시하여 외성의 북쪽에 있는 계곡을 둘러싸는 포곡식 외성을 쌓아 이중의 산성이 되었다. 평안도 영변도 인조 11년(1633) 부사 유림(柳琳)의 주도로 읍성 북서쪽에 있는 높은 봉우리인 약산(藥山) 일대에 대한 축성이 이루어졌다. 약산성(藥山城)으로 불리는 이 성은 읍성의 서문 북쪽에서 출발하여 동대(東臺) 옆에 이르는 둘레 약 1,190보(步), 높이 1장(丈)의 소규모 성이었다.[189] 숙종 초 국제정세 변화에 따라 방치되어 있던 약산의 동대 일대의 약산성을 수축하는 방안이 논의되어 숙종 9년(1683) 10월에 약산성(藥山城)의 축조가 이루어졌다.[190] 이 약산성 축조를 시작으로 영변에 대한 축성 작업은 계속되었다. 이듬해부터 영변읍성에 대한 개축에 착수하여 숙종 11년(1685)에 완료되었다.[191] 영변읍성에 대한 개축 작업과 함께 숙종 11년 읍성의 북쪽 일대에 읍성에 붙여 새로운 성곽을 축조하였는데 자료에 따라 북성(北城), 북자성(北子城), 북산신성(北山新城) 등으로 불리는 곳이 바로 그곳이다.[192] 영변에는 앞서 언급한 읍성, 약산성, 북성 이외에 읍성의 서쪽과 약산성 아래에 신성(新城)이 있었는데 자료에는 그 정확한 신축 연대가 나타나 있지 않다. 대체로 숙종 10년(1684) 직전에 내성, 즉 신성이 축조되었음을 짐작할 수 있다.[193]

18세기에 들어서면서 평지 읍성에도 다곽화 현상이 나타나고 있다. 그 중 평안도 평양 및 안주 등이 대표적이다.[194] 평양의 경우 내성은 17세기 초 인조대 방어의 편의를 위해 서남쪽 성벽을 안쪽으로 들여쌓아 지나치게 협소한 데다 성에 붙은 모란봉(牧丹峰)이 성안을 엿볼 수 있는 이른바 규봉(窺峰)의 역할을 하여 성의 방어력에 문제를 가져왔다. 따라서 평양의 중성(中城)과 외성(外城)의 축조와 함께 모란봉 일대를 감싸는 성곽의 추가 건설이 요구되었다. 중성은 기본적으로 이전에 축조하였던 곳으로 아직까지 토축(土築)한 흔적이 남아 있어 약간의 보수와 함께 그 위에 여장만 건설하면 외곽(外郭)으로서 역할을 할 수 있는 상황이었다.[195] 성곽 방어의 취약점이었던 규봉 문제를 해결하기 위해 모란봉을 둘러싸는 이른바 북성(北城)이 숙종 40년(1714) 건설되었다. 북성은 을밀대(乙密臺)에서 출발하여 모란봉을 둘러싸고 부벽루를 지나 내성과 연결되는 둘레 1,318보의 소규모 성이었다.[196] 영조 8년(1732)에는 내성 남쪽에 평양 중성(中城)을 토성으로 건설하였는데, 중성은 높이 4장, 둘레가 5,260보에 달하여 규모면에서 내성에 버금가는 성이었다.[197]

안주성도 18세기 초인 1710년(숙종 36) 7월 부분적인 보수 작업이 실시되어 3년 후인 1713년(숙종 39) 5월경에는 안주성의 수축이 완료되었다.[198]

이때 수축된 안주성은 둘레 3,043보에 높이 13척의 석성이었다. 안주성에는 410보 규모의 신성(新城)이 동쪽의 구릉지대에 함께 수축되어 안주성은 기본적으로 2중의 성곽 구조를 갖추게 되었다. 18세기 중반인 1768년(영조 44) 10월 성밖의 상업 지역인 남당촌(南塘村) 일대에 대한 외성(外城), 즉 남당성(南塘城) 축조에 착수하였다. 이 외성은 안주성의 신흥문(新興門)에서 출발하여 천제봉(天祭峰)을 지나 남장대(南將臺)에 이르는 구간에 건설된 것으로 안주성의 규봉이었던 태조봉(泰造峰)에는 추가로 용도(甬道)를 건설하도록 하였다.[199] 이듬해 9월에 완성된 외성은 둘레는 1,800보이고 방어시설로는 초루(譙樓)가 5곳, 한문(捍門)이 4군데, 수문이 한 군데 등이 있었다.[200]

이상과 같이 조선 후기 성곽제도는 전쟁 양상의 변화와 화포 발달에 대응하여 다곽화, 돈대 등 새로운 성곽제도의 도입 등 다양한 변화를 모색해왔고 일부 읍성 개축과 돈대 구축이 구체화되었다. 일부 성곽의 여장 부분에 벽돌이 사용되기도 하고 토축 읍성이 석축으로 개축되기도 하는 등 축성 재료상의 변화도 보인다. 성곽제도에 대한 다양한 논의와 시험 그리고 축성 과정은 이후 18세기 후반 정조대 새로운 성제 연구 및 화성 건설에 중요한 경험이 된 것으로 평가할 수 있을 것이다.

4. 18세기 후반 수원 화성에 보이는 새로운 축성법

18세기 후반 정조의 주도에 의해 축성된 수원 화성은 축성 이전 이루어진 중국과 조선의 다양한 성곽제도 조사 및 조선 후기의 풍부한 축성 경험을 참고로 하여 중국과 조선의 다른 성곽에 비해 대단히 독특하면서도 기교에 치우치지 않는 매우 견고하고 실용적인 면모를 지니게 되었다.

화성의 실용적인 면모는 성곽의 여러 면에서 확인할
수 있는데 여기서는 방어와 공격 두 측면으로 나누
어 살펴보기로 하겠다.

먼저 방어적인 측면에서 볼 때 화성의 특징은 성벽
과 방어시설 여러 곳에서 이전과 다른 면모를 확인
할 수 있다. 앞서 보았듯이 공성 화포가 발달할 경우
가장 먼저 나타나는 성곽제도의 변화는 성곽 높이를
낮추고 성벽을 두껍게 하는 것이다. 화성의 경우도

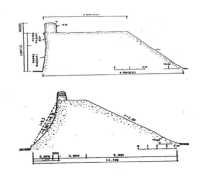

<그림 4-23> 화성(위)과 경성읍성(아래)의 성벽 구조 비교

이러한 성곽 구조의 변화가 반영되었다. 먼저 성벽의 높이를 2장으로 설
계하여 이전 성곽 기준인 5장보다 절반 이상 낮게 축조하였다. 산 위에서
는 여기에 다시 5분의 1을 감하도록 하였다.[201] 성벽이 높을 경우 적군의
화포 공격에 성벽이 파괴될 확률이 높고, 파괴된 성벽 자재의 파편에 의
한 피해가 그만큼 커지기 때문이었다. 이 기준은 당시 읍성의 높이가 대
체로 2장 5척에서 3장이었던 것보다도 낮을 뿐 아니라 최초 설계안인 「어
제성화주략(御製城華籌略)」의 2장 5척보다도 낮게 축성된 것이다.

성벽 두께도 아래는 대체로 5장으로 하고 위는 3장 정도를 기준으로
하였다. 이는 이전의 여러 성에 비해서 위쪽 부분이 상당히 두껍게 되어
있어 외부의 화포 공격에 성벽이 견딜 수 있도록 하고 있다. 특히 화성의
성벽 축조에서 주목되는 것은 전통적으로 산성에서 채용하던 방식인 내
탁 방식을 평지성인 화성에 적용하였다. 화성이 평지에 구축한 성이었
지만 내탁 방식을 채용하여 조선 후기 축성 재료로 끊임없이 논란을 벌였
던 돌과 흙이 가진 장점을 동시에 살린 점에서 의미가 크다.

다음으로는 그 이전에 공성용 화포에 각개 격파될 우려가 매우 많아
해협이나 강가 이외에는 그다지 채용되지 않았던 돈대를 본성의 성벽 위
에 공심돈을 축조하는 방안을 고안하여 채택하고 있다. 공심돈이 성벽에

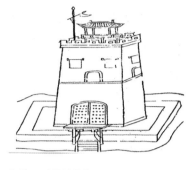

〈그림 4-24〉 공심 돈대

붙여 설치된 것은 성곽사적인 면에서 대단히 중요한 의미를 갖게 되는데, 적의 화포 공격을 받게 되더라도 본성에 부속되어 있으므로 쉽게 각개 격파되는 문제점을 극복하는 동시에 원래 돈대가 가지고 있던 척후, 사격 등의 고유한 기능을 그대로 유지할 수 있기 때문이다. 화성의 세 군데 공심돈은 성벽이 꺾어지는 지점에 설치되어 적군을 관측하여 사격하는 데 매우 용이하게 건축되어 있다. 특히 동북공심돈은 성벽에 따로 치성을 돌출시켜 설치한 것이 아니라, 성벽 안쪽에 성벽과 약간 떨어져서 따로 돈대를 쌓은 특징이 있다. 이러한 모습은 유럽에서 16세기 공성포가 최초로 도입되면서 가장 먼저 그 이전 성곽에 붙어 있던 성탑(tower)의 주위에 벽돌로 능보(稜堡, bastion)라고 하는 작은 방호용 성으로 둘러싸는 변화가 일어난 것과 궤를 같이한다고 할 수 있다.[202]

성벽 자체의 방어력을 높이는 노력과 함께 성의 공격력을 높이는 시설이 아울러 중요해졌다. 공성용 화포가 본격적으로 사용된 시기에는 성의 구조를 강화시키는 것만으로는 성의 완전한 방어가 불가능에 가까웠다. 따라서 상대의 공격을 화포로 막는 적극적인 방어 대책이 요구되었다. 이를 위해 성곽 구조를 화포 운용이 편리하도록 하는 것이었다. 여기서 가장 중요한 점은 성곽에서 화포를 사격할 때에 성 밖에 상대방이 숨을 수 있는 이른바 '사각(死角) 지역(Dead Zone)'을 없애도록 하는 것이었다.

당시 화기는 직사(直射)가 기본으로, 성벽에 둥근 면이 있거나 성 앞에 둔덕이 있을 경우 그 뒤쪽은 사격이 미치지 못하는 곳이 된다. 이전에는 성벽을 둥글게 축조하여 성벽의 견고성을 높이도록 하고, 상대방이 전면적으로 공격하는 것을 어렵게 하고자 하였다. 그러나 화포를 중요시하게 된 시대가 되면 적군의 공격을 정면에서 받을 경우 피해가 크게 되므로 적에 대한 공격은 정면의 적군을 공격하는 것이 아니라 인접 포루 등에서 측면으로 서로 교차하여 사격하는 것이 절대적으로 요구되었다. 이때 성곽에 둥근 면이 있을 경우 인접 포루 등에서 사격으로 공격하려고 해도 어려움이 많이 생기게 된다. 조선에서도 화성 축조 이전까지 성곽이 대체로 둥글게 만들어져 곳곳에 사각 지점이 생겼다.

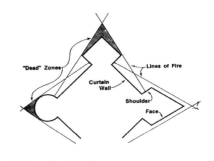

〈그림 4-25〉 사각 지역

그러므로 화성을 축조하면서 사각 지점을 가급적 없애기 위해서 전체적으로 둥근 부분을 없애고 치성 등으로 모서리 부분을 만들도록 하였다.[203] 공심돈의 경우도 성벽에 붙여놓은 서북공심돈, 남공심돈의 경우는 치성 위에 사각형으로 만들어져 사각을 많이 없앨 수 있었다. 다만 둥글게 만들어진 동북공심돈의 경우 그 앞에 사각이 생길 가능성이 있었으므로 성벽 안쪽에 설치하였다. 화성의 경우는 치성과 포루(砲樓), 포루(舖樓) 등을 유럽과 같이 뾰족하지는 않고 방형(方形)으로 앞으로 돌출시키는 대신 앞쪽에도 사격할 수 있는 총안(銃眼)과 바로 밑을 관측할 수 있는 현안(懸眼)을 설치하여 보완하고 있다.

화성은 치성과 포루와 같은 돌출된 방어시설의 좌우측 벽면에서 인접 시설 주변에 사격 지원을 하는 것이 매우 중요하였다. 이러한 시설을 설치할 경우 그 사이의 간격을 화포 사격이 서로 교차하고 상호 지원할 수 있는 정도의 거리를 띄워 건설하도록 하였다. 그 거리를 확인하기 위해 화성의 전형적인 평지 부분으로 성벽이 길게 일자로 늘어선 동남각루(東南角樓)에서 창룡문(蒼龍門)에 이르는 구간의 치성, 포루(砲樓), 포루(舖樓) 등의 상호 간격을 『화성성역의궤』를 통해 살펴보면 다음의 〈표 4-2〉와 같다.

〈표 4-2〉를 통해 대체로 105~125보(화성 축조에서 1보는 1.2m 정도를 기

구간	상호 거리 (단위: 步)
東三雉 → 東二舖樓	123.1
東二舖樓 → 烽墩	105
烽墩 → 東二雉	114
東二雉 → 東砲樓	110
東砲樓 → 東一雉	110.2
東一雉 → 東一舖樓	125

준으로 함)를 기준으로 방어시설들이 축조되었음을 알 수 있다. 당시 성곽 방어에 가장 많이 사용하던 화포인 불랑기는 수평 사격 시 유효 사정거리가 최고 500m에 달하므로,[204] 사정거리로 보아 충분히 상호 지원이 가능하였다. 특히 이러한 시설은 서로 교차하여 사격하는 것이 원칙이므로 각 시설의 중간인 60보 정도 되는 거리가 좌우 치성의 사격 집중 지역이 된다. 이는 당시의 일반적인 성곽 방어 절차와도 부합하는 것으로,『병학지남』에 의하면 적이 100보 이내로 들어오면 불랑기와 조총을 일제히 발사하게 하고 적이 50보 이내로 들어오면 궁시를 일제히 발사하도록 규정하고 있다.[205] 이를 통해 화성의 주요한 방어 무기는 불랑기와 조총 등 화기였으며, 궁시는 인접 치성에 대해 지원 사격하는 것은 한계가 있고 자신을 지키는 데 사용되는 보조 무기였음을 알 수 있다. 따라서 화성은 화포를 가지고 적군을 공격하기에 효과적으로 건설된 것임을 알 수 있다.[206]

불랑기와 같은 소형 화포 외에, 이보다 대형 화포를 사격하기 위해 화성은 모두 5군데의 대형 포루(砲樓)를 건설하였다. 그 구조를 보면 맨 아래층 좌우에 각각 3개, 앞쪽에 2개의 대포혈석(大砲穴石)을 내어 모두 8문의 대형 화포를 동시에 운용할 수 있도록 하였다. 먼 거리까지 사격이 가능한 화포를 운용할 수 있었으므로, 포루는 각 방면의 중앙부에 위치하여 먼 지역에 화포 지원을 할 수 있도록 하였다.[207]

이상에서 살펴보았듯이 화성은 화포의 사용이 본격화된 17세기 후반 이후의 여러 성곽 축조 경험을 바탕으로 건설된 성곽으로, 변화된 전쟁 상황에 효과적으로 대응하기 위해 만들어진 것이라고 할 수 있다. 정조는 화성 축조가 끝난 후 "이제야 우리나라도 성곽제도가 있다고 말할 수 있겠다."고 말했을 정도로 화성은 조선 성곽 건설의 새로운 모델을 제시하고 있다. 화성 축조는 성곽사적인 측면에서 볼 때 17세기 이후 화포가 전쟁의 보편적 무기로 등장한 상황에서 나타난 조선의 성곽체제 변화의 최종적 귀결점이었으며 동시에 19세기 이후 바다를 통해 등장한 서양의 큰 군사적 위협에 대응해야 했던 조선의 군사적인 출발점으로 평가할 수 있을 것이다.

18세기 군사기술의 발달과 화포의 제작

1. 화기의 성능 향상과 조총 보급의 확대

17세기까지 화기는 큰 위력이 무기체계의 가장 중요한 요소가 되었으나 느린 발사속도와 기후에 적지 않은 영향을 받는 등 몇 가지 근본 취약점이 있음에도 불구하고 과학기술의 진보로 점차 그 신뢰성은 높아졌다. 그 위력도 동시에 증가하여 화기는 이제 전쟁에서 주도적인 위치를 차지하게 되었다. 17세기 후반 이후에도 계속된 동아시아의 여러 전쟁, 예를 들어 몽골의 갈단과 청의 전쟁, 러시아와 청의 전쟁 등을 통해 18세기에 들어서도 화기의 성능 개선은 꾸준히 이루어졌다.[208]

먼저 이전에 비해 화기의 방수(防水) 대책이 보다 충실해진 것을 들 수 있다. 당시 여러 언급을 보면 조총이 습기에 취약하므로 궁시로 보완하여야 한다는 17세기의 인식과는 달리 이제는 궁노(弓弩)가 오히려 조총보다 습기에 취약하다는 달라진 인식을 보이고 있다. 실제 1728년(영조 4) 3월 무신란(戊申亂) 시기 북상하는 이인좌의 반란군을 저지한 경기 남부 안성

(安城) 전투에서 반란군은 비가 쏟아지는 상황에서 화기를 제대로 발사할 수 없었던 데 비해 훈련도감, 금위영 등의 관군은 화기를 우구(雨具)로 덮어 사격을 계속할 수 있었다.[209]

다음으로, 이전의 조총에 비해 사정거리가 대폭 증가하고 야전에서도 사용하기 편리한 새로운 소총인 천보총(千步銃)이 제작된 것을 들 수 있다. 18세기 초반인 숙종 후반기 박영준이 제작한 천보총은 당시의 조총보다 조금 길고 무겁지만 사정거리가 약 900보(1km 정도)에 달하였다.[210] 17세기에도 유효 사정거리가 약 500보에 달하는 대형 조총인 대조총(大鳥銃=長銃)이 있었지만 무게와 크기가 야전에서 운용하기 적합하지 않았으므로 주로 수성용(守城用)으로 사용되었다.[211] 이에 비해 천보총은 대조총에 비해 사정거리가 2배에 달하면서도 휴대하기 용이하여 야전에서 사용할 수 있었으므로 일반 조총[常銃]보다 뛰어난 것으로 인정되었다.[212] 영조 초반에는 천보총의 일부를 개조하여 땅에 놓거나 들고 사격하기 용이하도록 하였다.[213] 아마도 천보총 밑에 양각대를 붙여 땅에 고정시켜 사격할 수 있도록 하였을 것으로 추정된다. 천보총의 개발로 이제 적군을 보다 먼 거리에서부터 충분히 여러 차례 공격할 수 있었다. 그러나 천보총은 개발 이후 대량으로 제작, 보급되지 않았던 것으로 보인다. 19세기 초 편찬된 『만기요람(萬機要覽)』에 따르면 당시 훈련도감과 금위영, 어영청 등 도성의 세 군영이 보유한 천보총의 보유 수량은 총 9자루에 불과했다. 반면에 일반적인 조총은 훈련도감 한 곳에만 8천 자루 이상을 보유하고 있었다.[214] 이는 사거리가 길어도 무겁고 다루기 어려운 천보총이 일반적인 조총과 비교해도 월등히 우월하지 않았기 때문이다. 또한 천보총은 일반 조총보다 제작비용이 2배 이상 높았고 사용법도 까다로웠다.[215] 비록 천보총은 충분히 제작되지는 못하였지만 그 제작을 통해 확보된 여러 기술은 이후 조총 등 각종 소형 화기의 제작에 널리 활용될 수 있었다는 점에서 기술사적인 의미가 있다.

조총의 신뢰성과 위력이 높아지면서 배우기 어렵고 일본으로부터 주요 재료인 흑각(黑角)을 구하기도 어려워진 각궁을 대신하여 전체 무기체계에서 조총이 차지하는 비중은 급격히 높아졌다. 17세기 중반 병자호란 이후 조총의 보급이 급격히 확대되었지만 이러한 경향은 17세기 후반에 들어서도 계속되었다. 중앙 군영의 경우 17세기 중반을 넘어가면서 사수의 존재는 거의 없어졌지만 아직 사수가 적지 않게 남아 있던 지방군의 경우에도 사수(射手)였던 군사를 포수(砲手)로 전환하는 적극적인 움직임이 나타났다. 1693년(숙종 19) 12월 남한산성의 합동 훈련 이후 속오군이나 아병(牙兵) 중에서 한 번도 활을 잡아보지 못한 군사들에 대해서 포수로 옮겨 정하도록 하였다.[216] 18세기 초반인 숙종 후반기에는 임진(臨津) 등 도성으로 들어오는 주요 지역에 배치된 군병은 대부분 조총병으로 구성되었다.[217] 영조대 들어서면서 포수를 증가시키는 추세는 더욱 강화되어 일부 지방군의 경우에는 포수의 비중이 대단히 높아졌다.[218]

기술의 발전 등에 따라 조총의 여러 취약점이 극복되고 조총의 성능이 향상되면서 조총 제작량도 급격히 늘어났다. 인조 초기인 1627년까지 조선에서 제작한 조총은 군기로 사용하기에 적합하지 못하여 일본의 조총을 상당량 수입해야 하는 실정이었다. 그러나 병자호란 이후인 1640년에는 그 이전 1개월에 71자루를 만들던 것이 100자루를 생산할 수 있었으며 그 성능도 우수하였다.[219] 조총의 제작기술이 발달하면서 이전보다 조총의 총열도 가늘고 얇아지기 시작하였다.[220] 이는 총열을 연마 절삭하는 방법인 타조법(打造法)으로 제작하였으므로 둘레가 고르고 총열이 얇아도 장시간 사격해도 파열의 우려가 적어진 것과 관련이 있다.[221]

조총의 제작기술 향상과 안정적인 생산체계 마련으로 조총의 생산이 원활해지면서 17세기 후반기부터 전체 군사 중 포수의 비중이 급격히 높아졌다. 예를 들어 훈련도감의 경우 숙종 34년(1708)에는 전체 병력 5천 명 중에서 약 4천 명이 조총을 갖춘 포수로 구성되기에 이르렀다.[222] 그러나 아직 당시의 화약은 습기에 취약하여 습도가 높을 경우 점화가 잘되지 않거나 폭발력이 낮아지는 문제점은 그대로 남아 있었다.[223] 따라서 살수와 사수를 포수로 완전히 교체하기는 다소 곤란하였다. 이를 해결하기 위한 하나의 대안으로 제시된 것이 기계 활인 궁노(弓弩)를 제작 배치하여 기존의 사수를 대체하고 화기의 취약점을 보완하고자 하였다.

숙종 후반기부터 본격적으로 시험 제작된 궁노는 사정거리도 200보 이상으로 편전(片箭) 여러 발을 동시에 사격할 수 있었고, 조준 장치가 있어서 정확히 표적을 맞힐 수도 있었다. 아울러 개인이 들고 빠르게 사격할 수 있는 수노(手弩)도 상당수 제작하여 기존의 사수를 대체하고자 하였다.[224] 수노는 전갑(箭甲)이라는 통을 수노 위에 얹어놓고 그 속에 10발 정도의 화살을 넣어 화살을 발사하면 중력에 의해 화살이 자동 장전이 되는 방식의 쇠뇌로 15초에 10발을 쏠 수 있을 정도였다.[225] 영조대에도 궁노의 중요성은 계속 강조되었다. 당시 편전의 사정거리가 100보 정도에 불과한 데 비해 궁노는 화살의 수효를 조절할 경우 6, 7백 보까지 사격할 수 있고 근거리에서는 다량의 화살을 일제히 쏠 수 있으므로 전술적으로 매우 유리하였다. 당시 주요 병서에서 규정하기로는 적군이 100보 정도에 이르러서야 비로소 조총 사격을 시작하도록 규정하고 있는데, 궁노를 사용하면 단순히 궁시를 대체하는 것뿐만 아니라 이전 전법을 탈피하여 보다 원거리에서부터 사격할 수 있게 되었다.[226]

궁노의 중요성이 커지면서 영조 3년(1727)에는 갑산도호부사(甲山都護府使)를 역임한 변진영(邊震英)이 궁노의 제작법과 사격방법 그리고 전술적 운용 등을 정리한 『노해(弩解)』를 편찬하였다. 이 책은 궁노에 대해 현존하는 우리 역사상 유일의 병서로서 궁노의 중요성이 점차 높아지던 당시의 상황을 반영하고 있다. 궁노에 대한 관심은 이후에도 계속되었다. 영조 14년(1738)에는 제주도에서 제작된 새로운 형태의 별양궁노(別樣弓弩)가 소개되었다. 기존의 궁노는 5발을 동시에 사격할 경우 관통력이 떨어질 뿐만 아니라 일부는 원하는 사거리에 미치지 못하는 문제가 있었다. 별양 궁노는 이러한 문제점이 보완된 것으로 여러 군문(軍門)에서 널리 제조되었다.[227] 19세기 초 편찬된 『만기요람』에 의하면 훈련도감, 어영청, 금위영, 총융청에서 보유하고 있던 수노궁(手弩弓)이 601장(張), 궁노기(弓弩機)가 827좌(坐)에 달할 정도임을 보면 18세기 제작된 궁노가 상당히 많았음을 알 수 있다.

이처럼 보병에서 포수의 비중 증대로 인해 훈련도감의 보군은 대부분 조총과 환도(環刀)만이 지급되고 월도(月刀) 등의 기타 각종 단병기는 작은 수량만을 보유하고 있는 것을 통해 확인할 수 있다.[228] 포수들이 조총과 함께 휴대하여 근접전을 수행하는 단병기인 환도를 효과적으로 운용하는 방향으로 단병 무예가 활용된 것으로 보인다. 조선 후기의 각종 의궤(儀軌)에 수록된 행렬도인 반차도(班次圖)를 보면 수행하는 병사들의 소지 무기를 확인할 수 있는데, 보군은 깃발을 든 소수의 군사를 제외하고 대부분이 조총과 환도로 무장하고 있음을 볼 수 있다.[229]

2. 17세기 말~18세기 대형 화포의 발전

17세기 후반부터 조총을 장비한 포수의 편성 비중이 높아짐과 함께 대구경 화포에도 적지 않은 변화가 나타났다. 홍이포로 대표되는 공성용 대형 화포의 출현과 함께 야전에서 편리하게 사용될 수 있는 경량 화포의 개발도 활발히 이루어졌다. 앞서 보았듯이 야전용 경량 화포의 개발과 도입은 17세기 말 서몽골 준가르부 침공과 청 강희제의 원정 등과 밀접한 관련을 가지고 있다. 1690년 5월에 준가르부가 내몽골 지역까지 침략하자 청의 강희제(康熙帝)는 세 차례 친정하여 준가르부의 정예 부대를 격파하였다. 이는 이전까지 유지되던 유목민족의 중원 세력에 대한 전통적 군사적 우위가 화약무기의 발달과 이의 대량 사용에 따라 사라지게 되는 계기가 되었다.

야전용 화포의 등장은 몇 가지 기술적인 발전이 선행되어야 한다. 먼저 화포가 이동에 적합하기 위해 가볍고 견고한 재료로 제조되어야 했다. 다음으로, 화포를 이동시킬 수 있으며 사격 시 화포의 반동을 흡수할 수 있는 포차(砲車)가 필요하였다. 그리고 화포의 구조도 정확히 목표를 맞힐 수 있는 조준 장치와 포이(砲耳, trunnion) 등의 채택이 필요했다.[230] 15세기 후반 서유럽에서 나타나기 시작한 화포의 혁신적 개량은 동아시아 지역에서도 16세기 후반 이후 서구의 화포 기술이 도입되면서 이러한 새로운 제도의 야전용 화포 제작이 시작되었다.[231] 16세기 후반부터 중국에서는 화포를 수레에 싣고 다닐 수 있게 되어 야전에서 널리 사용할 수 있었고,[232] 실용적인 계산척(計算尺)을 이용하여 사격의 정확성이 비약적으로 높아졌다. 앞서 보았던 홍이포는 그 크기와 사정거리, 안전성, 위력 등 모든 면에서 이전의 다른 화포와는 비교할 수 없는 월등한 우위를 가지고 있었고 명중의 정확성 면에서 가장 두드러진 특징을 가지고 있었다.[233] 홍이포는 포 조작에 필요한 간명하고 실용적인 측정기구나 계산척(計算尺), 예를 들어 구도(矩度), 총규(銃規), 총척(銃尺), 두성(星斗) 등이 있어 신속하게 다른 앙각(仰角)에서의 사정거리를 계산할 수 있었고, 아울러 가장 적합한 양의 화약을 사용하여 다른 재료의 포탄을 목표물에 정확히 맞힐 수 있었다.[234] 이와 함께 홍이포는 발사 각도를 조절하고 발사 시의 반동을 조절하여 포신의 파열을 막는 포차에 실려 있어 야전에서

<그림 4-26> 『兵錄』에 수록된 서양식 野戰砲

용이하게 운용할 수 있었다.

17세기 후반까지 조선은 아직 성능이 뛰어난 서양식 화포에 필요한 기술을 완벽하게 개발하지는 못하였다. 1707년(숙종 33) 2월 이전 조선은 남한산성에 있는 남만포(南蠻砲) 3문 중에서 2문은 해체하여 현자포(玄字砲)를 주조하는데 사용하고 1문은 미처 해체하지 못한 상황이었다. 이에 1문은 그대로 남겨 후일 화포 개량에 참고하기로 결정하였다.[235] 여기서 확인할 수 있듯이 표류한 외국 선박에서 획득한 서양식 화포인 남만포의 제조기술이 확보되지 못하였으므로 이를 해체하여 당시 조선에서 제조 가능한 현자포로 개조하도록 한 것이다. 다만 남만포 1문을 그대로 두도록 한 것을 보아 당시 조선에서도 이 화포의 우수한 성능에 주목하고 있었음을 알 수 있다.

17세기 동안 다양한 화포 제작이 이루어지면서 점차 조선의 화포 제작 기술도 향상되기 시작하였다. 18세기 전반기인 영조 7년(1731) 9월 훈련도감에서 홍이포 2문과 동포 50문을 수레와 함께 제작한 것은 바로 조선에도 우수한 성능의 야전용 화포 제작이 가능해졌음을 보여준다.[236] 이외에 훈련도감에서는 영조 6~7년 사이에 동포 100문과 용두포(龍頭砲) 2문을 주조하여 시험 사격하였다.[237] 시험 발사한 신형 대포들은 탑재한 수레가 운용하기에 편해서 좋은 무기라는 평가를 받았다.[238] 지방에서도 수레에 실은 대포를 제작, 보급하고 야전에서 진법 훈련을 행하기도 하였다. 비슷한 시기인 1726년(영조 2)년 함경북도 병사 이사성(李思晟)은 수레를 다수 제작하여 대포를 탑재한 후, 진법 훈련을 행하였다.[239] 18세기 들어서 대형 화기를 제작하고 이를 수레에 싣는 기술이 널리 보급되면서 이제 이를 전투에서 적극 활용하기 시작하였다. 앞서 살펴본 이인좌의 난 당시 안성 전투에서 관군은 개인 화기인 조총 이외에 대구경 화약병기인 대완구(大碗口)와 신기전 등을 활용하여 성과를 거두기도 하였다.[240] 즉, 화력의 우위가 전투에서 결정적인 역할을 하고 있음을 알 수 있다.

3. 전차, 화차의 제작과 운용

병자호란의 패배 이후 청 기병의 돌진을 막기 위해 제시된 여러 전법 중에서 자주 언급된 것은 전차(戰車)를 활용하는 방안이었다. 기병의 돌격을 전차에 탑재한 화포와 전차의 방패로 저지한다는 이 방안은 효과적인 전술임에도 불구하고 조선의 험준한 지형에서는 사용하기 어렵다는 이유로 그 채택이 보류되곤 하였다. 그러나 기병의 돌격을 확실히 저지할 수 있는 현실적인 전법이라는 점에서 계속 그 채택이 논의되었다. 전차를 운용하여 적 기병을 저지하는 이 전법이 일단 채택된 것은 숙종 초반 윤휴(尹鑴)에 의해서였다.[241]

숙종이 즉위하던 시기(1674)는 이른바 삼번의 난으로 인해 중국의 정세가 매우 혼란스러웠다. 이에 남인의 영수인 윤휴 등을 중심으로 북벌의 움직임이 다시 나타났다.[242] 북벌은 기본적으로 평야지대인 만주 일대에서 청 기병과의 회전을 전제로 하였다. 윤휴는 숙종 원년(1675) 정월 무강거(武剛車) 1,000편(偏)과 정예 군사 1만 대(隊)만 있으면 북벌을 행할 수 있다고 주장하였다.[243] 윤휴가 주장한 병거는 그 제도에 대해 정확히 알 수 있는 자료는 없으나 대체로 방패를 수레 주위에 세우고 그 속에 병기를 싣고 앞뒤에서 군사들이 밀고 끄는 소형 수레 형태였다.[244] 특히 윤휴의 병거 제도는 전차는 조선의 험한 지형에서는 운용하기 어렵다는 그동안의 비판을 의식하여 이륜(二輪) 전차뿐만 아니라 외바퀴인 독륜(獨輪) 전차도 함께 제안하여 좁은 길도 다닐 수 있도록 한 점에서 이전의 전차 논의와는 한 단계 발전한 면모를 보이고 있다.[245] 윤휴의 독륜 전차 제안은 17세기 동안 조선의 수레 제작기술이 상당히 발전하였음을 짐작하게 한다.

윤휴가 제안한 전차는 그 제작과 배치를 둘러싸고 적지 않은 논쟁을 일으켰다. 전차를 이용한 전투의 유용성에 대한 기존의 회의론과 함께 전차보다는 화기를 다량으로 실을 수 있는 화차(火車)를 우선해야 한다는 의견이 제시되기도 하였다. 이 견해에서는 윤휴가 제안한 병거는 험한 지형에서도 운용할 수 있는 소형이었으므로 불랑기 등의 화포를 함께 장착하기에는 기술적으로 어렵다고 보았다. 적 기병의 공격을 효과적으로 저지하기에는 병거는 한계가 있으므로 조총 등 소형 화기를 다량으로 장치한 화차를 우선 제작하여야 한다고 주장하였다.[246] 한편 영의정 허적(許積)은 전차와 화차를 함께 운용하여 전투력을 향상할 수 있는 절충적인 방안을 제시하기도 하였다.[247]

화차는 이미 조선 초기부터 제작되어 익숙한 데다 인조대 간행된 『화포식언해』에도 그 제도가 나와 있어 제작하기에 상대적으로 용이하였다. 『화포식언해』에는 다섯 층의 널빤지에 한 층마다 10개씩 총 50개의 구멍을 뚫어 주자총(宙字銃) 50자루를 넣어 일제히 사격하도록 규정되어 있다.[248] 허적이 언급한 화차는 조총 50자루를 장치하고 있는 데 비해, 『화포식언해』에서는 피령목전(皮翎木箭) 1개나 철환 2발을 사격하는 주자총 50자루를 장치하고 있는 점에서 차이가 있지만 대체로 그 제도는 비슷한 것으로 보인다.[249] 이전까지 주로 뒤에서 지원용 화기로 사용되던 화차가 허적의 언급과 같이 병거의 사이에 배치되어 사격하도록 되어 있음은 이제 화차의 역할이 야전에서 보다 적극적으로 변모되었음을 보여준다.

윤휴는 황해 병영, 강화도, 양남 등지에서 병거 제작을 시작하여 다수의 병거가 제작되었으나 얼마 지나지 않아 중단되었다.[250] 그렇지만 여러 논의를 통해 전차가 기병을 막는 데 대단히 유효한 병기라는 인식이 점차 확대되어갔다. 1676년(숙종 2) 2월 유혁연, 윤휴, 허적의 병거 이용을 둘러싼 논의에서도 병거가 오랑캐를 막는 데 매우 효과적이라는 사실은 기본적으로 모두 인정하고 있다. 다만 험한 우리나라의 지형적인 문제와 병거의 기술적인 문제, 즉 독륜 전차의 유용함에 대해 논란이 계속되었다.[251] 지형에 따라 독륜 또는 양륜을 선택하도록 한 윤휴의 제안은 이후 조선의 지형에서도 전차, 화차 등 전투용 수레를 보다 적극적으로 운용할 수 있도록 하는 한 기반이 되었다.

윤휴에 의한 병거 제조는 일단 좌절되었지만 그 대안으로 허적에 의해 제안된 화차 제작은 이후 활발히 이루어졌다. 1679년(숙종 5) 군기시(軍器寺)에서는 화차 50승(乘)의 제조가 완료되었다.[252] 그해 9월에 노량(露梁)에서 시행된 대규모 열무(閱武)에서 화차 수십 량을 동원하여 별도의 진(陣)을 치고 일제히 사격하는 시범을 보이기도 하였다. 특히 이 열무에서는 화차진(火車陣)에 대해 금군(禁軍)인 마병(馬兵)의 일제 돌격이 시도되었으나 돌파에 실패하여 화차의 전술적 유용함이 실제 입증되었다.[253] 이전에 지원용 화기로서 역할이 제한되었던 화차를 전차를 운용하는 방식과 같이 전진(戰陣)의 맨 앞에 나란히 배치하여 화차진을 펴고 탑재된 50자루의 조총을 연속 사격함으로써 화차는 기병의 돌격을 저지할 수 있는 병기로서 중요성이 재확인되었다. 이는 화력을 중시하는 화차를 방패 등을 이용하여 전면에서 기병의 돌격을 저지하는 전차진의 전술처럼 운용되었음을 보여준다. 사람을 표적으로 하는 대인 사격에 특화된 화차를 중시하는 조선의 군사적 특성이 당시 세계적인 추세인 근대적 포병 운용술의 발전과 격차가 있게 한 것이라는 평가도 있으나,[254] 이는 야전에서 화력의 대량 사격과 화차진을 이용하여 적 기병의 돌격을 저지하는 것을 중시하는 조선의 군사적 상황과 관련이 있다.

숙종 이전까지 함경도를 제외하고는 그다지 수레가 사용되지 않았다.[255] 그런데 숙종 초반 병거와 화차 제작 논의와 함께 실제 군사훈련 등 다양한 운용 시험을 통해 점차 수레에 대한 관심과 기술적인 수준은 급격히 향상되기 시작하였다. 특히 중국 사행(使行)에 소요되는 많은 양의 화물 수송이 큰 고역이었던 평안도 지역에서 수레 이용은 좋은 방안이었다. 화차 제작과 시험이 있고 얼마 지나지 않은 1683년(숙종 9) 김석주(金錫胄)는 만부(灣府) 즉 의주(義州)에 10여 대의 수레를 제작하여 사행 및 각종 화물 수송을 담당하도록 하였다.[256] 이때 제작된 수레는 단순히 화물 수송에만 국한된 것이 아니라 전시에는 전차로도 활용될 수 있는 것이었다. 3년 뒤인 1686년에 다시 평안도에서 수레 제작이 추진되었다. 당시 수레는 평양, 안주, 의주 세 곳에서 총 800여 대가 제작되었는데, 수레 1대당 지게 3개 분량이었다.[257] 이와 함께 18세기 초반 평안도 지역과 전국의 주요 간선도로가 정비되기 시작하여 수레를 운용하기 용이해졌다.[258] 도로가 생기면서 운반용 수레의 제작과 운용은 더욱 활발히 이루어졌고 따라서 수레의 기술적인 수준도 점차 향상되게 마련이었다. 수레의 제작기술이 향상되면서 이전보다 운용하기 편리하고 보다 견고한 수레 제작이 가능해졌다. 이에 따라 조선의 산악 지형 등 여러 가지 문제로 인해 채택이 일단 보류되었던 전차, 병거 제작과 이를 활용한 전술에 대한 관심이 다시금 높아졌다.

1710년(숙종 36) 7월 안정기(安鼎基)는 배외갑(背嵬甲), 마찰도(麻札刀) 등과 함께 병거 제작을 청하는 상소를 올렸다. 이때 그가 제안한 병거의 제도는 크기는 작게 만들되 깃대에 칼을 꽂은 형태를 띠고 있었는데 숙종은 군문에서 이를 시험 제작하게 하였다.[259] 이 병거(兵車)는 그해 10월경에 제작이 이루어졌는데, 이때 제작된 수레의 형태는 이전에 윤휴가 힘써 주장하던 독륜이 아닌 이륜 수레로서, 그동안의 수레 운용과 제작을 통해 나타난 문제점을 해결하는 과정에서 독륜거(獨輪車)보다 이륜거(二輪車)가 조선의 지형과 상황에서 운용하기에 오히려 적합함을 인식하였음을 알 수 있다. 그리고 튀어나온 경목(梗木)에 창과 칼을 꽂아 이전의 병거가 주변에 방패만을 둘러친 것보다 적 기병의 돌격을 효과적으로 저지할 수 있었다.[260]

군문에서의 전차 제작을 계기로 하여 조선의 식자(識者)들 사이에서도 전차에 대한 관심이 점차 고조되기 시작하였다. 전직 좌랑(佐郞) 이만엽(李萬葉)은 1710년대 올린 상소인 「비어오조(備禦五條)」(奎 26406)에서 그가 고안한 병거의 제도를 소개하고 이를 채택할 것을 주장하였다. 이만엽은 먼저 험하고 좁은 우리나라의 지형에서는 양륜보다 독륜 병거가 운용하기 편리하므로 독륜 병거의 채택을 주장하였다. 이만엽이 제안한 병거의 제도는 폭이 4척 5촌으로 세 사람을 수용할 수 있으며 길이는 15척으로 하고 이를 6개의 정(井) 즉 구획으로 나누었다. 앞뒤의 두 정은 노(弩) 또는 포를 설치해두고 각각 한 사람이 들어가 조작하고 수레 가운데의 4정에는 각각 군사 세 명씩 들어가도록 하였으므로 한 병거에는 14명을 수용할 수 있었다. 병거 위는 생가죽을 사용하여 덮고 밖에는 동유(凍油)를 발라 화살과 돌을 막고 눈과 비를 피할 수 있었다. 병거의 중간에 높이 3척 5촌의 대형 외륜 바퀴를 두어 수레의 무게를 지탱하고 운행하도록 하였다. 전체 높이는 8척으로 하고 병거 주위에 목판(木板)을 세워 시석(矢石)을 막을 수 있었다.[261]

이만엽이 고안한 병거는 이전의 여러 전차보다 몇 가지 점에서 특징이 있다. 먼저 그 크기가 상당히 큰 점을 지적할 수 있다. 이전의 전차는 앞에 방패를 부착한 간단한 형태로서 병사 몇 사람이 들어갈 수 있는 정도인 데 비해 이만엽의 병거는 14명이나 수용할 수 있는 상당히 큰 규모였다. 그 내부에 궁노(弓弩)나 포를 장착하여 사격할 수 있도록 하여 별도로 화차를 운용할 필요가 없었다. 이전보다 큰 병거에다 노와 포를 탑재하게 된 것은 수레의 견고성이 향상되었음을 전제한다. 또한 대형 수레를 지탱할 수 있는 대형 외륜 바퀴를 채용하여 좁은 길에서도 효과적으로 운용할 수 있도록 하였다. 외륜 바퀴를 가진 대형 병거 제조가 가능해진 것은 숙종대 전반 이후 활발해진 수레 운용을 통해 수레와 바퀴의 제작기술의 발달이 있었음을 미루어 짐작할 수 있다. 마지막으로, 병거의 위쪽에도 생가죽의 지붕을 덮어 화살 등을 막도록 하여 이전의 전차보다 방호력을 높임과 동시에 탄환과 화살이 다량으로 사용되기 시작한 당시의 전투 양상에 대처할 수 있도록 하였다.

전차에 대한 관심은 영조대에 들어서도 계속되었다. 영조 초반인 1728년(영조 4) 평안 병사 이사성(李思晟)은 평안 병영에서 이른바 철거(鐵車)를 제조하였다. 철거는 사면에 창검을 꽂고 내부에서 조총 등을 사격할 수 있었다.[262] 그 구체적인 제도는 알 수 없으나 전차의 주위에 철판을 덧대어 방호력을 높인 것으로 보인다. 이전에는 목판에 가죽을 씌워 전차와 내부의 군사를 보호하였으나 이 시기에 들어서 화기 발달로 인해 위력이 큰 탄환의 사격을 견디기 어려웠으므로 철판을 덧댄 것으로 보인다. 철거의 존재는 화기의 발달로 인해 전차 제작에서 최초로 철판이 사용되었다는 점에서 의미가 있다. 중앙의 군문과 북방지역을 중심으로 논의되던 전차의 제작과 운용에 대한 관심은 점차 남부지방으로 확대되기 시작하였다. 1734년(영조 10) 정월 전라 감사 조현명은 명나라의 구준(丘濬)이 『대학연의보(大學衍義補)』에서 밝힌 수레[車]에 대한 제도를 증감하여 전진(戰陣)에서 사용하면 경외(京外)의 여러 군문에서 징발하는 복마(卜馬)의 폐단을 제거할 수 있고 거마창(拒馬槍)의 대용으로도 쓸 수 있다고 주장하였다.[263] 이전과 달리 남부지역에서도 전차에 대한 관심이 늘어난 것은 전차 제작과 운용이 활발해진 것과 함께 이 지역에서도 도로망의 정비와 상업의 발달 등으로 인해 수레 이용이 점차 늘어나기 시작한 상황을 반영한다. 숙종 후반 이후 전차 제작기술이 발달하여 그 내부에 궁노와 화포를 탑재하여 사격할 수 있게 되자 화차의 역할을 아울러 겸하게 되었다. 따라서 영조대 들어 화차 제작은 그다지 이루어지지 않고 기존에 제작된 화차를 수리하는 정도에 그쳤다.[264]

한편 1737년(영조 13) 청나라 사행을 통해 입수한 『무비지(武備志)』가 이듬해 10월 평안 병영에서 50책으로 간행되었다.[265] 『무비지』는 명나라 말 모원의(茅元儀)가 편찬한 병서로 이 책의 간행과 보급은 조선 병학의 수준을 한 단계 끌어올린 계기였다. 이 책은 240권에 이르는 거질의 병서로 중국의 병학 전반에 대한 매우 풍부한 내용으로 이루어져 있다. 이 책의 도입 이후 조선의 병학은 17세기 중반 이후 접하지 못하였던 중국의 병학에 대한 내용을 접할 수 있게 됨으로써 내용적으로 매우 풍부해졌다. 특히 『무비지』 권116에 제시된 다양한 전차에 대한 제원 및 내용 소개는 조선에서 여러 종류의 전차를 제작할 수 있는 이론적인 바탕이 되었다.[266]

『무비지』의 간행 보급 이후인 1746년(영조 22) 경상 좌병사 전운상(田雲祥)은 독륜(獨輪) 전차를 제작하여 시험하였다. 이 독륜 전차는 중국의 당나라 장수로 『이위공문대(李衛公問對)』를 쓴 이정(李靖)의 녹각거(鹿角車)와 구준의 독륜거(獨輪車) 등의 제도를 참고 개량하여 조선의 초헌(軺軒)처럼 만든 것으로, 궁수(弓手)와 총수(銃手)가 모두 전차 내에 몸을 숨기고 사격할 수 있었다. 또 자모포(子母砲)를 싣고 함께 장전하고 사격[裝放]하여 진퇴(進退)하고 공격과 방어 모두에 편리하도록 제조된 것이었다.[267] 그 구체적인 규모에 대해서는 확인할 수 없으나 궁수, 총수 등이 그 속에 들어가고 자모포 등을 탑재한 것으로 보아 상당히 큰 규모였을 것으로 보인다. 즉, 영조 전반기를 지나면서 전차 제도는 그 내부에 화포를 설치하고 여러 명의 군사들이 그 속에서 사격할 수 있도록 대형화되는 경향이 본격화되었다.

전운상이 제작한 초헌(軺軒)과 비슷한 형태의 독륜 전차 제도에 대해서는 비슷한 시기 활동한 실학자인 정상기(鄭尙驥, 1678-1752)의 『농포문답(農圃問答)』에도 자세히 나와 있다. 정상기는 정예 기병을 제외하고 나머지 지방의 군병은 모두 거병(車兵)으로 편성하고 전차를 지급할 것을 주장하였다.[268] 정상기가 고안한 독륜 전차가 전운상이 고안한 독륜 전차와 얼마나 일치하는지에 대해서는 확인하기 어렵지만, 제안된 시기도 비슷하고 그 내부에 불랑기와 같은 화포를 싣고 있으며 외바퀴인 점 등을 볼 때 두 수레의 전체적인 형태는 상당히 유사하였을 것이다. 독륜 전차는 좁은 길에서 운행하기 유리한 점은 있으나 중심을 잡기는 어려웠으므로 적군과 전투 시에는 반드시 두 개의 지주(支柱)를 세워 중심을 잡고 고정된 상태에서 총포를 사격하여 적의 공격을 막아내야 하는 약점이 있었다. 그러나 독륜 전차였으므로 좁은 지형에서도 운용할 수 있고 총가(銃架)를 설치하여 화포인 불랑기를 장치할 수 있도록 한 것은 이전보다 화포의 발사 시 충격을 견딜 수 있을 정도로 이 시기 전차 제작의 기술적인 수준이 더욱 향상되었음을 알 수 있다.

『무비지』를 통해 다양한 전차가 소개되면서 중앙의 군영에서도 전차에 대한 관심이 고조됨과 동시에 다양한 형태의 전차 제작도 시도되었다. 따라서 독륜 전차 이외에도 다수의 바퀴를 장착한 전차가 제작되었다. 1754년(영조 30) 이전에는 다섯 바퀴를 가진 오륜(五輪) 전차가 경기 군영인 총융청(摠戎廳)에서 제작되기도 하였다.[269] 이듬해 봄 총융청에서는 좁은 바퀴를 가진 협륜(狹輪) 전차는 운용하기 불편하다는 이유로 양륜(兩輪) 전차가 제조되었다.[270] 18세기 후반인 1771년(영조 47)경에는 도성 삼군영의 하나인 금위영(禁衛營)에서도 4개의 바퀴를 가진 사륜(四輪) 전차

가 제조되었다.[271]

다양한 형태의 전차가 제조되고 상승진(常勝陣) 등 새로운 전차 활용 전법이 고안되면서 전차 운용도 화포를 사격하며 방어에 치중하던 것에서 점차 전차 자체의 충격력을 이용한 전술이 고려되기 시작하였다. 신경준(申景濬)은 세 바퀴가 달린 화차(火車)를 고안하였는데 그 화차는 화포를 한 문 장착하고 수레 내부에 탄약도 싣고서 화포 사격을 할 수 있었다. 특히 그가 고안한 화차는 반달형의 접철을 고안하여 수레 바닥에 붙이고 그 위에 화포를 설치하여 마음대로 화포를 돌리며 사격할 수 있는 점이 특징이었다. 이전의 전차나 화차들은 앞쪽으로 화포가 고정되어 있었으므로 측면에서 공격받을 경우 수레를 옆으로 돌려야 하는 문제가 있었으므로 전차 단독으로 돌격하기는 어려웠다. 그러므로 몇 대의 전차가 나란히 늘어서서 공격하거나 여러 방면에 대응할 수 있도록 방진 등을 펼쳐 운용할 수밖에 없었다. 이 새로운 화차는 적을 만나면 전진하면서 화포를 좌우로 발사할 수 있으므로 전투 중 전차를 보다 적극적으로 운용할 수 있었다. 또한 신경준 전차는 차체에 철판을 덧대어 각종 탄환에 대한 방호력을 높였고, 움직일 때에는 칼날을 밖으로 나오게 하고 멈추면 들어가도록 하여 공격 시 근거리의 적이 전차를 공격하는 것을 막을 수 있었다.[272]

18세기 중반 영조대까지 나타난 전차 개량과 운용 시도는 개인 차원에서 끝나지 않았던 것으로 보인다. 1785년(정조 9) 간행된 어정(御定) 병서인 『병학통(兵學通)』에는 수레에 화포를 장비한 것으로 보이는 포차(砲車)가 훈련도감의 편제 무기의 하나로서 분명히 등장하고 있고,[273] 이를 기존의 보병과 기병을 통합하여 운용하는 전술에서 부가하여 활용하는 방안을 제시하고 있다. 또한 19세기 초인 순조대

〈그림 4-27〉 신경준 화차

간행된 『만기요람』에는 당시 각 군영에서 화차 187량과 전차 51량을 보유하고 있음을 밝히고 있다.[274] 어영청에서 보유하고 있는 전차의 경우에는 하나의 종류만이 있는 것이 아니라 오륜 전차 5량, 양륜 전차 20량, 독륜 전차 26량 등 조선 후기 논의되던 3가지 종류의 전차를 보유하여 지형 등에 따라 융통성 있게 이를 운용할 수 있었다. 이는 일반적으로 알려진 것과 달리 18세기 화포 등을 장착한 전투용 수레의 제작과 운용이 상당히 활발히 이루어졌음을 반증하고 있다.

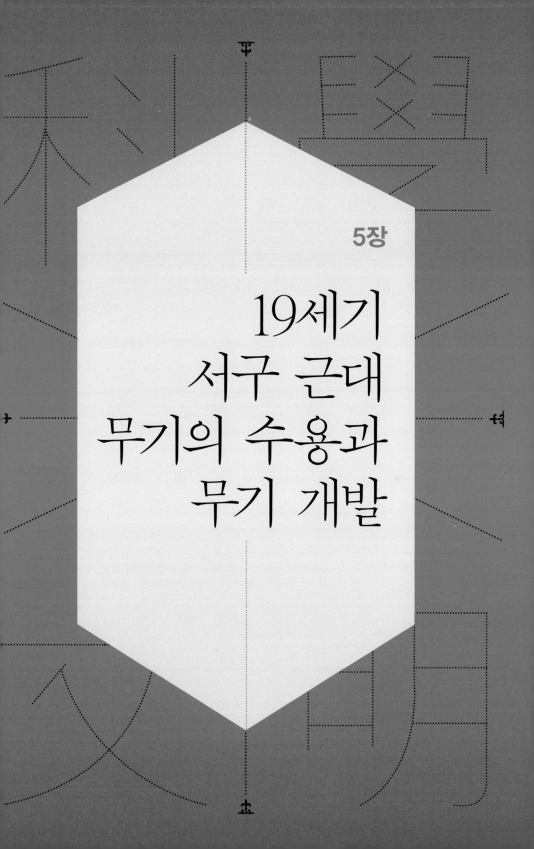

5장

19세기
서구 근대
무기의 수용과
무기 개발

19세기 전반기 화약무기의 활용과 개량

1. 홍경래의 난 시기 화약무기의 운용[1]

19세기 전반인 1811년(순조 11) 12월 18일에 일어난 홍경래(洪景來)의 난은 평안도 지역의 일부 사족과 돈 많은 상인과 향임층(鄕任層), 그리고 무사와 광산노동자 등이 합세한 대규모 내란이었다.[2] 홍경래군의 거병은 평안도 전 지역의 호응을 얻어 열흘이 지나지 않아 가산, 정주, 선천 등 청천강 이북의 아홉 고을을 점령하는 전과를 거두는 등 기세를 올렸다. 그러나 12월 말 박천(博川)의 송림(松林) 전투에서 평안도 관군에 패하고 중앙의 토벌군이 도착하면서 정주성에 들어가 저항하던 반란군은 4개월 후인 1812년 4월 19일 성이 함락되면서 반란은 실패로 끝났다. 이 내란 시기 수개월의 정주성 공방전을 통해 다양한 화기가 사용되어 당시 조선의 화약무기의 수준을 여실히 보여주고 있다.

구체적인 정주성 공방전의 양상을 보면 다음과 같다. 2월 정주성에 도착한 후, 별파진은 서울과 평안도 각지에서 동원한 각종 대포로 정주성을 여러 차례 포격했다. 당시 관군이 운용하였던 화포로는 천자총통과 현자총통, 불랑기, 별황자총통, 각종 완구 등이 있었고 아울러 폭발물인 비격진천뢰도 동원되었다.[3] 관군 포격의 주요 목표는 정주성의 성벽을 직접 파괴하는 것이었으므로, 관군은 특히 가장 무거운 발사체를 쏠 수 있는 천자총통과 대완구(大碗口)를 선호했다. 천자총통과 대완구는 당시 조선군이 활용한 대포 중에서도 가장 무겁고 구경이 큰 편이었고, 그에 걸맞은 무거운 발사체를 사용했다.[4] 특히 홍경래의 난 당시 천자총통은 포탄이 아니라 철제 촉을 끼운 거대한 목제 화살인 대장군전(大將軍箭)을 발사했다. 대완구는 석제 포탄(團石)이나 폭발형 탄환인 비격진천뢰를 쏘는 일종의 박격포였다.

그렇지만 별파진의 포격은 정주성의 성벽을 무너뜨리는 데 효과적이지 못했다. 오히려 1월부터 4월까지 수차례에 걸쳐 꾸준한 포격을 가했음에도 성벽이나 성 위의 담벼락(城堞)을 조금 손상시키는 선에 머물렀다. 포격으로 훼손된 부분도 홍경래군의 기민한 대응으로 금세 보수되어 포격의 효용성은 더욱 낮았다. 관군은 포격만으로 성벽을 무너뜨려 홍경래군을 제압할 수 없었다. 따라서 관군은 포격 외에도 성벽으로 육박하여 운제(雲梯)를 타고 성벽을 직접 오르는 고전적인 전술도 활용했다. 그러나 홍경래군은 관군의 공격을 모두 격퇴했다. 관군은 정주성 북쪽 성벽 밑까지 굴을 파서 순조 12년(1812년) 4월 19일에 대량의 화약을 터뜨려 성벽 일부를 무너뜨리고서야 정주성을 함락시킬 수 있었다.[5]

조선군은 서울과 자모산성, 영변과 구성 각지에서 다량의 대포와 탄환을 수레로 운송하여 포격했지만, 대포 그 자체는 정주성을 함락시키는 결정적인 요소가 아니었다. 별파진의 포격이 큰 성과를 거두지 못한 한 가지 이유로 18세기 포격에 버티는 것을 고려한 조선의 성제(城制)를 들 수 있다. 특히 조선 후기에는 벽돌과 흙으로 된 성벽이 석성(石城)보다 포격을 잘 견딘다는 점을 인지했고, 직접 성벽에 대포를 쏴서 내구력을 확인했다.[6] 이런 축성 논의가 진행된 18세기에 정주성이 증축되었고, 돌뿐만 아니라 진흙도 같이 사용하여 성벽을 축조했으므로 이전에 비해 대포 포격에 대한 내구성이 향상될 수 있었다.[7]

그러나 조선 후기 군대에서 운용한 대다수의 화포가 성벽을 무너뜨리기에는 천자총통을 제외하고는 가볍고 위력이 약했으므로 성곽 공격에 한계가 드러났다. 홍경래의 난 당시 관군의 상황을 보여주는 자료인 『순무영등록(巡撫營謄錄)』과 『관서평란록(關西平亂錄)』에 실린 군수물자 관련 관문(關文)을 살펴보면, 홍경래의 난 당시 관군이 서울과 자모산성, 영변과 구성에서 동원한 대포 27문 중에서 공성(攻城)에 적합하다고 여겨진 천자총통과 대완구는 총 4문에 불과했다. 관군이 동원한 화포의 대부분은 현자총통이나 불랑기와 같이 보다 가볍고 위력이 약한 대포였다.[8] 이는 여러 이유가 있지만 포차에 실어 운용하는 화포 대신 화차를 중시하였던 조선 후기의 전술과도 관련을 가지고 있다.[9]

2. 『융원필비』의 화기 개량

1811년(순조 11)의 홍경래의 난을 통해 조선의 각종 화약무기가 가진 한계를 여실히 인식하였다. 정주성 공격은 17세기 전반 병자호란 당시 청군의 위력적인 화포 공격을 경험한 이후 다양한 시도를 통해 꾸준히 개선되어 방어력이 크게 강화된 조선의 성곽을 공격하는 데 기존의 화포는 위력이 충분하지 않음을 절감하는 계기가 되었다. 따라서 화약무기 개량의 필요성이 절실해졌다. 홍경래의 난 당시 훈련대장(訓鍊大將)에 임명되어 반란 진압에 공을 세운 박종경(朴宗慶)은 군기를 새로이 제작하고 기존 무기를 수리하면서 후대에도 참고할 수 있도록 각종 무기의 제작법과 사용법 등을 정리한 『융원필비(戎垣必備)』를 1812년 편찬하였다.

『융원필비』의 천, 지 두 책에서 소개하고 있는 무기와 장비는 화약무기 28종, 창 10종, 칼 등 단병기 5종, 활과 관련 장비 4종, 그리고 방패 1종 등 50여 종에 달하고 있다. 각 무기마다 그 유래와 간략한 사용법 및 제원, 그리고 정확한 치수가 첨부된 그림을 수록하고 있는 점이 특징이다.[10]

『융원필비』 1, 2책(天, 地)은 서문과 총론인 「기계총론(器械總論)」, 목차인 「융원필비총목(戎垣必備總目)」, 그리고 「융원필비도설(戎垣必備圖說)」이라는 제목 아래 있는 본문으로 크게 구성되어 있다. 1813년 4월 박종경이 쓴 서문에서 편자는 이 책을 편찬한 이유와 경과를 설명하고 있다. 서문에 의하면 1811년 말 일어난 홍경래 난 당시 조선의 병기가 낡고 허술하여 공격과 수비에 믿을 만한 것이 없었다고 한다. 이에 홍경래 난 진압 이후 곧바로 호조의 재정 지원으로 무기 제조를 위한 임시관청인 감조도감(監造都監)을 두어 무기 개발 및 제작에 착수하여 1년 만에 옛 제도에 따라 새로이 병기를 만들고 수리하게 되었다고 한다. 박종경은 새로 개발하거나 수리한 무기를 후대에서도 참고할 수 있도록 무기의 제원, 사용법 등을 정리하여 책으로 편찬하였는데 그것이 『융원필비』임을 밝히고 있다.

「기계총론」에서는 당시의 무기체계를 용도 및 기능 등으로 구분하여 간략히 설명하고 있는데, 이에 의하면 이화창(梨花槍), 소일와봉(小一窩蜂) 등 가볍고 날렵한 특징을 갖는 무기를 전기(戰器)라고 부르고, 총통, 완구, 진천뢰 등 교묘하게 제작한 무기를 공기(攻器)라고 분류하였다. 단번에 날려 매우 길게 독기를 뿜는 매화(埋火), 주화(走火), 독화약(毒火藥) 등을 매기(埋器) 또는 수기(守器)라고 하고 창, 모(矛), 도(刀), 화차(火車) 등은 육기(陸器)라고 하였다. 이는 다시 무기의 위력이 미치는 거리에 따라 장병기(長器, 遠器)와 단병기(近器, 短器)로 구분하고 있다.

「융원필비총목」에서는 이 책 본문의 목차를 소개하고 있는데, 무기의 종류에 따라 화기류(火器類), 봉인류(鋒刃類), 진류(陣類)로 크게 세 부분으로 구분하였다. 각 부분의 아래에는 해당되는 무기를 본문의 순서에 따라 수록하고 있다. 화기류에는 각종 화약무기 및 그 발사체를, 봉인류는 각종 창과 칼 등 근접전 무기와 궁시(弓矢) 등 재래식 무기를 수록하고 있다. 진류에는 화차를 이용한 진법 두 종류가 수록되어 있다.

「융원필비총목」의 뒤에는 본문이 나오고 있는데, 본문에서는 화기류, 봉인류, 진류의 제목 없이 곧바로 목차 순서대로 내용을 수록하고 있다. 본문은 '융원필비도설(戎垣必備圖說)'이라는 제목 하에 각 무기나 장비마다 그 형태와 제원이 그려진 그림[圖]이 먼저 실려 있고, 이어서 해당 무기의 연원이나 역사, 제조방법, 사용법, 위력 등에 대해 상세히 기록한 해설[說] 부분으로 구성되어 있다. 예를 들어 가장 먼저 수록되어 있는 천자총통의 그림 부분을 보면 총통의 전체 형태가 그려져 있고 이어서 그 제원이 기록되어 있다. 이에 의하면 전체 길이 5척 2촌 3분이며, 그중 앞 포신 부분의 죽절(竹節)의 길이는 4척 4촌으로 나와 있다. 이 총통 포열의 안쪽 직경[內圓徑]은 5촌 6분, 바깥 직경[外圓徑]은 1척 3촌, 총통의 가장 밑 부분[下圓徑]은 1척 2촌 3분, 그리고 아래에서 약선(藥線)이 들어가는 선혈(線穴)까지의 길이는 6촌 6분으로 나와 있다. 해설 부분에서는 먼저 총통의 역사와 원리 등에 대해 중국의 17세기 초 병서인 『무비지(武備志)』의 관련 내용이 인용되어 있고, 이어 총통의 장전법이 격목(檄木)을 이용하는 방법과 토격(土檄)을 이용하는 방법으로 나누어 기록되어 있다, 그리고 천자총통의 재질은 숙동(熟銅)이며 무게는 1,209근, 장전하는 화약의 양은 30냥, 무게 50근의 대장군전을 장전할 경우 사거리는 1,200보, 아연으로 도금된 무쇠 포환인 수철연의환(水鐵鉛衣丸)을 발사할 경우 사거리는 10여 리에 달한다고 수록되어 있다. 다른 무기의 경우 제작을 위해 상

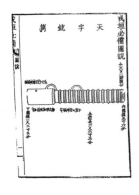

세한 부품 정보가 요구될 경우에는 각 부품의 그림인 분도(分圖)를 두어 그 제원과 모양 등을 정확히 알 수 있도록 하였다. 예를 들어 대장군전의 경우에는 전체 그림과 함께 화살대, 철제 깃털[鐵羽], 철로 만든 테[鐵箍], 무쇠로 만든 화살촉[水鐵鏃]의 부분 그림이 함께 실려 있어 무기를 이해하고 제작하는 데 편리하게 되어 있다.

본문에 수록된 화기류에는 천자총통(天字銃筒), 지자총통(地字銃筒), 현자총통(玄字銃筒), 황자총통(黃字銃筒), 별대완구(別大碗口), 중완구(中碗口), 대장군전(大將軍箭), 차대전(次大箭), 피령전(皮翎箭), 동거(童車), 비진천뢰(飛震天雷)〈別大, 大, 中〉, 단석(團石)〈別大, 大, 中〉, 수철연의환(水鐵鉛衣丸)〈附 鉛丸〉, 조총(鳥銃), 비몽포(飛礞砲), 찬혈비사신무통(鑽穴飛砂神霧筒), 매화(埋火)〈附 주화(走火)〉, 목통(木筒), 목화수차(木火獸車), 화차(火車) 등 22종의 화약무기류가 있다.

봉인류에는 이화창(梨花槍), 화창(火槍), 소일와봉(小一窩蜂), 신기만승화룡도(神機萬勝火龍刀), 환도(還刀), 환자창(環子槍), 도도(掉刀), 삼릉창(三稜槍), 무차(武叉), 용도창(龍刀槍), 사모(蛇矛), 아항창(鴉項槍), 마병창(馬兵槍), 편곤(鞭棍), 간각칠궁(間角漆弓), 장전(長箭)〈附 통아(桶兒), 편전(片箭)〉, 갑주(甲胄), 장패(長牌) 등 화약무기를 제외한 18종류의 각종 재래식 무기 및 장비가 수록되어 있다.

진류에는 화차첩진도(火車疊陣圖), 화차방진도(火車方陣圖) 두 종류의 진법이 수록되어 있다. 화차첩진도는 화차를 앞쪽에 일렬로 포진하는 진법을 보여주는 것으로, 화차 100량과 목화수차(木火獸車) 20량을 배치하도록 하였다. 화차방진도는 화차와 목화수차로 이중의 사각형 방진을 펴는 진법을 보여주는 것으로, 외곽의 진인 외루(外壘)의 각 방면에 화차 25량, 목화수차 5량을 배치하도록 하고 안쪽의 진인 자벽(子壁)에는 보병과

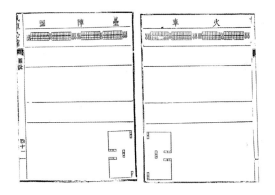

〈그림 5-2〉 『융원필비』의 화차첩진도

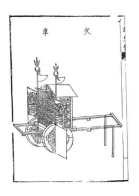

〈그림 5-3〉 『융원필비』의 화차

함께 화차 10량을 배치하도록 하였다. 『융원필비』의 화차는 소형 총통인 조총 10자루씩 5층으로 설치하여 연속으로 발사할 수 있게 한 무기이며, 목화수차는 수레 위에 호랑이 등의 짐승 형상을 세운 후 그 아래 조총을 5자루씩 3층으로 설치하여 발사하는 무기였다. 구체적인 운용 방법은 적이 오면 신호에 따라 해당 방면의 목화수차를 계속 발사하다가 적이 100 보 안으로 들어오면 목화수차와 화차를 일제히 사격하였다. 적이 약화되면 화차진 속에 있는 마병과 보병이 일제히 달려 나가 적군을 공격하도록 하였다.

『융원필비』는 홍경래의 난 직후 새로이 제작하거나 수리한 무기를 총망라하여 편찬된 조선 후기 무기에 대한 종합적인 병서라고 할 수 있다. 1635년(인조 13) 『화포식언해』가 편찬된 이후 조선에서는 기존의 화약무기가 개량되고 새로운 화약무기가 개발되었으나 이에 관련된 병서가 편찬되지 않았다. 19세기 초 편찬된 『융원필비』를 통해 조선 후기 조선의 화약무기에 대한 많은 정보를 얻을 수 있게 되었다. 특히 『화포식언해』 등 이전의 관련 병서에서는 무기에 대한 그림이 없고 발사체 등의 규격이 수록되어 있지 않은 데 비해 『융원필비』에서는 그림이 수록되고 화기의 규격이 자세히 묘사되어 있어 자료적 가치에서 큰 차이가 있다. 『융원필비』를 통해 17세기 중반 『화포식언해』 이후 천자총통과 같은 기존 화포의 경우에도 이전보다 사정거리와 위력 등 그 성능에서 적지 않은 개선이 나타났음을 알 수 있다.[11] 아울러 비몽포, 찬혈비사신무통, 이화창, 소일와봉, 신기만승화룡도 등 다수의 신형 무기의 내용을 알 수 있게 되었다. 특히 화차와 목화수차 등 신형 전투용 수레[戰車]의 형태와 제원, 그리고 이를 이용한 진법 등은 당시 조선의 전술적 수준을 이해하는 데 적지 않은 도움을 준다. 이 외에도 환도, 마상편곤, 편전, 방패 등 당시까지 사용되던 각종 재래식 무기에 대한 정보도 수록되어 있다.

19세기 초반까지 알려진 각종 화기 및 단병기에 대한 상당한 정보가 종합되어 있을 뿐만 아니라 이전에 비해 조선 화기의 위력이 커졌음을 『융원필비』를 통해 확인할 수 있다. 그러나 18세기 말 산업혁명의 충격과 프랑스혁명의 여파로 끊임없는 전쟁의 과정에서 새로운 무기 개발이 이루어지던 유럽에 비해 18세기 중반 청나라 건륭제의 오늘날 신장 지역 가르부 정복 이후 대규모 전쟁이 거의 없어진 동아시아는 새로운 무기의 개발과 개량의 필요성이 줄어들었다. 18세기 후반부터 서양과 중국의 화포 기술에서 차이가 나타나기 시작하였다.[12] 지속적인 전쟁 상황이 유지되던 근대 서구는 군사적인 혁신, 이른바 군사혁명(Military Revolution)이 지속됨에 따라 19세기 초가 되면 유럽의 군사적, 기술적 우세가 뚜렷해지기 시작하였다.[13] 그 결정적인 전환점은 대체로 18세기 중엽인 1750년대 전후로 보인다.[14] 이 시기 전후로 동아시아 지역과 유럽의 군사적 제 요소의 유사성은 다소 약해지거나 지체 현상이 일부 나타나게 된다. 『융원필비』의 편찬과 내용은 17세기 이후 동아시아의 무기 개량의 성과와 그 한계를 분명히 보여준다는 점에서 의미가 있다.

고종 초반 군비 증강과 무기 개발

19세기 중반 고종 즉위(1863) 이후 대원군이 실권을 장악하던 10년 동안 조선은 대외적으로 프랑스와 미국 등 서양 세력의 위협과 침략을 받았다. 이에 군사제도의 정비와 각종 군비의 증강에 적극 나서게 된다. 1866년 (고종 3) 7월 하순 제너럴 셔먼호의 대동강 침투 사건과 8월 중순 프랑스 군함의 한강 침공을 계기로 조선은 서양의 윤선(輪船)이 강을 거슬러 도성 등 조선의 주요 도시를 직접 공격할 수 있다는 것을 확인하였다. 따라서 강을 연한 방어체계, 이른바 강방(江防)체제 구축의 필요성이 제기되었다. 1850년대 도입된 위원(魏源)의 『해국도지(海國圖志)』를 통해 강방 개념을 이해한 조선은 강방 개념에 따른 해안 방어체계의 확립을 시도하였다. 박규수에 의한 대동강 입구 양안인 평안도 용강현 동진(東津)과 황해도 황주목 철도(鐵島)에 진을 설치할 것을 주장한 것이 대표적인 사례이다.

박규수는 동진에 진을 설치하는 방략을 아래와 같이 구체적으로 제시하였다. 먼저 토성을 건설하도록 하였는데, 토성은 비용 절감 효과도 있지만 대포의 탄환이 토성을 뚫을 수 없다는 점을 고려한 것이었다. 다음으로, 병선을 건조하고 여기에 화기를 배치하여 적이 강으로 들어오는 것을 견제하도록 하였고, 또한 우수한 기량을 가진 별포수(別砲手) 50명을 모집하도록 하였다. 마지막으로, 동진진 건설을 위해 중화의 성산진 등 주변 4개 진을 혁파하여 동진진으로 통합하도록 하였다.[15] 즉, 조선의 방어체계가 점차 이전의 육지 방어 중심에서 강방을 중심으로 한 해안 방어로 중점이 옮겨지고 있음을 보여주고 있다. 신헌도 병인양요 직전 프랑스 함대의 한강 침입을 계기로 강방을 중심으로 한 위원의 해방론을 적극적으로 받아들이기 시작하였다. 이러한 그의 입장은 이 시기 올린 상소인 「논병사소(論兵事疏)」에 잘 나타나 있다. 이 상소는 그의 동료인 강위(姜瑋)를 강화도에 보내어 해안의 형편을 살피고 이를 바탕으로 방어 대책을 강구한 것이었다.[16] 이 상소에서 신헌은 교동, 강화도에서 양화진에 이르는 한강의 양안의 높은 언덕[高阜]에 모래 돈대인 사돈(沙墩)을 건설하고 여기에 화기를 배치할 것을 주장하였다. 또한 척후(斥候)를 설치하여 적의 동향을 파악하고 전달하는 체계를 갖추는 것을 고려하였다. 아울러 의용지사(義勇之士)를 모집하여 군사훈련을 시킬 것 등을 언급하였다. 신헌은 이 상소를 통해 위원의 『해국도지』에 나타난 바다로부터 침입해 오는 적의 함선을 내하 깊숙이 끌어들여 격파하는 강방 개념을 도입하기 시작하였음을 짐작할 수 있다.

강방 개념에 따른 방어전략이 중시되면서 이에 따른 무기 제조와 개발에 진력하게 된다. 특히 1866년(고종 3) 가을의 병인양요를 계기로 서구 군사기술의 우수함을 직접 접하게 되면서 조선은 이에 대응하기 위한 새로운 무기 개발에 본격 착수하게 되었다. 조선은 먼저 연안 방비의 강화와 기존 무기의 제조와 개조를 추진하면서 동시에 새로운 무기의 개발에도 착수하였다. 병인양요가 끝나자 곧 대원군은 새로운 무기 제작에 적극 나서게 되었다.

병인양요 직후 신형 무기 제작은 그 직전 강방체계를
적극 주장한 훈련대장 신헌에 의해 주도되었다. 그 성과
는 『훈국신조군기도설(訓局新造軍器圖說)』(이하 『군기도설』로
약함)과 『훈국신조신기도설(訓局新造神器圖說)』(이하 『신기도
설』로 약함)에 잘 나타나 있다.[17] 『군기도설』에는 1867년과
1868년에 제작된 무기가, 『신기도설』에는 1867년과 1869
년에 제작된 신무기가 다수 수록되어 있다. 『군기도설』에
는 수뢰포(水雷砲), 마반포거(磨盤礮車), 쌍포양륜거(雙砲兩
輪車) 등 3종이, 『신기도설』에는 철모(鐵模), 무적죽장군(無
敵竹將軍), 육합총(六合銃) 등 11종의 새로운 무기가 제조되

〈그림 5-4〉 수뢰포

었음을 보여주고 있다. 『군기도설』에서 가장 주목을 받았던 무기는 수뢰
포였다.

수뢰포는 수중에 설치하는 일종의 시한폭탄인 오늘날의 기뢰(機雷)와
비슷한 것으로, 신헌은 『해국도지』의 관련 내용을 보고 수뢰포의 제작
에 착수하였다. 수뢰포의 핵심적인 기술은 화약과 시한 격발장치가 마련
된 이른바 독(櫝)에 있었다. 독 내부의 좌우에는 약창(藥倉)이 있어 화약
을 채워 넣었고 격판으로 약창과 구분된 독의 가운데에는 시한 격발장치
를 설치하였다. 격발장치 부분과 약창은 약관(藥管)으로 불리는 T자 형의
관을 통해 연결되었다. 격발장치 부분은 직수관(直水管)이라는 가는 관을
통해 밖에서 물이 들어오게 되어 있었다. 직수관으로 조금씩 들어온 물
은 직수관과 나사의 원리로 결합된 곡수관(曲水管)을 통해서 수고(水鼓)의
아래 부분으로 들어간다. 직수관과 곡수관을 통해 물이 조금씩 들어와
쇠가죽으로 만들어진 수고를 채우면 수고는 수직으로 팽창된다. 수고의
수직 상승력은 강기판(杠機坂), 기계(機系)를 통해 계판에 전달되어 축으로
고정된 계판은 그 힘으로 밀려서 회전 상승운동을 하게 된다. 이에 따라

게판의 사기쳐 위에 있던 탄조의 머리 부분은 상승운동을 하다가 갑자기 뚝 떨어진다. 이에 탄조의 머리 부분은 약관에 고정된 화탑의 윗부분을 강하게 내리친다. 화탑의 윗부분은 동화모 즉 뇌관이 있어 탄조에 의한 충격으로 불꽃이 튄다. 동화모에서 발생한 불씨는 화탑의 조그만 구멍과 T자 모양의 관인 약관을 통해 독 좌우에 있는 약창에 전달되어 약창을 채운 화약에 불을 붙임으로써 수뢰포는 폭발하게 된다.

수뢰포의 제작에서 가장 중요한 점은 직수관 이외에 독의 다른 곳에 물이 들어오는 것을 막는 것이었다. 이 방수 대책을 위해 독은 유회나 칠포를 이용하여 촘촘하게 붙이고 국엽과 나사로 결합하였다. 결합 부위에는 패킹인 혁점을 대어 틈이 생기지 않도록 하였다. 수뢰포는 평시 건조한 곳에 보관하였다가 유사시에 독 뚜껑이 있는 입약공을 통해 화약을 채운 후 잠수군이 물속으로 가지고 가서 설치하도록 하였다. 당시 조선의 기술 수준에서 가장 어려운 부분은 점화장치의 핵심인 동화모, 즉 뇌관이었다. 신헌이 수뢰포를 제작할 당시 동화모는 조선의 당시 기술로는 해결하기 매우 어려워 청나라에서 수입하여 제작하였다.

수뢰포 다음으로 『군기도설』에 소개된 무기는 마반포거와 쌍포양륜거였다. 마반포거는 추심(樞心)과 추심을 중심으로 회전할 수 있는 두 개의 활차를 포거 내에 설치하여 포거 전체를 움직이지 않아도 대포의 좌우 편각 조절이 가능하도록 고안된 포거였다. 마반이라는 용어는 맷돌처럼 좌우 회전이 잘되도록 고안된 판 모양의 활차를 지칭하는 것이다. 그 이전 대포는 좌우에 튀어나온 포이(砲耳)를 포거에 걸어서 포신의 상하 조절을 하여 명중률을 높이도록 하였다. 그러나 좌우 편각을 조절하기 위해서는 포거를 통째로 옮기지 않으면 안 되었으므로 불편함이 있었다. 점차 대포의 크기가 커짐에 따라 대형 화포의 좌우 편각 조절을 위해 마반포거가 제작된 것이다. 이와 비슷한 것으로는 18세기 중엽 신경준이 고안한 세 바퀴 화차로서 그 화차는 내부에 탄약도 싣고 화포를 사격할 수 있었다. 특히 그가 고안한 화차는 반달형의 접철을 고안하여 화포를 마음대로 돌릴 수 있는 점이 특징으로 마반포거와 상당히 유사하다고 할 수 있다. 다만 마반포거는 보다 큰 화포도 좌우 편각을 조절하여 운용할 수 있다는 점에서 기술적으로 향상된 것으로 평가된다.

쌍포양륜거는 기존의 화포 2문을 결합하여 하나의 포차인 쌍포양륜거에서 사용할 수 있도록 장치한 것을 말한다. 이러한 장치를 이용하면 한정된 포대 시설에서 적군에게 더 집중적으로 포격을 가할 수 있는 장점

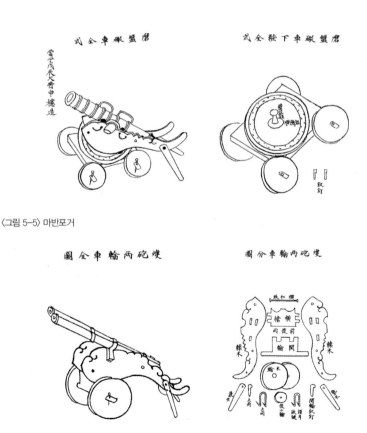

〈그림 5-5〉 마반포거

〈그림 5-6〉 쌍포, 양륜거

이 있었다. 그러나 쌍포양륜거와 마반포차는 그다지 널리 제작 보급되지는 못한 것으로 보인다. 현재 육군박물관에 쌍포가 남아있고 고궁박물관에 쌍포와 같은 제원의 포 한 문이 남아 있는 것 등을 보면 그 제작 사실은 분명히 확인된다. 다만 당시의 각종 포대나 돈대 등에 쌍포가 얼마나 배치되었는지에 대해서는 현재 확인되지 않는다. 다만 수뢰포는 1900년 전후 작성된 『무기재고표』를 보면 경기도에 18좌(坐)가 보관된 사실이 있는 것으로 보아 적지 않은 수량이 당시 제조되었던 것으로 짐작된다.

1867년에는 이상의 무기 이외에도 다양한 무기가 개발되었다. 일종의 개인용 박격포인 무적죽장군을 개발하여 조선의 전술에 적극 사용하도록 하였다. 또한 육합총도 만들었는데 이는 산성 등을 방비하는 조선 군사들이 저지대의 적군을 향해 굴려 내리게 만든 폭탄이었다. 조적등(照賊燈)은 몰래 강을 건너는 것을 상정하고 제작된 조명등이었다.[18] 이 외에도 불랑기 동거는 『해국도지』의 마반포거를 응용한 포거이다. 불랑기 동거는 당시 조선의 주력 화포였던 불랑기의 운반이나 발사를 용이하게 하기 위한 포거로 제작하였다. 앞서 정리하였듯이 불랑기는 모포(母砲)의 중간에 화약을 장전한 자포(子砲)를 교체하면서 발사할 수 있게 한 포로서 모포 한 좌당 자포 다섯 문를 배치한다. 불랑기 동거는 모포 속에 자포 한 문을 끼워두고 활거(滑車) 좌우의 등자철(鐙子鐵)에 두 개씩의 자포를 놓아둠으로써 유사시 신속하게 자포를 교체할 수 있게 하였다. 활거를 이용하여 포를 좌우로 쉽게 움직일 수 있게 함으로써 이전에 비해 불랑기의 활용도를 더욱 높였다. 『기계도설』에 수록된 거중기는 무기를 이동시킬 수 있는 장비이다. 신헌의 거중기는 정조 후반기에 수원에 화성을 건설할 때 정약용(丁若鏞)이 만든 거중기보다 제작이 단순하고 활용이 편리해서 부분 그림도 필요 없었던 듯하다. 이 거중기는 다섯 개의 도르래를 사용하여 한 곳에서만 작동할 수 있었다.

신미양요(1871) 이후 조선의 무기 개발

1866년의 병인양요 이후 조선은 새로운 무기 개발에 적극 나섰지만 근본적인 무기 개량의 수준에 달한 것은 아니었다. 5년 후인 1871년 발발한 미국과의 전투인 신미양요에서 남북전쟁을 통해 개발된 신형 화기를 갖춘 미군에 크게 패한 조선은 기존의 무기체계와는 완전히 다른 혁신적인 무기 개발이 요구되었다. 신미양요 직후 대원군은 여러 종의 중국의 양무(洋務) 서적을 진무영에 내려보냈는데, 『영환지략』과 『해국도지』 등 기존에 알려진 책 이외에 『연포도설(演礮圖說)』 8책과 『측극록(則克錄)』 4책을 내려보내어 새로운 무기 개발에 참조하도록 하였다.

『연포도설』은 1843년 청나라의 정공진(丁拱辰)이 저술한 화포 제조에 관한 서적으로 정공진은 역사상 대포 제조의 지식을 바탕으로 경위차도(經緯差度), 구고산법(勾股算法) 등을 검토하여 표적의 원근에 따른 대포 발사 각도를 조절하거나 포가(礮架)에 설치하여 좌우의 표적을 맞히는 방법에 대한 설명이 담겨 있다. 그리고 서양 화포 제조법을 입수하여 연구한 결과를 아울러 책에 담았다. 『해국도지』의 서양 무기 관련 내용의 대부

〈그림 5-7〉 소포(왼쪽)와 중포

분도 정공진의 『연포도설』에서 인용한 것이다. 『측극록』은 서양 선교사인 아담 샬이 구술한 것을 초욱(焦勖)이 1643년 저술한 것으로 19세기 중반인 1851년 증보하여 『증보측극록(增補則克錄)』으로 간행한 것이다. 흥미로운 점은 이 두 책을 진무영에 내려보낸 곳이 운현궁으로, 대원군 집권 후반기 새로운 무기 개발에 대원군의 운현궁(雲峴宮)에서 주도적인 역할을 하고 있었음을 짐작하게 한다.

운현궁이 새로운 화포 개발을 주도하였다는 것은 육군박물관에 보관되어 있는 '운현궁별주(雲峴宮別鑄)'라는 명문이 남아 있는 1874년(고종 11) 5월에 제작된 소포(小砲), 중포(中砲) 등 서양식 화포와 5호 불랑기의 유물을 통해 짐작할 수 있다.[19]

이 소포와 중포[20]는 청동제 유통식 화포로서 포신의 주조술이 이전의 화포에 비해 매우 숙련되었고, 죽절(竹節)도 많이 감소하여 포구 쪽으로 1조, 약실 쪽으로 2조를 둘렀을 뿐이며, 포미에는 병부(柄部)로 처리하였다. 더욱이 이 포는 차륜식(車輪式) 포가 위에 설치하게 되어 목표물에 대하여 자유로이 조준 발사할 수 있었다. 포신의 높이를 조정할 수 있는 장치가 포가에 설치되어 있고, 좌우로도 바퀴를 이용하여 자유로이 변경할 수 있고 이동에도 편리하였다. 포탄도 불랑기 등에서 사용하던 작은 탄환인 조란환(鳥卵丸)이 아닌 큰 단일 포탄을 사용하였다. 이 포는 서양 화포 기술의 검토를 통해 얻어진 근대적 주조기술과 제작기술을 바탕으로 만들어진 화포로서 우리나라 화포 발달사에서 진일보한 면을 보여주는 무기라고 평가할 수 있을 것이다.

새로운 화포가 제조되면서 이에 소요되는 화약에 대한 기술 개발에도 본격 착수하였다. 1867년 정월 훈련대장 신헌이 상소를 올려 자신이 지은 『자초신방(煮硝新方)』을 간행하여 각 지방에 보급할 것을 건의하였다. 이에 의정부에서 이 책을 간행하여 각 감영과 병영에 1건씩 보급하였다. 이 책은 현재 전하지 않지만 수록된 화약 제조법에 의해 만들어진 화약이 이전의 『신전자초방』 등의 화약에 비해 그 폭발력이 배나 증가한 것으로 알려져 있다.

신형 화포의 제조와 함께 개인 화기인 소총의 제작 개발에도 노력하였다. 기존의 화기인 조총의 개조와 제작에도 나섰지만 새로운 체제의 소총 개발의 움직임도 본격적으로 나타났다. 동래부를 통하여 일본의 소총 제작기술을 도입하려는 시도가 나타났는데, 자료에는 '화약목총지법(火藥木銃之法)'의 도입이 확인된다. 이는 총신의 후방에서 장전하고 점화기를 독립시킨 뇌관외화식(雷管外火式) 소총을 가리키는 것으로 이전의 조총에 비해 개머리판을 크게 만든 소총으로 짐작된다. 그러나 조선에서 자체적으로 이러한 소총 개발이 성공한 것으로 보이지는 않는다. 이는 1876년 청나라로부터 뇌관(銅帽, 銅火帽) 등의 제조기술을 도입하려고 시도한 것을 통해 짐작할 수 있다.[21] 조선에서는 이 시기까지 양무서적 등을 통한 간접적인 기술 도입과 제작 시도로는 가장 중요한 뇌관의 제작이 쉽지 않았던 것과 관련이 있다.

앞서 보았듯이 대원군 집권 시기 서양 세력과의 두 차례 전쟁을 계기로 군사력 증강과 신형 무기 개발에 적극 나섰지만 충분한 성과를 거두기에는 한계가 있었다. 이는 중국에서 입수된 서양 무기 관련 서적을 통해 근대식 무기를 개발하고자 한 정책과 관련이 있는 것으로 이를 통해서는 근대식 서양 무기 제작에 한계가 있었음이 분명한 것이었다.[22] 아울러 19세기 초반 일어난 홍경래 난 이후 새로운 무기 제작 시도가 부재하였던 후유증이 19세기 후반 무기 제조 원천기술의 부족으로 나타난 것이다. 이에 비해 중국과 일본은 서양의 충격에 자발적 혹은 반강제적으로 대응하지 않을 수 없었던 결과로 이전과 다른 우수한 무기 제작기술의 확보가 가능하였다. 특히 강선포, 작열탄, 후장식 소총 등 무기 발달의 주요한 혁신이 일어났던 19세기 전반을 그냥 보낸 조선은 주변 국가와 시간과의 경쟁에서 밀릴 수밖에 없었다. 당시 서양 군사기술의 백미는 대형 화포였다. 19세기 중반 개발된 서양 대포는 강선을 가진 대포로서 사정거리가 이전에 비해 길고 정확성이 높았다. 아울러 높은 열로 제조된 주철로 주조되어 이전의 대포에 비해 포신의 강도가 매우 높았다. 따라서 이전의 화포와 비교할 수 없을 정도로 강한 화력을 가질 수 있었다. 특히 1860년대 전반 남북전쟁을 거치며 소총 및 대포의 혁신을 추구한 미군과의 전투였던 신미양요에서 조선군이 일방적으로 밀린 것은 19세기 중반 이후 나타난 군사기술의 차이를 여실히 보여주는 사례라 할 것이다.

19세기 후반 서양 무기의 제조 시도와
무기 수입

고종은 1873년 친정(親政) 이후 우수한 서양식 무기를 개발하기 위해 이전의 대원군 집정기와는 다른 정책을 추구하였다. 주변국에 직접 무기 기술자 등을 파견하여 선진 무기의 제조기술을 습득하고자 한 것이었다. 1876년 일본과 강화도조약을 맺은 직후 일본은 고종에게 회전포(回轉砲) 1문과 연발총 2정 등을 진상하고 조약을 체결한 대신에게도 6연발총과 탄약 등을 선물하였다. 이 예물은 고종에게 깊은 인상을 심어주었다. 개항 직후 조선은 일본에 김기수를 수신사(修信使)로 삼아 파견하여 군사기술 등 일본의 우수한 근대 기술을 시찰하도록 하였다.[23] 아울러 청나라를 통해 신식 무기 기술 전수를 포함한 무기 구매를 타진하였다. 이에 청은 조선의 국방력 강화를 위해 조선과 무기 관련 기술 전수와 조선 내 무기 제조공장의 설립 등을 목적으로 하는 영선사행과 관련된 교섭을 추진하였다. 1880년 말 설치된 통리기무아문의 12사 중에는 군물사(軍物司)라는 기관이 있었는데 이 군물사는 병기의 제조 등의 일을 전담하였다. 통리기무아문 설치 직후인 1881년 2월 청나라에 무기 기술 유학단인 군계학조단(軍械學造團) 파견을 결정하였다. 군계학조단의 영솔 사신을 영선사(領選使)로 칭하고 김윤식을 임명하였다. 영선사를 따라 중국에 간 유학생은 1882년 2월까지 천진(天津) 기기국(機器局)의 동국과 남국의 각 창(廠) 및 수사학당(水師學堂)과 수뢰학당(水雷學堂) 등에 배치되었다. 이들이 주로 익힌 학습은 화약과 탄약의 제조법이었고 아울러 이와 관련된 전기, 화학, 제도, 기초기계학 등과 외국어까지 습득하였다.[24]

영선사의 귀국과 함께 62종의 각종 기기가 도입되었다. 또한 53종의 과학기술 서적이 유입되고 4명의 병기 기술자가 초빙되었다.[25] 1883년 5월에 군무아문에는 기기국(機器局)이 설치되고 그 아래에 기기창(機器廠)도 설치되었다. 기기창은 번사창(飜沙廠) 등 4개의 창으로 구성되었다. 각 창은 철 제련, 화본(畵本) 제도, 총기 제조 등의 역할을 담당하였다. 기기창 설치를 계기로 이전까지 무기 제조를 담당하던 군기시를 대신하여 근대 병기 제조가 시작된 것이다. 그러나 기기창이 창설된 지 4년 5개월 후인 1887년 10월 말에야 병기 생산 공장이 준공되었다. 기기창의 준공이 지지부진하였던 것은 근본적으로 청나라가 조선의 개화정책을 저지함에 따라 조선은 병기 수입을 의존하는 정책을 따른 것이다. 당시 조선은 신속한 군비 증강을 위해 무기의 자체 제조보다는 외국에서 우수한 외국 무기를 수입하는 것에 보다 관심이 깊었다. 기기국은 삼청동 북창 옛터에 설치되었는데 준공 시에는 증기기관에 의한 동모(銅冒)의 생산과 소총 제작이 이루어졌다. 1889년에는 12마력의 증기기관에 의한 소총 제조가 이루어졌으며 1891년에는 제약기기(製藥器機)의 구입으로 화약의 생산이 가능해졌다.[26] 그러나 미국인의 견문에 의하면 기기창에서는 1892년에 단지 무기 수리만을 하고 있었다고 하는 것을 보면 본격적인 무기 생산은 아직 한계가 있었던 것으로 보인다.

자체적인 무기 생산이 지지부진하였던 것과 달리 외국에서의 무기 도입은 상당히 활발히 이루어졌다. 1882년 임오군란 직후 청에 파견된 김윤식은 천진 기기국의 구식 12파운드 청동포 10문과 영국제 선조총 1,000정을 인수하였다. 그해 봄에는 일본에 무라다 소총 2만 정을 주문하였으며 이듬해 12월 미국에 주문한 후장식 소총 4,000정이 1884년 9월에 도착하였다. 그 밖에도 미국에 개틀링포 6문과 래밍턴 소총 3,000정 등과 탄약을 주문하였다. 19세기 후반 조선이 수입한 각국 무기는 상당한 양으로 보이는데 이는 1894년 7월 23일 일본군이 경복궁을 점령하고 조선군을 무장 해제하며 조사한 기록에 잘 나타나 있다. 이에 따르면 한성의 조선군은 크루프 산포(山砲) 5문과 장통포 3문, 개틀링 기관총 11문, 구식 활강포 수 문, 그리고 모젤, 래밍턴, 앤필드 등의 서양식 소총 수천 정을 보유하고 있었음을 알 수 있다.

1897년 대한제국 수립 이후 제국 정부는 새로 개편된 군대의 무장을 위해 외국의 신식 무기를 대거 수입하였다. 1899년 세창양행을 통해 소총 100정, 권총 300정, 소총탄 1만 발, 권총탄 4만 발 등을 수입하였다. 1900년 7월에는 프랑스 정부와 소총 1만 자루, 탄환 300만 발을 구매하기로 하였다. 이로 인해 대한제국군은 일본군의 제식 소총이었던 무라다 소총보다 우수한 러시아의 모신나강, 영국의 리엔필드, 독일의 마우저, 미국의 스프링필드 소총 등을 소유할 수 있었다. 아울러 맥심 중기관총과 크루프포, 암스트롱포 등을 소유하여 상당한 군사력을 확보할 수 있었다.

무기 수입과 함께 군수산업의 재편에도 착수하여 1903년 삼청동 기계창 내에 총기제조소 설립 계획이 추진되었다. 공장은 용산으로 재지정되었는데 이때 총을 제작하는 기계는 일본의 미쓰이 물산회사와 35만 원에 계약하여 수입하였다. 이는 1904년 군기창(軍器廠)의 관제(官制) 반포로 귀결되었는데, 이에 따르면 총포, 탄환, 화약, 가죽 장비, 피복제조소를 설치하고 각 부문별로 기술자들을 대거 임명하는 조치가 이루어졌다. 군기창에는 기술자만 해도 소장 2명, 기사 8명, 기수 31명으로 상당한 규모에 달하였다. 이 직후 발발한 러일전쟁으로 조선에 대한 일본의 영향력이 막강해진 상태에서 이루어졌다는 점에서 한계를 가질 수 있지만 이후 용산 일대에 각종 공장이 들어서는 데 기초가 되었다는 점에서 이후 한국의 공업 발달사상에 적지 않은 의미를 가질 수 있을 것이다.

6장

대량 파괴,
첨단 전쟁의
시대와
현대 한국의
국방과학기술

한국 방위산업 전사(前史)_일제강점기 말 조선의 군수공업

1936년 8월 초 미나미 지로(南次郎)가 조선 총독으로 부임하면서 조선의 '병참기지화' 정책이 본격 추진되었다. 이는 전쟁 수행을 위해 '일본제국' 전체의 관점에서 조선의 경제가 담당할 역할과 방향이 하향적으로 설정되면서 이루어진 것이었다. 미나미 총독 부임 직후에 개최된 '조선산업경제조사회(朝鮮産業經濟調查會)'(1936. 10)는 '국책상(國策上)' 그리고 '국방상(國防上)' 필요한 부문에 대한 공업의 특별한 '진흥책'을 강조했는데 이는 군수(관련) 부문으로 조선이 보유한 자원의 집중적 개발과 동원을 의미한다. 이를 통해 철을 비롯한 지하자원의 개발 및 가공공업과 대체 연료로서의 인조석유공업 등이 중요 업종으로 부각되었다. 또한 일본 자본의 유인책으로서 조선에서 시행을 유보했던 「중요산업통제법」이 중국 침략을 목전에 둔 1937년 3월부터 시행되었다. 「중요산업통제법」을 통해 종래의 경공업, 중공업 병진정책을 군수 중심 산업정책으로 전환하여 모든 가용자원을 군수산업에 집중하기 위해 경금속·석유 및 소다·황산암모늄·폭약·공작기계·자동차·철도차량·선박·항공기·피혁 등 중요 산업으로 지정된 업종에 초점을 둔 통제경제체제가 시작되었다.[1] 이에 식민지 조선에서도 급속히 군수공업이 창설되었다.

1930년 전반까지 식민지 조선의 공업 생산 대부분은 식료품 공업 등 경공업이었고, 그 규모도 영세적인 수공업, 중소기업으로서 일본 공업에 종속적인 존재에 불과하였다.[2] 따라서 식민지 조선에는 제대로 된 공업지대가 형성되지 못하였으나 1930년대 농공병진(農工竝進)의 슬로건 하에 군수공업을 위주로 하는 공업화정책이 추진되었다. 공업화정책에 따라 한반도에는 새로운 공업지대가 형성되었다. 함경도 흥남을 중심으로 한 북부공업지대(금속, 화학), 진남포와 신의주를 중심으로 한 서부공업지대(금속, 화학), 서울 인천을 연결하는 경인공업지대가 그것이다.[3]

이러한 상황에서 군수공업에 필수적인 제철, 비철금속, 화학, 섬유공업을 중심으로 많은 공장이 한반도에 건설되었다. 예를 들어 미쓰이(三井) 재벌은 북선제지화학공업회사 등 3개의 화학공업회사를 설립하였다. 일본 미쓰비시광업(三菱鑛業)은 청진제련소와 평양제강소를 건설하였는데, 당시 평양제강소는 대규모 일관제철소(一貫製鐵所)로서 일본군에 필요한 각종 강판을 제작하였다. 아울러 각종 병기공장의 증설과 신설이 이루어졌는데, 예를 들어 평양병기제조소는 1938년까지 노동자가 2,800인으로 증대하였고 1945년 패전 직전에는 6,000인에 달하였다. 거기서는 각종 폭탄과 탄약을 제작하였는데, 그 탄환 제조 능력은 매월 18만 발에 달하였다.

한편 인천에도 1934~5년경부터 대규모 공업단지 조성이 시작되었는데, 1937년 중일전쟁이 시작되면서 본격적인 공사가 이루어졌다. 인천공업단지에 새롭게 자리잡은 업체는 조선기계제작소, 히다찌(日立)제작소, 조선강업, 조선이연금속, 일본차륜 등이었다.[4] 이들 업체는 대부분 일본 대자

본 계열이었고 군수품 생산 업체였다. 인천 지역 공업은 일제의 군수 목적을 위해 집중적으로 설립되었기 때문에 주로 기계·금속업이 중심이었으며, 군수산업정책이 집중적으로 관철되게 되었다. 최초 민수용 광산기계 회사로 출발했던 조선기계제작소도 점차 군수회사로서의 성격을 강화해나갔다. 일본 육군은 1939년 인천의 부평에 조병창 건설 계획을 추진하기 시작했다. 이듬해 인천 육군조병창을 발족시키고 인천의 부평에 제1제조소와 기술자양성소를 설치하였다.[5] 이 일대는 인천항과 경인철도를 이용한 물자 수송이 용이하였고, 서울과 가까운 지리적 특성에 따라 공장 건설 및 운영에 필요한 인력의 모집도 수월하였다. 먼저 일본군 제20사단이 관할하던 부평연습장 70만 8000평을 우선 이관받고, 인접한 민간 토지 33만 평을 추가로 매입하여 제1제조소를 건설하였다. 이곳에서는 소총, 폭탄, 총검 등이 제작되었는데, 1943년부터 패전 직전까지 월간 생산 무기는 총검 10,000정, 소총 9,000정, 중소형 폭탄 4,800개에 달하였다. 이 외에도 인천 일대에는 1942년 미쓰비시제강 인천제작소가 건설되어 특수강판, 박격포, 병기용 가공품 등을 제작하였다.

1937년에는 보일러 회사인 요코야마공업소의 자회사인 조선기계제작소가 인천 공장을 설치하고 해군용 증기엔진 등의 각종 병기를 제조하였다. 전쟁 말기인 1943년부터 일본 육군의 수송용 잠항정(潛航艇)을 대량으로 건조하기 시작하면서 기존 매출을 능가하였고, 생산물품을 수송기계, 펌프, 파쇄기, 분쇄기, 압착기, 진공여과기 등으로 늘렸다. 심지어 일본 육군은 조선기계제작소에 병참 수송용 소형 잠수함의 건조를 의뢰하기도 했는데 이에 따라 조선소로의 개조가 이루어지기 시작하였다. 이 잠수함이 바로 삼식잠항수송정(三式潛航輸送艇) '마루유'이다.[6] 조선기계제작소는 육군이 잠수함을 만든다는 것에 의문을 가졌는데, 일단은 잠수함 6척을 동시에 건조할 수 있는 도크를 건설하고 가와사키중공업에서 잠수

〈그림 6-1〉 해방으로 건조 중지된 삼식잠항수송정

함 건조 경험자를 초빙하는 등 노력하였으나 1945년 8월 일본의 패전으로 기계공장에서 조선소로 전환 중인 상태에서 중단되었다.

전쟁을 준비하기 위해 조선에 일본의 중화학공업 및 군수공업 시설이 급증하면서 이에 필요한 기술인력 수요는 더욱 커졌다.

초창기에는 일본인이 관리직과 기술직을 독점하고 조선인이 미숙련 단순노무직에 집중된 구조였으나 중일전쟁이 격화되면서 일본인 기술자 다수가 징병으로 전쟁에 동원되면서 기술자 수는 1940~1944년간(10,406에서 6,129명으로)에 41%나 격감했다. 1944년의 공장 노동자 수를 1943년보다 10% 이상 늘려 잡아 40만여 명으로 추산해도 [기술자수/총 노동자수] 비율은 1.5%에 불과하여 그나마 1940년까지 늘어나던 추이와 달리 격감했다. 이 때문에 총독부의 전통적인 기술자 및 기능공 정책도 수정될 수밖에 없었다. 그 공백을 메우는 조치로서 경성 광산전문학교와 대동공업전문학교, 그리고 경성제국대학에 이공학부를 설치했다. 또 고등기술학교를 신설 또는 증설하고 갑종 및 을종 실업학교와 직업학교를 만들어 기능공을 배출함과 더불어 직업훈련을 강화했다. 이러한 과정에서 조선인 기술자는 1942~1944년간에 1,215~1,632명으로 늘어났다. 그러나 1942년 조사에서도 공업 부문에서 조선인은 여전히 기술자의 18%에 불과했고 노무자의 93%를 차지했다.[7] 따라서 조선인의 기술 향상은 한계가 적지 않았지만 이들 기술자들은 해방 이후 한국의 군수공업과 무기 개발에 주요 인적 자원의 한 축을 맡게 된다.

해방~1960년대 한국의 무기 제조 및 개발

1. 해방 직후 국방사상과 무기 제조 착수

국방경비대 초창기에 사용하던 병기는 구 일본군이 사용하던 것을 임시로 사용하다가 1949년 미군 철수를 계기로 미군에서 여러 무기와 각종 장비를 이양 받았기 때문에 육군의 대부분 병기가 미제였고 일부는 일제 무기를 보유하고 있었다. 1948년 8월 정부수립 후 국방경비대가 국군으로 전환되자 국가방위상 병기와 장비의 보충은 시급을 요하는 당면 문제였다. 미국의 군사원조가 충족되지 못했을 뿐만 아니라 언제까지 미국에 의존할 수도 없는 견지에서 1949년 1월 15일 육군병기공창을 서울 용산에 설치하게 되었다.

앞서 보았듯이 해방 전 인천의 부평에는 일본 육군조병창이 있어서 소총 및 그 밖의 병기를 생산하고 있었는데, 종전과 더불어 미군이 진주하여 이 지역을 사용하게 됨으로써 기존 시설은 파손되고 공장기계류는 폐

물화되어 미군 철수 후 이를 회복시킬 방도가 없었다. 일본군의 무장해제에 중점을 두었던 미군은 일본군이 남긴 무기 중 한국군과 경찰에 넘긴 일부 개인 화기를 제외하고 항공기, 전차, 화포 등의 중무기는 대부분 파괴하였다. 예를 들어 해방 당시 여의도(汝矣島) 비행장에는 약 70대가량의 일본군 비행기가 있었고 조선항공협회에서는 그중에 쓸 만한 비행기를 골라 며칠 동안 3호기까지 정비하여 태극 '마크'까지 넣어 언제든지 쓸 수 있게 만들어놓았었다. 그러나 10월 10일경 미군정청 항공과장이 여의도 비행장에 나타나 모든 비행기를 파괴하였다.[8] 이러한 상황에도 불구하고 해방 이후 무기 개발 및 생산에 대한 한국 정부의 관심은 매우 높았다. 이는 1940년대 후반 한국의 군사지도자들이 가지고 있던 적극적인 전략사상과 밀접한 관련을 가지고 있다.

일반적으로 알려진 것과 달리 해방 직후 한국의 고위 군사지도자들은 상당한 규모의 중무장된 국군을 건설할 것을 검토하고 있었다. 광복군 사령관을 역임한 지청천(池靑天)은 1947년 미군정 사령관 하지에게 보낸 서한(「建軍計劃書」)에서 한국군을 30만 명으로 편성하고 15개 보병연대, 2개 차량화연대, 1개 항공연대 체제를 갖출 것을 주장하였다. 구체적으로 15개 보병'연대'는 장교 10,200명, 부사관/사병 24만 명, 합쳐 25만 200명이 배치되고, 15개 '연대'에는 모두 경전차 1,600대, 중형전차 270대, 차량 3만 대가 배치되며, 2개 차량화'연대'는 장교 1,200명, 부사관/사병 3만 명, 합쳐 31,200명으로, 여기에는 경전차 220대, 중형전차 40대, 차량 6천 대를 두고자 하였다. 항공'연대'는 장교 1,560명, 부사관/사병 10,200명, 합쳐 11,760명으로, 전투기 380대와 공격기 230대, 폭격기 140대 등 750대의 전투용 항공기를 보유한 항공'연대'가 될 계획이었다.[9] 즉, 지청천은 2,000여 대의 전차와 차량 36,000여 대, 각종 항공기 750대 등을 갖춘 기동력과 타격력이 매우 높은 군사력을 건설하고자 한 것이다.

한편 광복군 참모장을 역임하고 국군 건설 작업에 참여한 김홍일(金弘壹)은 그의 저서 『국방개론』(1949)을 통해 현대적 개념의 국방 개념과 사상을 피력하고 이를 바탕으로 한국군의 현대적인 군사력 건설의 방향을 제시했다. 김홍일은 현대 전쟁은 기본적으로 총력전이므로 국가총동원에 의한 총력국방이 요구된다고 보았다. 총력국방에 의한 현대 전쟁의 수행은 일국의 힘만으로 수행하기 어려우므로 앞서 보았던 연합국방을 아울러 표명하였다. 현대 전쟁에 대한 이러한 이해를 바탕으로 김홍일은 국방 건설의 방향을 제시하였는데, 그는 국방의 요소를 인적, 물적, 종합 요소의 세 요소로 구분하고 종합 요소는 기술과 조직을 중심으로 검토하였다. 기술이란 인력과 물력의 종합으로 국방기술을 가진 국방인력이 요구되며 그 근간에 기술, 공업, 과학이 뒷받침되어야 한다고 주장하였다. 즉, 과학, 기술이 뒷받침된 국방 건설을 주장한 것이다. 또한 현대 전쟁의 양상이 과학적인 동시에 조직적인 성격을 띠고 있다면서 국방조직의 건설이 매우 중요하다고 보았다. 국방조직은 군사조직, 생산조직, 문화조직 및 총동원조직으로 나눠지며 무엇보다 경제동원이 중요하다고 강조하였다. 결국 경제는 국방의 기초이며 국방 건설은 바로 경제동원에서 시작되어야 한다는 것이 그의 주장이었다. 국방경제 건설이 산업의 공업화와 군사화라면서 국가경제의 중공업, 군수공업, 교통 건설 등에 대한 계획적 추진을 강조했다. 이처럼 그가 국방 건설을 단순히 군사력 건설에만 국한하지 않고 국가적 차원에서 경제 건설 문제와 연계시켜 파악했다는 점도 주목할 필요가 있다.

통일 이후의 군사력 건설을 구상한 김홍일은 한반도의 지정학적 상황과 함께 당시의 국제정세를 바탕으로 육군을 위주로 한 국방군 건설을 다음과 같이 주장했다. 김홍일은 육군을 위주로 했을 뿐만 아니라 작전도 공세적 작전을 취하여 적을 국내로 들이지 않고 전장을 국외로 정하도록 할 것을 주장했다. 이를 위해 중급 장비사단은 1만 2,000명을 정원으로 하고 최소 상비군 15개 사단을 편성할 뿐만 아니라 만주와 시베리아의 대평원지역에서의 작전을 위해 최소 3개 장갑사단과 3개 모터화사단 및 국경 산악지대 작전을 위한 2개 산악사단을 편성할 것을 주장했다. 각 장갑사단에는 경전차 287량, 중전차 110량, 정찰차 276량, 병력수송트럭 28량, 이륜 및 삼륜 모터사이클 609량, 화물트럭 1,000량 등을 장비할 것을 주장했다.[10]

김홍일은 해군은 전투함 확보에 많은 비용이 들므로 육군과 달리 공세적 작전보다는 해상 수세주의 전략을 바탕으로 소형 함정 위주로 편성하고 공군과 협력하여 적군의 등륙(登陸, 상륙) 저지를 주요 임무로 해야 한다고 주장했다. 그 대신 그는 공군의 중요성을 충분히 인식하고 있었다. 그는 입체전 시대에는 영공이 영토처럼 중요할뿐더러 공군이 기병, 포병, 통신병, 교통병의 임무를 대체하여 공군 없이는 육상 및 해상 작전을 할 수 없을 것이라고 평가했다. 이를 위해 500대의 전투기와 250대의 폭격기, 그리고 250대의 각종 지원기를 확보해야 한다고 주장했다.[11] 지청천, 김홍일 등의 주장을 통해 당시 한국의 주요 군사지도자들은 연합국방을 전제로 하되 독자적인 한반도 방어를 위한 상당한 수준의 군사력 확보와 공세적인 군사력 운용 사상을 가지고 있었음을 알 수 있다. 즉 기계화 전력과 함께 750~1,000대에 달하는 공군력 확보에 많은 관심을 가지고 있음은 특징적이다.[12] 1949년 세계 5번째로 공군이 독립된 군종이 된 것은 이러한 영향의 반영이었다.

상당한 수준의 군사력 확보를 위한 건군 구상과 함께 1940년대 말 한반도 주변 지역의 안보 위협에 따라 정부수립 직후부터 한국군은 군사력 강화를 위해 노력한다. 1949년 2월 초 내무장관 신성모가 미 육군장관에게 보낸 전문에서 한국 정부가 판단한 군사력 규모는 북한과 만주로부터의 위협까지 고려하여 총 23만으로 추정하고 있었다.[13] 실제 이승만 정부는 정부수립 직후부터 10만 정규군 건설 계획을 표명하고 추진해나갔다. 주한미군 철수 확정 이후에는 정규군 10만, 예비군 20만으로 구성된 30만 군사력 증강 정책을 적극적으로 추진하였다.[14] 아울러 해군과 공군의 군사력 강화에도 적극적으로 노력하여 초계정과 훈련기를 추가 구입하기도 하였다.

적극적인 군사력 확충 노력에도 불구하고 당시 한국의 경제력 한계로 인하여 충분한 군사력을 확보하는 데 한계가 많았으므로 미국에 의존하는 것이 불가피했던 것이 사실이다. 한국은 정부수립 직후 2대 국가목표로 남북통일과 산업 재건을 표방하였다. 이에 따라 국방정책은 평화적인 국토통일이 불가능할 때에는 무력으로라도 북한에 대한 주권을 회복해야 하며 그러기 위해 국방 역량을 육성 강화해야 한다고 표방하고 있었다. 이를 통해 볼 때 당시의 군사전략은 상당히 공세적이었을 것임을 짐작할 수 있다. 군사력 증강과 적극적 군사전략의 채택에 따라 이에 소요되는 무기체계를 갖추고 각종 무기 제조를 위해 정부수립 직후부터 다양한 노력을 기울였다.

국군 창설 이후 미국의 군사원조만으로 급격히 늘어나는 병력에 따른 군수 소요를 감당할 수 없게 되자 국방부에서는 국내에서 조달 가능한 품목을 재검토하고 초보적이지만 자체적으로 군수물자를 생산하기 위해 노력했다. 1948년 11월에는 중앙조달본부가 설치되어 미 군사고문단과의 유기적 협조 하에 국내 생산품을 조달하여 군 소요의 일부를 충당하도록 하였다. 당시 국내의 생산능력을 조사한 자료에 따르면 국내 산업체의 기능이 회복될 경우 통신장비의 25%, 병기의 15%를 국내에서 현지 조달하는 것이 가능할 것으로 판단되었다.[15] 초기 자체 생산 군수물자는 1949년 6월부터 가동한 동대문 피복공장이 생산한 1일 1,200착의 전투복과

800착의 근무복이 처음이었으며 군화와 피복의 재생에도 착수하였다.

당시 한국 육군이 가장 역점을 둔 자체 생산 사업은 소화기와 탄약으로서, 육군은 소화기의 자체 생산으로 장차 무기 개발을 위한 기술을 습득하고 당시 시급했던 예비 병력에 대한 소화기 지급 문제를 해결하려고 하였다. 1949년 1월 15일 일본인 소유로 해방 이후 정부로 귀속된 업체인 용산의 유항상공주식회사(有恒商工株式會社)에 우선 권총 생산을 목표로 육군 특별부대 소속으로 육군병기공창을 창설하였다. 이것이 한국 최초의 조병창(造兵廠)이다. 육군병기공창의 초대 창장에는 김창규 육군 대령이 임명되었다.[16] 육군병기공창에서 만든 권총은 시제품 개발에는 어느 정도 성공하였으나 재료 및 관련 기술의 부족으로 실전에서 사용하기에는 안정성이 충분하지 못하여 추가적인 연구개발이 필요하였다. 따라서 대량생산 단계에는 들어가지는 못하였다.

국방부는 육군조병창을 국방부 직할로 흡수하여 1949년 12월 15일 병기행정본부가 국방부 소속으로 창설되어 초대 소장에 채병덕(蔡秉德) 육군 소장(일제하 인천 육군조병창 제1공장장)이 취임하고 기존 육군조병창을 흡수하였다. 또한 조선유지주식회사(朝鮮油脂株式會社) 인천공장도 접수하여 용산의 유항상공주식회사를 제1공장, 조선유지주식회사 인천공장을 제2공장이라 개칭하였다. 제1공장은 앞서 언급한 바와 같이 권총 생산을 위하여 정비에 힘쓰는 한편 수류탄과 일본군의 99식 소총에서 총열(銃列)을 제외한 나머지 부품 제작과 정비 작업에 착수하였다. 제2공장은 그 시설이 해방 직후 조선인 관리인들의 미숙으로 공장의 중요부가 폭발하여 그 시설의 80%가 파괴되고 보수 작업에는 3개월 이상이 소요되어 생산에 곧바로 착수하지는 못하였다.[17] 보수 작업 후 마찰식 수류탄을 생산하면서 무연화약 제조방식 연구에 성공하여 화약공장으로 발전해나갔다. 1949년부터 병기공창은 영등포의 삼화정공주식회사를 접수하여 제3공장으로 하고 정밀기계 연구와 시작품 제작에 착수하였다. 한편 인천에 있는 조선알미늄공업주식회사와 인천 기호산업주식회사를 생산 감독공장으로 지정 운영하면서 비로소 생산기술의 습득을 도모하는 한편, 처음으로 99식 소총의 탄피와 탄환을 생산하였다.

제1공장에서는 육군과 경찰에서 요구하는 총포를 수리 정비하였고, 제2공장에서는 각종 탄피를 생산하는 한편 권총의 제작 연구에 착수하여 시제품을 생산하였다. 아울러 제2공장에서는 마찰식 수류탄을 생산하면서 무연화약 제조방식 연구에 성공하여 민수용 다이너마이트 생산도 하는 화약공장으로의 발전을 모색하였다. 제3공장은 정밀기계 연구와 그 시제품 제작에 착수하였다. 그 후 병기행정본부는 각 군 및 경찰에서 파견된 대표로 운용위원회를 설치하고 기계기술자로 자문위원을 구성하여 효율적인 병기 생산과 기술 개발을 연구하도록 하였다.[18] 이후 국방부는 1950년 6월 15일에 병기 생산과 연구 능력을 높이기 위해 부산에 제1조병창을 창설하고 인천 제2공장을 제2조병창으로 개편하여 병기 생산 기반을 확대하였다. 또한 병기와 탄약의 학리적 연구와 시험 제작을 목적으로 하는 육군과학기술연구소를 창설하여 무기 개발의 합리적인 연구와 발전을 시도하였다. 그러나 곧바로 발발한 한국전쟁으로 인해 이 계획은 일시적으로 차질을 빚게 된다.[19]

한편 1945년 말 창단된 해방병단에서는 미군정청을 설득하여 함정 건조를 위한 조함창(造艦廠)을 설치하고자 하였다. 당시 진해에는 일본 해군의 함정 수리공장이 남아 있었는데 노동자가 2,000명에 달하는 대규모 공장이었다. 그러나 중요 장비는 일제 패망 당시 반출 또는 파괴되었고, 일부 기자재도 상당 부분 도난을 당하여 기능을 상실한 상태였다. 미군정 당국도 이 공장의 남은 시설과 장비들을 민간인에게 불하(拂下)하고 있던 실정이었다. 단장 손원일의 노력으로 군정 당국은 해방병단원들의 공장 출입 및 사용을 허용하였고, 아울러 조함창 운영에 필요한 기계와 설비는 민간 매각에서 제외하였다. 이 조치를 바탕으로 1946년 2월 27일 조함창이 설치되었다. 조함창에서는 일본 해군이 경비정으로 건조하다가 패망으로 건조를 중지한 287톤급 함정을 정비하여 다음 해 2월 2일 완공하였다. 이 함정이 한국 해군 조함의 효시인 충무공정(PG-313)이다.[20] 조함창의 설치와 충무공정의 완공은 이후 한국 현대 조선기술사에 중요한 획을 긋게 된다.

2. 1950년대 군사전략과 무기 개발

한국전쟁의 발발로 부산을 제외한 모든 지역의 군수 관련 생산시설이 북한군의 수중에 들어가 파괴됨에 따라 부산의 시설만을 이용하여 수류탄의 생산과 노획 병기의 장비 등에 주력하였다. 이후 인천 상륙작전의 성공으로 전세가 역전되어 9월 28일 서울이 수복되었다. 이에 부산 일대의 군수 관련 기구들은 일시에 서울로 이동하고 평양, 함흥 등 북한 지역의 군수공장 실태 조사를 실시하였다. 그해 연말 중국군의 참전으로 전세가 악화되어 군수 관련 기관들은 다시 서울에서 철수하였다. 이에 제2조병창은 제주도로, 본부와 과학기술연구소는 부산으로 각각 이동하여 병기 생산 및 연구를 계속하였다.

특히 과학기술연구소는 부산으로 이동하면서 다수의 우수한 과학기술자들을 문관으로 임명하여 연구소 요원으로 활용하기 시작하였다. 안동혁 박사 등 국내 과학계의 권위자들을 연구지도진으로 추대하고 현직 대학교수들을 대거 연구진으로 참여시켜 국내 과학기술자가 총동원된 국방연구체계를 구축하였다. 과학기술연구소는 부산 영도의 국립 부산수산시험장에 임시로 시설을 마련하고 병기와 화약에 관한 연구, 군용식품을 비롯한 병참물자에 관한 연구를 계속해나갔다. 당시 연구소 조직은 정낙은 소장 아래 제1연구과는 화학 분야 연구, 제2연구과는 군용식량 연구, 제3연구과는 화약의 기초연구, 제4연구과는 전기·통신 분야 연구, 제5연구과는 금속재료 분야 연구를 전담했다.

과학기술연구소는 한국전쟁 극복에 필요한 과학기술적 수요에 대응한 연구를 최소한의 예산으로 효과적으로 수행하는 데 역점을 두었다. 과학기술연구소에서는 1952년 정부 보유 외화 약 10만 달러를 이용하여 전자현미경, X선 분석 장치 등을 도입, 연구에 효율을 기하여 1950년대 중반까지 병기 및 탄약, 군용재료, 군용식량 등과 관련된 연구를 실시하여 상당한 성과를 거두었다. 그 연구 성과의 일부는 연구소의 연구결과보고서인 『과연휘보』를 통해 확인할 수 있다.[21] 과학기술연구소의 연구 성과는 이후 한국의 기술 발달에 적지 않은 영향을 미친 것으로 평가할 수 있다.

한편 무기 제조를 맡은 각 조병창은 1951년에 접어들면서 일본으로부터 수류탄 자재, 뇌관 도입선을 수입하여 타격식의 수류탄을 다량으로 생산하기 시작했다. 이와 더불어 99식 소총 탄환과 대인마 지뢰, 30kg 폭탄 등도 제조하기 시작함으로써 보다 발전하게 되었다. 특히 1952년 10월 11일에는 육군 제1조병창에서 국산무기 시사회(試射會)를 열어 대한식(大韓式) 소총으로 명명된 국산 독자 개발 소총을 소개하였다. 이 총의 총열은 해방 이전 일본군의 제식 소총인 99식 소총에서 뽑아 쓰고 방아쇠 뭉치와 장전 방식은 M1 소총을 모방한 것이었다. 그 성능은 미국의 M1 개런드 반자동소총에 미치지는 못하였지만 해방 이전 일본군의 99식 소총보다 우수하였다.[22] 대한식 소총 개발은 당시 기술과

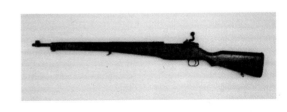

〈그림 6-2〉 대한식 소총(육군박물관 소장)

자본의 충분한 뒷받침은 없었음에도 불구하고 전쟁 시기의 절박함과 꾸준한 연구개발로 성과를 거둔 것이라고 할 수 있다.

한편 국방부 과학기술연구소는 수산시험장 시설을 확보하여 각종 무기에 필요한 부품이나 폭탄의 연구개발, 그리고 북한군 등으로부터 노획한 각종 화포와 중화기, 소총 등 병기의 재생에도 주력하였다. 그 결과 각종 수류탄 등 폭탄과 기관총, 박격포 등의 중화기에 많이 사용되는 주요 부품 등을 개발할 수 있었다. 과학기술연구소의 연구개발 및 병기 재생의

〈표 6-1〉 1950년 부산 제1조병창 생산 실적

명칭	단위	수량
마식 3호 수류탄	발	433,768
30Kg 폭탄	발	150
중기관총 方向轉輪器	개	260
수냉식 기관총각(脚)	개	80
수냉식 경기관총각	개	125
BAR각(脚)	개	160
공랭식 경기관총각	개	130
수냉식 중기관총 방탄판	개	42
CAL50 중기관총각(脚)	개	20
60mm 박격포각(脚)	개	30
60mm 박격포판	개	30
67mm 유탄포각(脚)	개	7
중기관총 소제봉(掃除棒)	개	150
경기관총 소제봉	개	200
37mm 소제봉	개	70
120mm 박격포 고리	개	1
M1소총 가늠자	개	699
M1소총 가스통 마개	개	1,275
M1소총 노리쇠	개	1,000
야전용 嘴(취)	개	500
야전용 삽	개	1,000
비행기 미륜(尾輪)	개	20

명칭	단위	수량
122 mm곡사포	개	3
120 mm박격포	개	7
82 mm박격포	개	26
로케트포	개	4
대전차포	개	33
수냉식 중(重)기관총	개	29
소련식 경(輕)기관총	개	110
일본식 중(重)기관총	개	4
체코식 경(輕)기관총	개	215
92식 경(輕)기관총	개	2
1917 M9소총	개	10
다발총	개	19
38식 소총	개	37
99식 소총	개	51
외식(外式) 소총	개	1,549
기병 소총	개	335
기관 소총	개	24
일본식 경(輕)기관총	개	1
44식 소총	개	7
중(重)기관총	개	1
중국식 BAR	개	64
기타총포 부속품	개	다수

구체적인 성과는 아래의 〈표 6-1〉, 〈표 6-2〉와 같다.[23]

국방부는 1952년 3월 제5국(관리국)을 창설하여 병기행정본부가 담당하던 업무를 인수하고, 제1조병창을 총포공장으로, 제2조병창을 탄약 및 화약공장으로 운영하였다. 관리국은 과학기술연구소와 제1, 2조병창을 관리하였다. 그해 10월 1일에는 제1, 2조병창 및 과학기술연구소는 각기 독립적인 국방부 장관 직속기구로 개편되었다가 11월 15일에 제1, 2조병창은 국방부 조병창으로 통합 개편되어 제1조병창은 조병창 본부 및 총포기계공장으로, 제2조병창은 조병창 제주분창으로 명칭이 변경되었다. 국방부 조병창은 병기 및 화약 제조 현대화를 추진하여 적지 않은 성과를 거두었다. 한편 그해 5월 31일 병기 제조[造兵]의 중견기술자 육성을 목적으로 한 기술원양성소를 설치하였다. 기술원양성소에서는 제1기생 34명을 선발하여 소정의 교육을 이수하게 한 다음 12월 27일에 제1기생 27명을 배출하였다. 이어 제2기생 33명을 선발하여 입소시켜 교육을 실시하던 중 교육과정의 개편으로 종래의 교육기간 6개월을 1년으로 연장 실시하게 되었다.

국방부 조병창은 휴전 직후인 1953년 12월 24일 본부가 서울로 이동하고 제주분창은 인천공장으로 복귀하였다. 해방 이전부터 화약 제조를 하던 인천공장은 국무회의의 결정으로 국방부에서 상공부로 이관이 결정되고 이 공장을 한국화약공업주식회사가 임차하여 공장 복구와 화약 제조에 착수하였으나 임차한 지 1년이 되지 않은 1955년 1월 계약을 반납하였다. 이후 한국화약주식회사에서 인천공장을 인수하여 공장을 복구하고 1956년 4월 도화선, 공업뇌관과 함께 최초의 국산 폭약을 생산하였다.[24] 한국 현대 화약 개발과 제조의 시발점이 국방부 조병창의 인천공장과 관련이 있음을 확인할 수 있다. 한편 국방부 조병창은 1954년 4월 1일 해체되어 '국방부 과학기술연구소'에 통합되었다. 국방부 과학기술연구소는 1954년 7월 14일 대통령령에 의해 국립 연구기관인 '국방부 과학연구소'로 격상되었다.

휴전협정 성립 직전인 1953년 7월 13일 이승만 대통령은 한반도 방위를 위해 미국에 소구경 화기 및 탄약 생산공장의 건설 지원을 요구하였다. 이에 한미 간 한국 내에 소화기 탄약공장을 공동출자로 건설할 것을 합의함에 따라 그 일환으로 1955년 9월 1일 육군조병창이 다시 설립

되었고 조병창 건설에 착수하였다. 육군조병창은
1959년 초 시운전에 들어가 5월에 준공되었다.
육군조병창이 창설되면서 기존에 병기, 탄약 연
구에 중점을 두었던 국방부 과학연구소는 연구
중점을 육군조병창과 중복되지 않는 군용식량,
유·무기재료, 원자력, 로켓 등으로 전환하였다.
과학연구소 연구 활동에서 특기할 만한 것은 원

〈그림 6-3〉 1959년 로켓 발사 광경

자력 기초 연구였다. 과학연구소는 국내에서 처음으로 방사성 물질의 취
급과 방사능을 측정하는 연구를 시작하였으며 원자력 발전에 관한 자료
및 원자로 폐기물 처리에 대한 자료 수집 등을 실시하였다.[25] 과학연구소
에서는 1958년부터 로켓 연구도 실시하였는데, 이는 1957년에 소련이 세
계 최초의 인공위성 스푸트니크를 쏘아 올리면서 전 세계를 강타한 '스푸
트니크 쇼크'로 인해 한국에서도 우주 개발에 대한 관심이 크게 일었던
것과 관련이 있다. 로켓 연구개발 과제는 유도장치, 추진장치, 비행성능,
추진제, 내열재료 등 5개 부문으로 나누어 진행되었다. 그 결과 1959년 7
월 27일에는 인천시 고잔동 해안에서 대통령 참석 하에 한국 최초로 1,
2, 3단 로켓 발사시험에 성공하였다.[26] 이때 발사된 로켓은 길이 170cm, 무
게 48kg, 사거리 8km 등으로 아주 초보적인 수준이었지만 최초로 우리
기술로 만든 로켓이라는 점에서 그 역사적 의미는 큰 것이었다.[27] 1961년
과학연구소 해체로 인해 로켓 연구는 더 이상 진척되지는 못하였지만 그
성과는 1970년대 한국의 로켓 개발에 활용되었다.

국방부 과학연구소와 육군의 연구개발과 함께 1950년대에는 해군과
공군의 연구개발과 무기 제작도 상당한 성과를 거두었다. 한국전쟁 이전
조함창(造艦廠)을 통해 제1충무공호를 건조하는 등 독자적인 함정 건조
및 개발을 시도했던 해군은 전쟁 기간 중인 1951년 3월 함정국 산하에

〈그림 6-4〉해취호

해군기술연구소를 창설하여 독자적인 연구 개발을 시작하였다. 함정기계, 함정재료, 특수무기, 유·무기화학 및 전기화학, 함정 전기 및 전자장비 등에 대한 연구를 행하였다. 해군기술연구소는 1951년에는 재단법인으로 독립하여 해군용 특수탄 및 잠수함용 축전지, 함정용 디젤기관 연구개발을 수행했다. 1951년 7월에는 수상항공기 통해호(統海號)를, 8월에는 두 번째 수상함인 제2충무공호를 건조했다. 1952년 9월에 재단법인 해군기술연구소는 참모총장 직속으로 새로이 설치된 해군과학연구소에 흡수되었다. 해군과학연구소는 해군기술연구소를 중심으로 확대 개편되어 연구개발 활동을 계속하여 축전지의 개발 제조에 성공하고 1955년 8월에는 함정용 디젤기관 연구개발에 착수하였다. 1956년 1월에는 수상항공기의 연구부서도 신설하여 수상항공기의 개발에도 본격 착수하였다.

한편 해군은 1951년 4월 T-6 항공기를 바탕으로 비행기 부품을 모아 한국 최초의 수상기인 해취호(海鷲號)를 개발하였으나[28] 그해 11월 22일 해취호가 비행 중 추락하여 이후 1953년 휴전 성립 때까지 해군의 항공기 제작 시도는 일시적으로 중지됐다. 하지만 조경연 대위(1918-1991) 등 항공반 요원들은 해군의 자체적인 항공기 제작 열망을 포기하지 않았다. 휴전 직후 조 대위는 새로운 수상비행정 제작을 위한 일련의 계획을 담은 보고서를 해군총참모장에게 제출하여, 승인과 함께 예산 지원을 받았다. 해군 항공반은 1954년 1월 공군에서 구한 180마력의 L-5 경비행기 엔진을 바탕으로 일본에서 구입한 항공기 동체 부분을 이루는 재료와 계기 등으로 항공기를 조립, 제작하였다. 그렇게 하여 항공기 골격을 비롯한 날개·동체·조종 계통·엔진 장착부 등 대부분의 중요 부분이 항공대 요원들의 손으로 만들어진 단발 수상정찰기가 완성됐다. 이 항공기의 첫 시험 비행은 1954년 5월 3일 진해만에서 실시되었고 이후 결점을 보완하여 6월 14일 이승만 대통령을 비롯하여 해군총참모장 박옥규 제독 등이 참석한 가운데 항

〈그림 6-5〉 제해호

무과 부두에서 명명식이 열렸다. 한문에 능한 이 대통령이 직접 '서해호(誓海號·SX-1)'라는 이름을 붙였다. 서해호는 기체 결함이 나타나 얼마 지나지 않아 퇴역하였으나 이후에도 해군의 수상항공기 제작 시도는 계속되었다.

해군은 육군의 항공기 엔진을 획득하여 이를 바탕으로 세 번째 해군 자체 제작 항공기인 '제해호(制海號·SX-3)'(그림 6-5)와 또 다른 시험 항공기인 '통해호(統海號)'를 제작하기 시작했다. 1957년 3월 30일 제해호가 완성되었는데, 제해호는 승무원을 6명까지 태울 수 있는 중형 수상정찰기였다. 제해호는 엔진을 제외한 기체 전부를 해군 기술진이 직접 제작하고 처음으로 무기를 장착하여 공격 능력을 보유하였다. 해군은 제해호를 기반으로 1957년 7월 15일 해군 사상 첫 항공부대인 함대항공대를 창설했다. 해군 함대항공대로 예속된 제해호는 남해안 일대의 해상 감시를 비롯해 함정 엄호, 대공 훈련(표적 예인과 추적 훈련) 지원, 함포 탄착 수정, 긴급 수송 등의 임무를 수행했다. 해군과학연구소는 1958년 11월 15일에 해체되고 부설기관으로 있던 재단법인으로 통합되었다.

공군은 1952년 11월 공군기술학교를 중심으로 '부활호(復活號)'라는 경비행기 설계 및 제작에 착수하여 시험 비행에 성공한 바 있다. 부활호는 최초의 국내 제작 항공기인 해취호가 기존의 항공기를 개조한 기체임에

비해 국내에서 설계하여 제작한 최초의 항공기로 한국 과학기술사상 큰 의미가 있다.[29] 비행기 제작과 함께 공군에서는 로켓 개발에도 착수하였다. 공군은 1958년 3월 15일 제81항공수리창 내에 공군기술연구소를 창설하여 항공 관련 기술 자료 수집, 실험용 소형 로켓 제작, 전단 살포용 풍선 개발, 2인승 글라이더 개발 등 연구를 수행했다. 공군기술연구소는 1963년 4월 1일 해체되어 그 기능이 제81항공수리창으로 흡수되었다. 제81항공수리창은 1969년 10월 M-73 활공기 비행시험 성공, 1972년 7월 PL-2(새매) 경비행기 비행시험 성공 등 자체적으로 꾸준히 항공기 관련 연구 활동을 계속하다가 1972년 국방과학연구소에 완전히 흡수되었다.[30]

한국전쟁 시기 국방연구개발 체계의 확립을 통해 1953년부터 기존 병기와 탄약에 대한 제조기술의 습득과 연구조사, 최신식 제조연구시설의 도입 등이 이루어졌다. 아울러 육군조병창을 통해 한국은 무기 개발 기술의 본격적인 연구개발에 주력하게 되었으며, 이로써 군수 병기 개발 및 제작 분야에 다소간의 성과를 거둘 수 있었다. 그러나 독자적인 무기 개발이나 배치가 이루어진 성과는 그다지 보이지 않는다. 이는 기술과 생산 시설의 부족, 전후 예산의 어려움 등 이유가 있지만 근본적으로 전쟁 이후 한국군의 군사전략의 문제도 지적할 수 있다.

한국전쟁 직후, 한국군의 당면 과제는 북한의 재침을 방지하고 신속한 전후복구와 정비에 있었다. 당시의 어려운 국가, 경제적 상황으로 인하여 한반도 방위의 상당 부분을 UN군에 의존하는 것이 불가피하여 UN군의 군사전략을 수용하지 않을 수 없었다. 즉, 1960년대까지 한국의 방어 개념은 북한군이 침공 시 휴전선에서 한강 일대까지 단계적인 철수작전에 의해서 공간을 양보하면서 미 본토로부터 대규모의 증원군이 도착할 시간을 획득하며 적을 화력으로 소모시킨 다음, 증원군과 함께 반격으로 전환하여 휴전선을 회복한다는 개념이었다. 이 개념은 UN군의 철수가 마무리되는 1957년 봄 휴전 이후 처음으로 실시한 한국 방어를 위한 토의에서 미8군에 의해서 제시되었다. 당시까지 적용된 방어 개념은 휴전선 일대를 고수 방어하는 개념이었지만 미8군이 제시한 것은 남한 영토 내로 북한군의 공격을 허용하는 기동방어 개념이었으며, 필요시 전술핵무기의 사용을 전제로 한 것이었다.[31]

이러한 작전 개념 아래 축차적인 방어선인 FEBA, MIKE, NOVEMBER가 한강 이북에 설정되었으며 후방 지역에는 수원-삼척선(제1저지선), 금강-영덕선(제2저지선), 낙동강선 등이 설정되었다. 각 방어선으로 단계적으로 철수하면서 적에게 최대의 손실을 준 후 반격하는 개념은 전쟁 이후 1960년대 중반까지 한국군에게 일반화된 방어 개념이었다.[32] 즉, 이 시기까지 군사전략의 목표는 실지(失地)를 회복하고 정전상태로 복귀하는 현상 유지적 목표였으므로 당시의 군사전략은 그 목표와 방법 측면에서 볼 때 전형적인 수세적 방어전략이라고 평가할 수 있겠다. 독자적인 군사전략이 부재한 상태에서는 독자적인 무기 개발의 필요성은 적었고 경제적인 이유 등으로 인해 미국 무기의 도입이 우선되었다.

이처럼 한국의 군과 과학기술계는 1948년 정부수립 직후부터 무기 개발에 대한 중요성을 인식하고 체계를 정비하여 연구개발을 적극 추진했으나, 한국전쟁 발발로 인한 어려운 국가재정과 과학기술 수준, 산업시설, 기술인력 등의 여건이 미흡하여 제대로 된 연구를 하기 어려웠던 것으로 평가할 수 있다. 그러나 이 시기 단순히 무기 등에 소요되는 소모 부품의 개발에 그치지 않고 항공기, 로켓, 함정 등 다양한 완성 플랫폼 개발에 착수하여 상당한 성과를 거두었던 사실은 이후 한국의 국방기술 개발 과정에서 큰 경험이 되었다는 점에서 그 의미는 적지 않다.

3. 1960년대 각 군의 무기 개발과 제조

1961년 8월 6일부로 국방부 과학연구소가 해체되면서 육군기술연구소가 발족되었다. 그 이전 육군은 소규모 육군병참기술연구소와 육군병기기술연구소를 운용해오다가 이 두 기술연구소를 통합하고, 국방부 과학연구소의 기능을 물려받아 1961년에 '육군기술연구소'를 창설한 것이다. 육군기술연구소는 1961년 운영체계의 정립에 주력한 결과 그 이듬해부터 본격적인 활동에 들어갔다. 육군기술연구소의 조직은 과학부를 중심으로 한 연구 분야 위주로 구성되었는데, 총 인력은 300명에 이르렀다. 육군기술연구소는 발족 후 비상식량, 열관리, 군용고무 및 플라스틱, 군용피복 등의 연구에 많은 실적을 남겼다. 육군기술연구소는 1970년 3월 28일 창설된 육군전투발전사령부와 통합됨으로써 해체되었으며, 그 기능은 그해 4월 1일 육군연구발전사령부로 이관되었다. 육군기술연구소의 기능과 인력의 일부는 1970년 8월 6일 설치된 국방과학연구소에 편입되었다. 한편 1960년대 각 군의 무기 제조 및 개조는 다음과 같다.

육군은 1954년 7월에 병기기지사령부를 창설하고 1956년 7월에는 그 예하에 차량재생창, 기계공작창을 창설하였다. 1960년 4월에는 총포, 타이어 재생창을 창설하였다. 1959년 5월부터 육군조병창 운영권을 미국으로부터 인수받아 병기장비, 탄약의 국내 생산체제를 갖추었다. 1960년부터 일부 탄약의 생산이 시작되었는데, 1960년 526만 발의 30구경 및 50구경 탄약 생산을 시작하여 점차 그 생산량을 늘려 1970년에는 8,000만 발 이상의 탄약을 생산하여 한국군에 소요되는 교육용 탄약의 80%를 충당할 수 있었다. 그 외 무기와 장비에 대해 재생도 시도되었는데, 예를 들어 차량 및 엔진 등 차량장비와 소화기, 화포, 전차 등 각종 무기 및 장비 20여만 점이 재생되었다. 이 외에도 통신 및 공병장비 등을 미국에서 도입하고 그 수리 능력을 갖추었다.[33] 1960년대 육군의 경우 구체적인 무기 생산에 본격적으로 들어가지는 못하였으나 다양한 무기와 장비의 재생 과정에서 상당한 수준의 기술을 확보하여 이후 1970년대 무기 개발에 중요한 기술적 원천이 되었다.

〈그림 6–6〉 KIST BOAT

해군도 1960년대 들어 다양한 함정의 건조에 노력하였다. 한국 해군은 북한의 해군력 대응을 위해 해군력 증강에 주력하였다. 이에 구축함, 고속정, 대잠초계기 등 다수의 함정과 장비가 미국으로부터 도입되었다. 새로운 신형 선박의 도입은 이를 정비하기 위한 기술의 도입으로 이어졌다. 1963년 해군은 해군공창을 해군종합공창으로 증강 개편함에 따라 함정을 수리, 개조하는 한편, 일부 소형 함정의 건조 및 함정의 각종 기계와 부속 장비 제작에 노력하였다. 1963년에는 상륙주정(LCVP) 1척을 시작으로 1971년까지 113척의 보조함정을 건조하였다.[34] 1965년에는 미국에서 도입한 구축함의 정기 수리에 성공하여 한국은 모든 보유 함정의 자체 수리 및 정비 능력을 확보할 수 있었다.

특히 1969년 초 해군은 고속 함정의 개발에 착수하였다. 1969년 초 해군공창이 국내 최초로 개발, 건조를 시도한 새로운 형태의 고속 함정이 30톤급 수중익(水中翼船) 고속정이었다. 이를 바탕으로 1969년 6월 한국과학기술연구소(KIST)에 40노트 속도의 100톤급 고속정 국내 건조 가능성 검토를 의뢰하였다. 한국과학기술연구소 김훈철 박사의 기본 설계에 따라 해군공창은 1971년 KIST BOAT로 알려진 고속정을 건조하였다. 1960년대 말~1970년대 초 수중익 고속정과 100톤급 고속정의 건조를 통해 한국은 함정의 설계, 수리 및 건조 등 기술적 측면에서 적지 않은 성과를 거두었다.[35]

공군도 한국전쟁 이후 각종 무기의 개발에 노력하였다. 한국전쟁의 발발과 더불어 압도적으로 우수한 북한 공군력에 맞서 육군 병기공창에서 제조한 15kg 폭탄을 훈련기 날개 아래 장착하여 투하하는 장치를 개발하여 맞서는 등 악전고투하였다. 이후 항공기의 자체 제작에 노력하여 앞서 보았듯이 1952년 11월 공군기술학교 주관 하에 자체 설계 경비행기인 부활호의 시험비행에 성공하였고 이후 2대를 추가 제작하였다.[36] 공군은 1953년 항공창과 자동차 수리창을 설치하고 1957년에는 이들을 통합하여 항공 본창으로 발전시켜 공군 자체의 장비 및 부품 생산 기반을 구축하는 한편 항공기와 지상 장비에 대한 창정비 능력을 증강하였다. 공군은 1955년 12월 18일 최초로 L-19의 기체 창정비에 성공하였고 1956년에는 L-19, L-20, L-26, T-6 등 비행기의 엔진 재생에도 성공하였다. 이를 바탕으로 1959년까지 4년 동안 프로펠러 비행기의 엔진 300여 대와 기체 260여 대의 창정비를 실시하였다. 1960년에는 제트항공기인 F-86 전투기의 창정비 및 수리 능력을 갖출 수 있었다. 레시프로 및 제트항공기의 창정비 등을 통해 한국 공군은 항공기 정비기술에 대한 상당한 능력 확보와 관련 기술자 육성을 할 수 있었다.[37] 1962년에는 항공 본창을 확장하여 공군 자체의 장비정비 및 부품 생산 기반을 구축하고 항공기와 지상 장비에 대한 창정비 능력을 갖추게 되었다. 1961년에는 T-33 제트훈련기 창정비 능력을 확보하고 이어 C-46D 수송기의 창정비 능력도 갖추었다. 1969년 3월에는 초음속 전투기인 F-5A/B 전투기에 대한 창정비 능력을 확보하여 국내에 도입된 각종 항공기에 대한 모든 정비 능력을 갖출 수 있었다.[38]

1958년 3월 15일에는 제81항공수리창 내에 공군기술연구소를 창설하여 본격적인 연구개발에 착수하였다. 공군기술연구소에서는 국내외 항공 관련 기술 자료의 획득에 주력하는 한편 실험용 소형 로켓의 제작 및 시험, 시험 전단 살포용 풍선, 2인승 글라이더 등을 개발하였다. 그러나 공군기술연구소는 정부의 정책적 지원이 충분하지 못하고 미국의 군사원조 품의 관리가 시급한 과제로 등장하면서 1963년 4월 1일 해체되었다. 공군의 자체 연구 기능은 제81항공수리창의 참모 조직인 기술연구소로 흡수되었다. 이후에도 공군의 연구개발은 81항공수리창의 기술연구소를 통해 꾸준히 계속되어 1968년 4월에는 M-73 활공기의 개발에 착수하여 1969년 10월의 비행 시험을 거쳐 성공하였다.

한편 1968년경에는 공군사관학교의 박귀용 교수가 당시 전투기에서 사용하던 2.75인치 로켓의 국내 개발에 착수하여 이에 소요되는 비행체, 원격측정, 추진제 등의 개발을 추진하였다. 이를 통해 1970년대 초 로켓의 비행 시험을 성공하였고, 이 로켓 개발진은 이후 새로 창설된 국방과학연구소에서 다시 미사일 개발에 참여하게 된다.[39] 1960년대 공군에서 시도된 다양한 국방 기술 개발 시도와 성공은 이후 1970년 국방과학연구소 창설 이후 각종 비행체 개발 성공의 기반이 되었다.

3절

1970년대(1968~1979) 자주국방의 모색과 방위산업의 태동[40]

1. 수도 사수론의 대두와 적극방어전략의 채택

앞서 보았듯이 휴전협정 이후 한반도 방어전략은 북한의 남침 시 한강선까지 단계적으로 철수하고, 상황에 따라 서울을 적에게 내어준 다음 UN군이 재집결해 반격해서 서울을 되찾는다는 개념이었다.[41] 이 전략은 서울을 유사시 상대에게 허용하겠다는 것을 전제하고 있었기 때문에 한국 입장에서는 바람직한 전략 개념이 아니었다. 따라서 한국의 독자적인 방어전략의 필요성이 제기되었다. 독자적 군사전략 마련의 필요성은 1968년 1·21사태와 닉슨독트린에 따른 미국의 대한반도 안보 공약의 약화에 대한 우려와 관련이 있었다.

1969년 초 미국의 닉슨 행정부 출범 당시의 작전계획은 1968년 작성된 태평양사령부의 작계 27-69로서, 1단계는 전쟁 발발 초기부터 한국군, 미군 그리고 유엔군이 반격 개시 준비를 할 때까지로서 적의 공격을 격퇴하고 기지와 지역을 보호하며 반격작전을 준비하는 것이었다. 2단계는 한반도에서의 적의 군사력을 파괴하거나 무력화하는 것이었다. 그 특징은 재래식 전력 중심으로 북중 연합공격을 전제하여 북중 연합 공격 시에 미리 선정된 방어선을 따라 미 증원전력이 도착할 때까지 축차방어 개념에 의거 지연작전을 실시하는 것이었다. 이러한 방어 개념 하에서는 수도 서울을 반드시 사수하는 것이 아니었으며 주로 한강방어선을 반격작전의 출발선으로 계획하였다.[42] 그러나 군사계획상 서울을 포기할 수 있다는 것은 정치경제적으로 단순한 것이 아니었다.

1960년대 산업화, 도시화의 급속한 진전에 따라 1960년 244만 명이었던 서울의 인구는 10년이 지난 1970년 2배 이상 증가하여 543만 명에 달하였다. 이에 따라 서울은 이전의 정치적, 행정적 중심지에서 사회, 경제적으로도 그 의미가 매우 커졌다. 서울의 방어 문제는 단순한 군사상의 문제가 아닌 국가의 사활에 관련된 문제가 된 것이었다. 게다가 북한이 1960년대 후반 일부 부대를 기동성이 뛰어난 경보병, 게릴라 부대로 개편하여 새로운 유격전략을 개발하게 되자, 이에 대해 한국은 제반 전력 요소를 입체적으로 종합 운영하여 초전 방어 후 반격하는 개념의 공세적 억제전략으로 전환하였다.[43] 이에 1968년 5월 28일 한미국방장관회의에서 종전의 기동방어로부터 고수방어 개념으로 방위전략을 변경하여 수도 서울은 물론 모든 부대가 현 위치에서 국토를 사수한다는 원칙에 합의하였고, 한강 이북 지역에 몇 개의 주방어선을 구축하여 북한의 전면 침공에 대처하는 동시에 전방부대의 진지를 영구 유개화(有蓋化)하는 등 보다 적극적인 방어태세로 방향을 전환하였다.[44]

한편 1969년에 육군에서 작성된 『육군 방위전략(71-75)』에는 건군 이후 최초로 독자적인 방위전략 개념을 담고 있다. 이 구상은 주한미군의 점진적 철수를 가정하였고 공세적 방어전략 기조 아래 37도선 이북 지역에서 반격 및 공세 이전하되 장기 소모전을 회피하고 단기 결전주의 및 야전 병력 섬멸주의를 택하고 있다.[45] 공세적인 군사전략의 수립과 함께 작전계획에서도 독자적인 계획이 수립되었다. 앞서 보았듯이 1960년대까지 한국의 방어 개념은 북한이 공격할 경우 한강 일대까지 단계적인 철수작전에 의해서 공간을 양보하면서 미국 본토로부터 대규모의 증원군이 도착할 시간을 획득하며 적을 화력으로 소모시킨 다음, 증원군과 함께 반격으로 전환하여 휴전선을 회복한다는 개념이었다. 북한의 기습 공격으로 막대한 희생을 치른 후에 반격작전으로 고작 휴전선을 회복하는 데 그치는 것은 한국군의 입장에서는 수용하기 어려운 것이었다. 한반도에서 다시 전쟁이 일어난다면 반드시 국토통일을 추구하여야 한다는 것은 당시 한국의 군인과 국민들의 일반적인 생각이었다.[46]

한국 방어계획이 가진 문제점을 인식한 육군본부는 새로운 작전 개념을 구상하였다. 1971년 9월부터 육군본부에서 연구한 『태극72계획』이 1973년 4월 을지/포커스렌즈 연습 시에 대통령에게 보고되었으며 이후 육군의 전 장군들의 중지를 집약하고 계획을 보완하기 위해 '무궁화회의'로 명명된 비밀회의를 통해 한국군의 독자적인 전략구상으로 발전하였다.[47] 태극계획은 미군의 지원 없이 순수 한국군 전력만으로 전쟁을 수행하는 것을 가정한 계획으로 방어단계와 반격단계로 구분된다. 이 방어계획은 수도권을 중심으로 3개의 방어선을 선정하였고 수도권에 대한 방어가 1차적 관심이었다. 반격계획은 전 북한 지역을 3단계로 구분하여 작전을 수행함으로써, 한반도 전 지역을 군사적으로 지배하려는 최초의 계획이었다.[48] 이는 이전까지의 한국군의 의식 구조와 전쟁수행 개념을 완전히 바꾸는 계기를 마련하였고 1970년대 자주국방에 따른 군사력 건설의 방향과 국방기술 개발에 큰 영향을 주었다.

이러한 적극적인 작전 개념은 1973년 3월에 발행된 미8군 작계 5027에도 반영되었다. 이에 따르면 수도권 북방에 방어선(FEBA "A", "B", "C")을 새로 설정하고 작전단계는 3단계로 구분하여, 1단계에는 FEBA "A" 전방에서 방어전투를 승리하고 2단계는 반격작전으로 현 휴전선을 회복하며, 3단계는 상황을 고려하여 반격을 지속하여 한반도에서의 적군을 격멸하되 최초 목표는 평양-원산선이 선정되었다. 특히 여하한 상황에서도 수도 서울이 적군의 포 사정거리 내에 위치하지 않도록 최후방어선은 서울 북방의 FEBA "C"로 설정하였다.[49]

방어 개념의 전환을 더욱 현실화시킨 것은 1973년 여름 서울의 전방지역을 담당하고 있는 한미1군단장으로 취임한 홀링스워츠 장군의 전진방어 개념이었다. 그는 UN군사령부 작전계획을 검토한 후 "이것은 전쟁에 이기기 위한 계획이 아니라 지지 않기 위한 계획"이라고 혹평했다. 홀링스워츠는 2차 대전 당시 패튼 장군 휘하의 북아프리카 전선에서 특수임무부대를 지휘하여 용맹을 떨쳤던 전차 지휘관으로 전형적인 공격형 군인이었다. 베트남 전쟁 후반기인 1972년에는 주월 미군 부사령관으로서 북 베트남군의 공격을 항공 폭격 등으로 격퇴하기도 하였다. 이러한 전투 경험을 바탕으로 그는 자신의 작전구상을 구체화하여 이듬해 새로운 한국방어계획을 완성하였다. 이것이 바로 작전계획 5027-74였다. 이 계획의 기본 개념은 전진방어와 공세작전, 그리고 단기결전으로 정리될 수 있다. 먼저 수도 서울이 북한의 장거리 포병사정권 내에 들어 있고 인구의 1/4이 밀집되어 있기 때문에 휴전선 이북지역에 단기적이고 섬멸적인 전투로써만 서울을 방어할 수 있다고 강조하였다. 이어 한미연합군의 B-52 폭격기를 포함한 항공기와 포병 화력을 집중하여 적의 공세를 전방에서 제압하고 화력 지원 하에 기습적으로 개성을 점령하여 북한의 공격 제대의 균형을 와해시키고 추가적인 증원 전력의 투입으로 최단 시간 내에 평양을 점령하여 북한의 전쟁 수행 능력을 파괴한다는 작전 개념이었다.

작전 소요시간을 총 9일로 판단하였기 때문에 일명 "9일 작전계획"이라고도 했다.[50] 이 작전계획은 미 슐레진저 국방장관과 박정희 대통령에게 보고 채택되었다.[51]

적극적인 군사전략이 나타난 변화는 미국이 당시 채용한 군사교리인 적극방어(Active defense) 전략과 관련이 있다. 이전까지 미군은 대량의 화력에 의한 소모전을 작전의 기본으로 삼아왔다. 1970년대 중반에 구상된 적극방어전략은 피아 화력의 증대로 인하여 초전의 결과가 거의 결정적이라는 인식에서 비롯된 것으로 최대한 초전에 적을 저지, 격퇴하고 이어서 반격으로 전환하는 전략이었다. 한마디로 '화력전에 의한 적 격멸'로서 각종 화력 특히 대전차 무기의 최대 유효사거리를 이용하여 적 전차가 주 방어진지에 접근해 오기 전에 원거리에서 격파하는 데 주안을 두고 있었다. 종래의 미군의 전략 개념인 대량 보복전략은 미소의 핵 균형과 핵전으로의 확전 우려 등으로 한계가 노정되었고 유럽에서는 서독의 영토 내로 전장이 확장되면 될수록 인구 밀집 지역과 생산 지역에 심대한 피해를 입히기 때문에 국경 지역에서 최대한 결전을 해야 할 필요성이 제기되었다. 또한 서독의 짧은 방어종심을 고려할 때 바르샤바 조약군의 기습 공격을 방어하기에 부적절하다는 비판에서 적극방어전략이 등장하였다.[52] 서독과 비슷한 전략적 환경인 한국의 경우에도 북한군의 선제 기습 공격 시 수도 서울의 안전을 장담할 수 없었고 1968년 북한 특수부대의 1·21 청와대 습격사건으로 인한 한국 측의 강력한 요구와 미7사단의 철수에 따른 방어 공백 보강을 위해 미국의 적극방어전략이 UN군의 한국 방위에 적용된 것이다.

적극방어전략의 채택은 당시 북한군의 급속한 성장에 대응하기 위한 것이기도 하였다. 1960년대를 거치면서 북한군의 성장은 뚜렷하였다. 1960년부터 본격화된 중소분쟁으로 인한 양국 간의 균열로 중소 양국은 북한을 자신 편으로 세력화하기 위해 경쟁적으로 노력하였다. 북한은 양국으로부터 1961년 각각 우호협력 상호 지원조약을 체결함으로써 한미상호방위조약에 대응하였다. 공산주의 강대국과 협력체계를 구축한 김일성은 이후 경제 및 군사 병진노선을 국가전략으로 추진하였다. 특히 군사부문에서는 1962년 이른바 4대군사노선, 즉 전군 간부화, 전군 현대화, 전인민 무장화, 전지역 요새화와 1964년 3대 혁명역량 강화-혁명기지의 강화, 남조선 혁명역량 강화, 국제적 혁명역량 강화를 토대로 공격력 극대화의 군사정책을 추진하였다. 그 결과 1960년대 말에는 중국이나 소련의 지원 없이도 2개월간 단독 작전을 수행할 수 있는 능력을 갖춘 것으로 평가되었다.[53]

1960년대 북한군의 규모도 크게 증가하였는데, 북한 병력은 한국전쟁 전후 감소세에서 1960년대에는 증가세로 전환하였고 1960년대 말에는 대략 한국전쟁 종료 직전 수준(약 40만 명)을 회복하였다.[54] 1970년대에는 북한군 병력이 52만 명으로 증가하였고, 전차 등 전투장비도 증강되어 전체적으로 한국군과 비교하였을 경우, 지상군 무기는 2:1, 제트전투기는 2:1, 해군 전투함정에서도 4:1 이상으로 앞서 있었다.[55] 또한 북한군은 선제기습전략을 극단적으로 추구하였다. 북한군은 "7일 만의 한국 압도 전략"이라는 이름으로 북한군의 군사적 장점들을 활용하여 남한을 공격할 수 있을 것으로 판단하였다. 김일성은 선제기습전략에 추가하여 1969년에 독자적인 군사전략 개념인 배합전도 강조하였다. 배합전은 한국전쟁 동안 북한군이 연합군 후방에 제2전선을 형성하지 못한 반성에서 출발한 것이기도 하지만 한국전쟁을 통하여 체득한 마오쩌뚱의 '인민전쟁' 전략을 수용한 것이었다.

한편 1960년대 말부터 한국군의 군사기획 능력도 향상되기 시작하였다. 월남전에서의 주월 한국군사령부의 독립적인 작전 지휘 경험은 작전기획 능력을 배양함과 동시에 미군과 대등한 입장에서 군사적 문제를 해결할 수 있게 하였다. 아울러 베트남전 참전 기간 동안 한국군의 대 게릴라 작전과 민군작전은 작전에 임하였던 타 국가에 모범이 되었기 때문에, 이러한 독자적인 작전 경험은 한국군의 자신감 회복에 크게 기여하였다.[56] 월남전 파병의 정책 결정 과정에서 한국의 군사전략 기획 능력은 획기적으로 발전하였다. 월남 파병을 결정하기 위해 미국을 상대로 한국은 자국의 국가 이익을 증진코자 미국의 영향력으로부터 독립된 협상 능력을 경험하였고 내부적으로는 국가전략과 군사전략 간의 연결, 정치, 경제 등 전반적 국가 이익들이 파병 결정 과정에서 논의되고 검토됨으로써 현대적 의미의 전략체계를 경험할 수 있었다.[57]

월남 파병 이외에도 1971년 7월 한미 연합부대 성격인 한미 제1군단 사령부가 창설되었는데, 한미동맹체제 하에서 한국군과 미군이 최초로 통합 편성되어 운영하였다는 점과 작전통제권 차원에서 이전에 비해 대등한 위치로 참여하게 되었다는 점에서 의의가 있다. 군사기획 분야에서는 1968년 북한의 1·21 청와대 습격사건 이후 한국의 수도권 방어 보강 요구의 결과, 10월에 주한미군사령부 내에 한미연합 기획 참모단을 설치하고 한국 방어계획을 공동으로 발전시키는 업무를 수행하였다. 이때부터 비로소 한국군은 한국의 연합방위작전 기획에 참여할 수 있게 되었으며 독자적인 작전기획 능력을 확보할 수 있는 기본적인 토대가 마련되었다. 1969년에 육군에서 작성한『육군 방위전략(71-75)』이후 1973년경에는 합동참모본부 차원의 독자적 군사전략을 담은『합동기본군사전략』이 수립되었다.

『합동기본군사전략』은 1973년 4월 19일 을지/포커스렌즈 연습 시「지휘체제와 군사전략」을 합참 본부장인 이병형 중장이 대통령에게 보고한 이후, 대통령이 이에 대해 자주적 군사력 건설에 대한 구체적인 지시를 함에 따라 1973년 7월에 최종 수립되었다.『합동기본군사전략』은 한국의 군사력 건설의 방향을 제시하기 위해 수립된 전략구상으로, 미군의 철수를 가정하고 1980년부터는 독자적인 전략을 구사하여야 한다고 보았으며, 1970년대를 방위전략, 1980년대 억제전략, 1990년대에는 공세전략으로 개념을 설정하고 있다. 특히 상당 기간 전쟁을 억제하는 데 주안을 두고 억제전력은 한미연합전력으로 구성하되, 1980년대에는 한미동맹을 유지한 가운데 점차적으로 조기경보 능력과 핵 및 화학작전 능력 등의 확보를 통한 독자적인 전력 구축 계획을 제시하고 있다. 이를 바탕으로 1974년 3월 15일 1차 전력증강계획(일명 율곡계획, 74-80)이 한국의 최초 전력증강계획으로 추진되었다.[58]

1977년에는 『육군장기전략구상』도 수립되었다. 육군의 중기전략 개념과 전력 증강을 비롯한 각종 지침을 제공하기 위하여 작성된 이 구상은 1990년대를 목표로 향후 20여 년 동안 적용하려는 것이었다. 이 구상은 종전과 달리 가상 적국의 범위를 주변 강대국으로까지 확장하였으며 이에 대응할 한국군의 군사전략 유형을 억제전략, 방위전략, 공세전략 및 보복전략으로 분류하여 구체화하였다. 이 구상은 최초로 장래에는 한반도 영역 밖으로도 군사력을 투사하여야 한다는 점과 한반도 지역에서 수도권 위협에 대한 절대적인 안전을 제시한 점, 그리고 이전에 비해 보다 공세적인 측면을 강조한 것 등이 특징이었다.

이상에서 보이는 1970년대 『합동군사기본전략』, 『육군장기전략구상』 등으로 구현된 한국의 적극적인 군사전략 수립은 이에 적합한 무기체계의 개발과 도입의 필요성을 높였다. 1970년대 이후 국방기술 개발과 무기 제작의 방향은 이러한 적극적 군사전략의 수립과 밀접한 관련을 가진다.

2. 국방과학연구소의 창설과 국방기술 개발 착수

1960년대 말까지 한국의 국방 연구개발은 당시 국가의 경제적 한계 및 과학기술 수준의 제약 등으로 인해 괄목할 만한 성과를 거두지는 못하였으나 각종 무기의 제조 및 정비, 재생의 과정에서 상당한 기술적 성과를 거둘 수 있었다. 그리고 새로운 함정의 설계와 건조를 시도하는 등 상당한 기술 축적이 이루어졌다. 1968년 초 1·21사태 등 북한의 잇따른 군사적 도발과 1969년 미국의 닉슨독트린 발표로 주한미군의 철군 가능성이 고조되었다. 급변하는 대외 안보 환경에 따라 자주국방이 시급한 과제로 등장하였다.

1968년 2월 7일 경전선 개통식에서 박정희 대통령은 미군 중심의 의타적 국방태세에서 자주적 국방태세로의 전환을 천명하고 향토예비군 250만 명의 무장화와 자체 무기 생산공장의 건설을 역설하였다. 2월 26일 서울대학교 졸업식에서 최초로 '국방의 주체성'과 '자주국방'이란 용어를 사용하면서 자주적 국방태세 확립의 중요성을 언급하였고 다음 날 육군사관학교 졸업식에서도 국방의 주체성을 다시 한번 강조하였다.[59] 이와 함께 1969년 7월 25일 발표된 닉슨독트린과 이에 따른 1971년 초 주한 미 제7사단의 일방적 철수 통보와 철수 개시는 자주국방 의지를 다지고 태세를 갖출 필요성을 재확인시켜주었다. 시급히 자주국방을 달성하기 위해 방위산업의 육성과 무기 제조 및 개발의 필요성이 커졌다. 이러한 상황에서 1970년 6월 27일 청와대 회의에서 가칭 국방과학기술연구소 설립을 결정하고 초대 소장으로 주독대사를 지내고 당시 한국과학기술연구소 부소장으로 있던 신응균 예비역 중장을 내정하였다.[60] 8월 6일에는 대통령령 5267호 「국방과학연구소 직제령」이 공포되어 국방부 예하에 국립 국방과학연구소가 창설되었다. 아울러 1971년 말 청와대에 경제

제2비서관을 임명하고 국방 연구개발에 대한 컨트롤타워 역할을 하도록 하였다.[61]

1971년 1월 국방부를 연두순시한 박정희 대통령은 자주국방력 배양을 위한 국산 장비의 개발, 즉 방위산업 육성의 필요성을 강조하였다. 이에 독자적 방위력 확보를 위해 정부는 경제개발 5개년 계획과 병행 추진한다는 개념 아래 제3차 경제개발 5개년 계획이 끝나는 1976년 말까지 최소한 이스라엘 정도의 자주국방 태세를 갖출 것을 목표로 총포, 탄약, 통신기기, 차량 등 기본 장비를 국산화하고 제4차 경제개발 5개년 계획이 끝나는 1980년대 초까지 전차, 항공기, 유도탄, 함정 등 정밀무기의 국산화 능력을 보유한다는 두 가지 목표를 세웠다.[62] 그 목표는 1970년 4월에 밝힌 「민수산업의 육성 보완을 통한 방위산업의 기반 구축」이라는 방위산업육성구상과 함께 방위산업 육성과 국방연구개발 수행의 기본 지침이 되었다.[63]

1971년 3월 말에는 1968년 제1차 한미국방장관회담에서 원칙적으로 합의를 본 후 3년 동안 끌어온 자동소총 M-16 공장 건설 문제에 관해 정래혁 국방장관과 레어드 미 국방부장관 사이에 양해각서에 서명함으로써 M-16 소총공장 건설의 실현을 눈앞에 두게 되었다. 이 양해각서의 골자는 한국에 M-16 소총의 생산설비를 건설하고 6년 동안에 약 60만 정의 M-16 소총을 생산하는 것으로 되어 있었다. 이에 소요되는 7,200만 달러의 비용 중 미국 정부가 부품 및 용역의 조달에 필요한 4,200만 달러의 신용차관을 제공하기로 하였다.[64] 이에 1971년 4월 초부터 소총 생산공장이 착공되었고 이듬해 3월 14일에는 김동조 주미대사와 레어드 미국 국방부장관 사이에 M-16 소총용 탄환 생산을 위하여 탄약공장 확장에 관한 차관 협정에 서명하였다. 소총공장은 1972년 말 준공되어 이듬해부터 양산체제에 들어갔다.

한국 정부는 군이 필요로 하는 무기체계를 국내에서 생산함으로써 무기체계의 해외 의존에 따른 정치적 종속으로부터 점차 탈피할 수 있을 뿐만 아니라 선진국의 군사과학기술 이전 기피와 통제 강화 그리고 급격한 군사과학기술 변화에 능동적으로 대처할 수 있도록 한다는 방침에 따라 방위산업 육성을 적극 추진하였다. 무엇보다 방위산업은 국가방위상 전략적 요청에 의거하고 있으므로 장기적인 국방수요 계획이 수립되지 않고서는 효과적인 육성을 기대할 수 없다고 판단하고 국방과학연구소를 중심으로 관련 부처와 민간 연구기관의 실무요원으로 팀을 구성하여 방위산업 10개년 계획을 수립하였다. 방위산업의 육성 방향은 유사시에는 민수 부문을 전용하여 병기 생산 능력을 극대화시킨다는 일석이조의 전략에 따라 다수의 민간 공장에 의한 분업생산과 조립방식이라는 한국 특유의 독창적인 방법으로 정부 주도하에서 육성을 추진하였다. 이에 따라 국방과학연구소는 개발 대상 장비의 군사기술 자료철을 미국으로부터 도입하여 이를 한국화하거나 견본 장비를 획득하여 이를 역설계하고 연구소의 기술지도 아래 방위산업체가 이를 시험 제작한 이후 기술 시험과 군의 운용 시험을 거쳐 양산에 임하는 모방개발 방식을 채택하였다.[65]

박정희 대통령은 1974년 11월 9일 경제기획원에서 방위산업 건설(4대 핵 공장 건설)의 추진 현황을 보고받은 그날 김정렴 비서실장을 통해서 국방부 장관과 국방과학연구소 소장에게 즉시 국산 병기 개발에 착수하여 연내에 시제품을 만들라고 지시하였다. 다음 날인 11월 10일 오원철(吳源哲) 차관보를 경제 제2비서실 수석비서관에 임명하고는 다음과 같이 지시를 내렸다.

"첫째, 안보 상황이 최비상 상태이다. 둘째, 우선 예비군 20개 사단을 경장비 사단으로 무장시키는 데 필요한 무기를 개발하고 생산하라. 60mm

박격포까지를 포함한다. 셋째, 청와대 안에 설계실부터 만들어 직접 감독하라. 나도 수시로 가보겠다. 처음 나오는 병기는 총구가 갈라져도 좋으니 우선 시제품부터 만들라. 차차 개량해나가면 쓸 만한 병기를 생산할 수 있게 된다. 필요한 우수한 인재를 동원하라."

이러한 지시에 따라 즉시 경제 제2수석비서관실에서 근무할 인원을 편성하고는 병기 개발 계획을 수립하고 다음과 같은 기본 방침을 설정했다.

> 가. 예비군 20개 사단을 경장비화하는 데 필요한 기본 화기 및 장비를 생산한다.
> 나. 전쟁 초기를 대비한 긴요 비축탄약을 생산한다.
> 다. 자주국방력을 고도화하기 위하여 소요되는 고성능 병기, 장비, 물자를 장기적으로 연구개발한다.
> 라. 북한보다 성능이 우수한 병기를 생산하되 1단계로 미제 최신형을 모방 생산한다.
> 마. 병기 개발은 부대별 무기체계를 확정, 방위산업 5개년 계획을 수립하여 연차별로 중점 수행한다.

이에 국방과학연구소는 11월 13일 기본 병기 개발사업인 이른바 '번개사업' 계획을 작성하고 소총(카빈 M-2형) 등 7개 품목의 시제 사업을 국방부에 건의하였다. 17일에는 청와대로부터 병기 개발 추진 방안이 하달되고, 국방과학연구소가 건의한 시제 대상 품목과 수량이 약간 수정 승인되어 이른바 1차 번개사업이 착수되었다. 1차 번개사업에서 우선 착수할 과제로는 소총, 기관총, 박격포, 3.5인치 로켓발사기, 지뢰, 수류탄 등의 기본 병기를 중심으로 하고, 모델과 시제품 수량을 정했다. 그리고 1차 시제품을 12월 30일까지 제작하고, 1차 시제품에 대한 시험 후에 결함을 보완하여 2차 시제품을 이듬해 1972년 3월 1일까지 제작하도록 기한을 정했다.[66]

'번개사업'에 따라 국방과학연구소는 즉시 기구를 개편하여 제1실(총포, 김성진 실장), 제2실(탄약, 임태원 실장), 제3실(로켓, 구상회 실장), 제4실(통신전자, 서정욱 실장), 제5실(기동장비, 이한백 실장), 제6실(장구 및 물자, 한필순 실장)의 6개 실로 체제를 정비하고 11월 17일부터 개발 작업에 착수하였다. 당시 한국의 공업 능력은 아직 충분하지 못하여 심지어 청계천 고물상을 통해 번개사업에 필요한 부품, 원자재 등을 구하는 실정이었다. 이곳에는 미군에서 불하되거나 절취한 각종 공구와 장비, 심지어 기술교범까지 거래되고 있었다. 미군 장비의 국산화를 위한 설계도면이 없어 켈리퍼 등의 기본적인 측정기구로 치수를 재어 역설계하는 것이 일반적이었다.[67] 심지어 로켓발사기는 창틀을 만드는 알루미늄 주물로 제작하기도 하였다. 병기 시제품 긴급개발 지시(번개사업)를 받은 1주일 뒤인 1971년 11월 17일부터 국방과학연구소는 24시간 쉬지 않고 일하며 한 달 만에 소총과 박격포를 만들어냈다. 이렇게 서둘러 만든 국산 병기의 1차 시제품 8종(M1 소총, 카빈 소총, 기관총, 60mm 박격포, 81mm 박격포, 3.5인치 로켓발사기, 대인지뢰(크레모아), 대전차지뢰)이 12월 16일 청와대 대접견실에서 처음으로 공개되었다. 12월 하순부터 이듬해 1월 11일까지 세 차례에 걸쳐 시제 장비의 시험사격을 실시하였다. 제2차 시험사격을 마친 후 연구소를 방문한 미 육군 연구개발 담당차관보의 동남아담당 특별보좌관인 하딘 일행과의 협조로 미국 기술 자료 획득이 용이하게 되었다.

1차 번개사업 후 청와대는 야전에서 쓸 수 있도록 2차 번개사업(1972년 1~3월)을 지시하였다. 국방과학연구소는 1972년 2월 말까지 1차 시험제작 시의 불량 부품을 중점적으로 수정 보완하여 질적 향상을 기하고,

유탄발사기, 66mm 로켓발사기 등 몇 가지의 병기와 방탄헬멧 등 개인 장구를 추가로 시험 제작하는 제2차 번개사업에 착수하였다.[68] 1972년 2월 23일부터 3월 15일까지 세 차례에 걸쳐 시제품에 대한 시험사격이 실시되었고, 4월 3일에는 박 대통령과 3부 요인, 군 수뇌부, 언론기관 등이 참석한 가운데 종합사격 시험을 성공리에 마침으로써 기본 병기의 국산화에 한층 자신감을 갖게 되었다. 1972년 4월 1일에 시작된 제3차 번개사업의 목표는 모든 시제품의 대량생산에 들어갈 수 있는 수준까지 끌어올리는 데 두었다. 시험 제작 대상 품목에 통신장비와 개인 장구류 등 11개 품목이 시제품으로 추가되었고 시험 제작 기간은 6월 말까지였다. 이들 시제품들은 9월 말까지 다시 보완 시제함으로써 성능에 미달한 시제품은 다시 보완하여 미국의 군사원조 물품 못지않은 성능이 발휘됨으로써 한국은 기본 병기의 국산화 시대에 돌입하였다.

번개사업을 통해 참여 연구원들은 국내에 없는 기술을 직접 개발하기도 하였고 국내에 없던 산업기계나 장비는 우선적으로 도입하는 역할을 하였다. 이 과정에서 얻은 기술과 장비는 국방과학연구소에만 머무르지 않고 우리 산업계 전반에 전파되었다. 예를 들어 방탄헬멧 개발의 과정에서 얻어진 케블라 섬유 소재를 바탕으로 우리나라가 유리섬유나 카본 섬유를 사용한 낚싯대 시장에서 세계 1위의 자리를 차지하게 되었다. 또한 진공관식 구형 무전기를 대체할 트랜지스터형 소형 경량 무전기 개발을 통해 이어진 기술은 이후 1970년대 말 한국형 전전자기 교환기(TDX) 개발로 이어져 우리 통신 발전에 획기적인 기여를 하였다. 기동장비인 군용 소형 차량 개발은 이후 기아자동차 봉고 신화를 이루는 밑거름이 되었다.[69]

특히 국방부는 방위산업 수요의 큰 진폭에 따른 생산업체의 경영상 애로를 최소화하고 유사시에 대량생산을 할 수 있는 체제를 갖추기 위하여 무기의 주요 부분별로 생산업체를 지정하되 지정 공장의 평상시 작업량을 민수용 80%, 방산용 20%의 비율을 원칙으로 하고 유사시에는 전 능력을 방위산업에 전용하도록 하였다.[70] 이는 1970년대 추진하였던 중화학공업화계획 과정에서 방위산업의 수요 연계성만을 따진 것이 아니라 경제 산업적 필요성에 따른 것이었다.[71] 방위산업의 육성 방향과 목표에 따라 방산물자와 방산업체 지정은 복수 업체 지정을 원칙으로 하였는데, 이는 우리 방산 기반이 취약함에 따른 시제 생산의 불투명에 기인한 불가피한 것이었다. 방산업체의 시행착오를 최대한 줄이기 위해 우선 1, 2차 시제가 완료된 10여 개 병기에 대하여 이를 담당할 업체를 선정한 이후 기존 시설을 최대한 이용하여 장비를 생산하도록 하였다.

한편 1970년 8월 애그뉴 미국 부통령 방한 이후 미 7사단이 철수하는 등 주한미군 철수가 가시화됨에 따라 국방부는 향후 주한미군의 감축에 대비하여 한국군 현대화 5개년 계획(1971-1975년)을 수립하였다. 이 계획으로 일부 한국군 장비를 신형으로 교체하고 베트남 파병 한국군의 장비를 확보하는 등의 일부 효과가 있었다. 그러나 미국이 약속한 무상지원 15억 9,600만 달러는 9억 8,800만 달러로 줄어들고 대외군사판매(FMS) 차관으로 변질되는 등 한국군 현대화 5개년 계획은 목표 달성에 차질을 빚고 있었다. 그 종결 시기도 1977년까지 2년 연장하였다. 미국이 한국군 현대화계획에 대한 지원을 일방적으로 수정하여 집행함으로써 1973년에 이르러 한국군의 전력은 북한군 전력의 50.8% 수준밖에 이르지 못한 것으로 평가되었다. 북한과의 전력 격차가 현저하게 벌어진 가운데 북한의 도발 위협이 증대하자 정부는 1973년을 '총력안보의 해'로 설정하고 국가 동원체제의 구축과 더불어 자주국방을 가장 우위의 국가정책으로 채택하여 방위산업 육성과 병행한 독자적인 전력 증강 사업을 본격적으로 추진하게 되었다.[72]

3. 율곡사업의 개시와 국방기술의 본격 개발

1973년 1월 박정희 대통령이 중화학공업화를 선언하면서 한국군의 장비 현대화와 방위산업은 새로운 국면을 맞게 되었다. 이 무렵 독자적인 군사력 건설에 대한 각성이 군 내부에서도 일어났다. 이른바 율곡계획이 그것이다. '율곡계획(栗谷計劃)'은 국군의 전력증강사업계획을 통칭(通稱)하는 용어이다. 율곡계획은 우리 군의 자주적 군사력 건설을 위한 전력증강사업계획으로 이 계획은 1970년대 불안정한 한반도 안보환경에서 우리나라가 살아남기 위해 강력히 추진했던 '국방상의 자위책(自衛策)'이라고 할 수 있다.

율곡계획은 박정희 대통령이 천명한 자주국방의 한 축이었다. 박 대통령은 자주국방을 위해 국가동원체제(향토예비군·민방위대·학도호국단 창설)를 구축하고, 방위산업 추진, 독자적인 전쟁대비계획인 태극72계획 수립함과 동시에 국군의 전력증강사업계획인 율곡계획을 추진했다. 율곡계획 수립에는 소수의 창조적 설계자들이 있었다. 1960년대 말 북한의 도발이 급증하고 1970년대 초 미국의 군원 이관 및 주한미군 철수 문제가 대두되면서 자주적인 군사력 건설 문제가 시급한 과제로 제기됐다. 이런 상황에서 1972년 6월 3일 합동참모본부장에 취임한 이병형(李秉衡) 육군중장은 "자주적으로 군사력을 건설해야 한다."는 신념을 갖고 연구에 착수했다. 이를 위해 이병형 장군은 합참에 '전략기획국'을 신설하고, 전문 인력을 보강해 독자적인 군사전략과 군사력 건설을 위한 계획에 착수했다.

1973년에 설치된 합참 전략기획국은 전략증강사업계획인 율곡계획의 산실 역할을 했다. 당시 합참에는 자주국방에 역량을 보탤 쟁쟁한 인사들이 포진해 있었다. 합참의장은 한신(韓信) 육군대장이었고, 합참본부장은 한국전쟁 때 지략과 용맹을 떨친 이병형 육군 중장이었다. 자주국방의 설계 책임을 맡은 전략기획국장은 이재전(李在田) 육군 소장, 그 밑에서 핵심 브레인 역할을 하게 된 1과장 임동원(林東源, 육군소장 예편, 후일 통일부 장관과 국가정보원장 역임) 대령과 우수한 영관급 장교들이 있었다. 영관급 장교 과원(課員)에는 김영삼 정부 당시 육군참모총장과 합참의장을 역임한 윤용남(尹龍男) 소령과 육군 중장 예편 이후 국가보훈처장을 지낸 이재달(李在達) 소령 등이 있었다.

이병형 합동참모본부장은 전략기획국 전담 연구팀에게 국제정세, 남북한 군사정세, 국내 경제문제를 분석 종합한 보고서('지휘체계와 군사전략')를 작성케 했다. 1973년 4월 19일 을지연습 73 순시를 위해 국방부를 방문한 박정희 대통령에게 유재흥(劉載興) 국방부 장관을 대신하여 이병형 본부장은 이를 보고했다. 이 보고를 받은 박 대통령은 "가장 의욕적이고 고무적인 보고"라는 극찬과 함께 다음과 같은 내용의 '자주적 군사력 건설'에 대한 지침을 내렸다.

첫째 자주국방을 위한 군사전략 수립과 군사력 건설 착수
둘째 작전지휘권 인수 시에 대비한 장기 군사전략의 수립
셋째 중화학공업발전에 따라 고성능 전투기와 유도탄 등을 제외한 주요 무기와 장비의 국산화
넷째 장차 1980년대에는 이 땅에 미군이 한 사람도 없다는 가정 하에 독자적인 군사전략 및 전력증강계획을 발전시킬 것

박정희 대통령의 지시에 따라 합동참모본부는 1973년 7월 합동기본군사전략과 군사력 증강에 관한 기본지침을 수립해 7월 12일 각 군에 '군 장비 현대화 계획' 작성 지침을 하달했다. 11월 5일에는 '국방7개년 계획 투자비사업계획 위원회'를 설치해 각 군에서 건의한 장비 현대화 계획을

조정·보완해 1974년 1월 16일 이를 합동참모회의에서 의결했다. 2월 6일에는 '국방7개년계획 전력증강 투자비 분야'를 보안상 '율곡계획'으로 건의해 합참의장의 승인을 받았다. 최초 '율곡계획' 명칭은 3개 안, 즉 율곡(A안), 아사달(B안), 두꺼비(C안)였는데, 이병형 합참본부장과 한신 합참의장의 승인을 거친 후 1974년 2월 25일 '국방7개년계획 투자비 분야' 보고 때 박정희 대통령의 재가를 받는 과정에서 최종적으로 '율곡계획'으로 확정됐다. 율곡계획은 임진왜란 때 왜적의 침입을 예견하고 '10만 양병론'을 주장했던 이이(李珥) 선생의 호인 율곡(栗谷)에서 따온 것으로 유비무환 정신을 본받자는 의미가 담겨 있었다. 이를 토대로 국방부는 1차 전력증강계획(1974-1980)을 수립해 1974년 2월 25일 박정희 대통령의 재가를 받았다. 그렇게 함으로써 율곡계획은 우리나라 최초의 '자주적인 전력증강계획'으로 자리를 잡게 됐다.

율곡계획은 1970년대 우리나라가 국방상의 자위권 차원에서 독자적으로 추진한 자주국방을 위한 국책사업이었다. 이 계획의 기본 전략 개념은 한미연합억제전략에 바탕을 둔 한미군사협력체제 유지, 주한미군 계속 주둔 보장, 현 휴전 상태의 최대 연장, 방위전력의 우선적 발전, 자주적인 억제전력의 점진적 형성이었다. 이를 위해 장기적으로 국방비 가용액을 국민총생산(GNP)의 4.5%(1974-1980년 7년간 평균) 수준을 유지하고, 투자비는 15억 2,600만 달러로 책정했다. 또한 전력 증강 투자재원을 마련하기 위해 운영유지비를 최대한 절약하고, 방위산업을 육성하여 자체 생산기반을 구축해나가되, 전력 증강의 우선순위는 대공 및 대전차 억제 능력 강화, 해·공군력 증강, 예비군 무장화 순으로 정했다.[73] 하지만 율곡계획은 진행 도중 당시 정부에서 추진하고 있던 제4차 경제개발 5개년 계획(1977-1981)과 일치시키기 위해 1981년에 끝마치도록 1년을 더 연장했다.[74]

제1차 율곡사업으로 한국은 기본 병기의 국산화가 가능해졌다. 이 사업의 전력 증강 목표는 당시만 해도 한국군의 전력이 북한에 비해 질적으로나 양적으로 절대 열세한 수준이었으므로 대북 방위력 확보에 중점을 두었다. 이를 위해 노후 장비를 대폭 교체하고 지상 기동력과 화력의 현대화, 수상 전력의 현대화, 항공 및 방공 전력의 증강, 전투사단 개편, 전방진지 축성, 국방연구개발 및 방위산업 육성 등 거의 모든 재래식 무기를 현대화하고 증강하는 전 방위적인 전력 증강이 이루어졌다.

육군의 경우에는 M1 소총과 카빈 소총이 모두 M16 소총으로 대체되고 LMG 경기관총이 M-60 기관총으로, M47/48 계열의 구형 전차가 M48A3K/5K 성능개량 전차로, 105㎜ 및 155㎜ 야포가 사거리가 연장된 신형 개량포로 대체되었다. 미국제 M48 패튼 계열의 전차에 105㎜ 강선포, 디젤엔진, 국산 개발 사격통제장치 등을 장착하는 전차 성능 개량 사업은 나중 한국형 신형 전차인 K1 전차 개발의 중요 자산이 되었다. 이외에도 10여 대의 헬기와 O-1 정찰기만을 보유하고 있던 육군항공도 대한항공에서 1976년부터 500MD 경헬리콥터를 기술 도입 생산하면서 양적, 질적으로 전력이 대폭 향상되었다.

해군은 당시 소수의 해안 경비함과 선령 30년이 지난 기어링급 구축함 9척을 미국에서 제공받아 수리하여 주력함으로 운용하고 있는 상황이었다. 1975년 7월 박정희 대통령의 지시에 따라 한국형 구축함 건조에 착수하여 1978년 기본 설계가 완료되고 1980년 4월 최초의 한국형 전투함인 2,000톤급 울산함이 진수되었다. 고속정으로는 미국의 고속정을 성능개량한 백구급 미사일 고속정이 1975년 3월부터 1978년까지 9척이 취역하였다. 아울러 1978년부터 백구급 고속정을 축소시킨 참수리 고속정을 개발하여 해군은 연안을 중심으로 한 해상작전 능력을 갖추었다.

공군은 구형 전투기 F86을 도태시키고 F-5A 전투기에 이어 이를 개량한 F-5E를 도입하여 장비하였다. 아울러 F-4D 팬텀을 추가 도입하여 항공기술의 발전을 도모하였다. 전투기의 도입과 함께 무인항공기 등 다양한 항공기술 개발을 시도하였다. 1972년부터 국방과학연구소는 도면을 도입하여 미국 Pazmany사의 PL-2

〈그림 6-7〉 새매

항공기를 제작하였다. '새매'라는 명칭의 이 항공기는 한국에서 제작한 최초의 금속제 항공기로서 1973년 5월까지 4대를 생산하여 실전 배치하였다.

1973년 후반 국방과학연구소의 유도무기 기체연구실에서는 홍재학 실장을 중심으로 이해경 서울대 교수 등이 미국 Northrop사의 F-5E/F의 면허 생산 타당성 연구를 하였다. 그 결과 우리나라 항공산업의 능력은 부족하지만 공군 전력 증강과 향후 항공산업 육성 필요성에서 공군 전투기를 직도입하지 않고 대만처럼 국내에서 이 전투기를 조립 생산부터 시작한 후 부품 생산까지 단계적으로 항공기 생산 능력을 키울 수 있도록 면허 생산을 해야 한다는 결론을 내렸다. 이는 1970년대 후반 정책화되었다. F-5E/F의 면허 생산은 1980년부터 1986년까지 이른바 제공호 사업으로 추진되어 제트전투기 제작의 효시가 되었다.[75]

한편 1977년 3월 공군사관학교 졸업식에서 박 대통령은 공군에 무인기 개발을 지시하였다. 이에 국방과학연구소에서는 '솔개'로 명명된 무인기 개발에 착수하여 그 1단계로 기만형 개발이 이루어졌다. 기만형 무인기는 적의 레이더를 속여서 마치 전투기가 공격하는 것처럼 보이도록 한 것으로 당시 주력 전투기인 F-5와 같이 보이도록 한 것이었다. 체계 및 기체 설계는 영국 Cranfield 대학의 기술 자문을 받아 완료하고, 추력 100 파운드 소형 제트엔진은 롤스로이스사 퇴직 기술자들의 도움을 받아 개발하였다. 1981년 2회에 걸친 비행 시험이 성공하였으나 다음 해 양산 단계에서 돌연 중단되었다.[76] 이 솔개는 비록 배치되지는 못하였지만 이후 각종 군용 무인기 개발의 초석이 되었고 소형 제트엔진을 장착한 순항미사일의 기술 자립에 도움이 되었다. 비록 개발을 중단시킨 정책 결정은 일시적으로 관련 분야의 기술적 퇴보를 가져왔지만 향후 추진할 한국형 제트엔진 개발의 시초라는 점에서 그 의미는 적지 않다.

4. 1970년대 후반 억제전략의 수립과 전략무기 개발론

1975년 4월 남베트남의 공산화와 1977년 출범한 미 카터 행정부의 주한 미 지상군 철수 정책에 따라 한국은 독자적인 대북 억지력 확보를 더욱 적극적으로 모색하였다. 특히 주한 미 지상군의 철수로 인해 향후 한반도 방위에서 주한미군의 역할이 축소되는 상황에 대응하여 한국군 내부에서는 독자적인 한반도 방위를 위한 군사력 건설과 군사전략이 마련되고 있었다. 이러한 자주국방 추진에 대한 정치권과 사회 일각의 불안감도 없지 않았다. 당시 한국군 고위 인사들은 1974년 제기된 한미1군단의 해체와 이에 따른 서부전선의 독자적 방어 책임 전담에 대해 우려보다는 한국군의 자주국방 태세를 강화하고 한국군의 전문성을 향상시킨다는 점에서 적극 수용하는 분위기였다.[77] 이는 1977년 주한 미 지상군 철수 계획이 발표되었을 때에도 비슷한 양상이었다. 주한 미 지상군 철수 계획이 한국 정부에 적지 않은 충격을 주었음에도 불구하고 이미 자주국방을 위한 움직임이 본격화된 상황이었으므로 한국군 내부에서는 상당히 차분하게 대응하고 있었다. 주한 미 지상군이 4~5년이라는 비교적 긴 시간에 걸쳐서 철수할 뿐 아니라 철수 완료 이후에도 주한 미 공군은 계속 잔류하여 전략적 억제력을 행사하기로 되어 있었던 상황과 함께 오히려 이 기회를 전화위복의 계기로 삼아 자주국방의 기틀 확보에 주력하고자 하는 입장이 적지 않았다.[78]

실제 자주국방을 위한 다양한 주장이 나타났는데, 예를 들어 그동안 우리가 한국의 방위를 미국에 의존해왔으므로 자주적인 전략 수립을 하지 못한 점을 비판하고 자주국방체제를 확립하기 위해 우리에 적합한 자주적인 전략, 전술 교리의 연구를 강조하는 주장이 나타나기도 하였다.[79] 이는 그동안 한국의 군사력 건설이 적극적으로 추진되었지만 1970년대 후반까지도 한국과 북한 간에 군사적 불균형이 존재하는 것에 대한 반성의 과정에서 나타났다. 즉, 한국은 그동안 군사보다 경제개발에 치중한 데다 미국의 대한 군사정책으로 인해 독자적인 계획 수립이 이루어지지 못한 것을 군사적 불균형의 근본 원인으로 보았다. 이에 북한군의 전술, 조직, 화력에 대응하는 주체적인 전술 수립에 소홀히 하고 미국식 훈련에 치중하였을 뿐 아니라 미국 일변도의 무기 구입과 미국식 군사체제에 바탕을 둔 군사력 증강으로 한반도 상황에 적합한 군사력 건설을 이루지 못하였다. 이러한 모순으로 북한과의 군사적 불균형이 나타났다.[80] 자주국방을 위한 한국적 전략 전술 및 교리의 개발 필요성은 이러한 문제 인식과 관련이 있다. 이러한 분위기 속에서 군사전략 측면에서는 공세성, 기동성 등을 강조하는 입장이 적지 않게 나타났다.

적극적 군사전략의 모색과 함께 1970년대 후반에는 완전한 자주국방을 확보하기 위해 북한 및 주변 국가의 위협이나 간섭에도 굴복하지 않기 위한 거부 능력(Denial Capability) 확보가 강조되었다. 이 시기 이상우 교수에 의해 소개된 이른바 '고슴도치 이론(The Porcupine Theory)'은 당시 상당한 영향을 미쳤다. 이는 강대국이 영향 능력을 발휘하여 얻어낼 수 있는 이득보다 더 큰 손실을 줄 수 있는 거부 능력을 갖추면 안전하다는 논리였다. 이 이론에 따르면 약소국이 유효한 거부 능력을 갖추기 위해 양적으로는 적더라도 신뢰도가 높은 공격 능력과 적 공격을 최대한으로 흡수할 수 있는 효과적 방어 능력을 갖추는 것이 중요하였다. 특히 신뢰도 높은 반격 능력을 위해 대량파괴무기의 확보는 매우 필수적인 요소였다.[81] 이 이론에 동조한 최창윤은 한국은 소량의 정밀유도무기체계, Laser를 활용한 정확하고도 파괴력이 강한 신무기체계, 고성능폭탄 혹은 핵무기를 적재할 수 있는 폴라리스(Polaris)형급(型級)의 잠수함, 그리고 소량의 핵무기 등을 개발하여 거부 능력을 확보할 필요성을 제기하기도 하였다.[82]

온전한 자주국방을 위해 다양한 전략무기와 핵무기 등을 개발할 것을 주장한 것은 이상우, 최창윤 등에 그치는 것은 아니었다. 이호재 교수도 비슷하게 주한미군 철수가 한국 안보에 미치는 가장 중요한 영향은 통상 병력의 철수보다는 미국의 핵무기 철수에서 온다고 보고 한국은 핵폭탄을 제외한 핵력(核力) 개발에 최선을 다해야 할 것을 주장하기도 하였다.[83] 이 시기 핵무기 개발 문제에 대해서는 미국에 대한 한국의 독자적인 자율성 확보를 위한 대미용이었다는 주장도 있지만,[84] 당시 자주국방을 모색하던 상황에서는 거부 능력 확보의 측면에서 핵 개발은 매우 진지하게 논의된 것은 분명한 사실로 보인다. 다만 실제 핵무기 보유에 따른 국제적 문제를 고려하여 당장 실현을 보지 못한다 할지라도 즉시 현존 전력화할 수 있는 핵 개발이 모색되었던 것으로 보인다.

1970년대 미사일 개발과 핵무기 개발 시도 등은 이러한 상황의 국방정책적인 반영이었다. 비록 핵무기 개발은 이루어지지 못하였지만 이후 한국이 세계 유수의 핵 기술국이 된 것은 이 시기 적극적인 핵무기 개발 시도와 핵 기술 확보 노력의 결과였다는 점에서 1970년대 자주국방과 전략무기 개발 동향은 보다 적극적으로 평가할 필요가 있다.

5. 1970년대 군사기술 개발 사례: 한국형 장갑차와 야포 개발을 중심으로

1970년대 초 국방기술 개발 초기 한국은 역설계와 모방 개발을 통해 관련 기술을 습득하였다. 그 과정에서 많은 시행착오와 인명 피해 등 우여곡절을 겪었지만 점차 새로운 완성품의 개발을 통해 체계 개발을 경험하였다. 그 대표적인 사례가 K200 한국형 장갑차와 곡사포 개발이었다.[85] 한국에서 최초로 생산된 장갑차는 이탈리아 피아트 6614 장갑차를 바탕으로 1976년부터 1978년까지 개발한 경장갑차 C6614였다. 이 장갑차는 기아자동차가 당시 생산하던 화물차인 복서의 엔진과 트랜스미션에 피아트 6614를 모델로 개발한 것으로 전투용이라기보다는 후방지역의 대게릴라 작전용으로 적합한 경장갑차였다. 이 장갑차의 개발 과정에서 장갑 소재와 용접기술, 특수 타이어와 방탄유리 제조기술 등 상당한 기술 발전을 이룰 수 있었다. 이 장갑차의 부품 국산화율은 65% 정도이며 특히 고경도 재질 압연장갑판을 국내 최초로 개발함으로써 이후 한국형 장갑차의 독자 개발과 소재공업 발전에 큰 기여를 할 수 있었다.[86]

한편 1979년에 신규 장갑차 소요가 제기되었다. 이는 한국군의 전력 증강에 의해 M48 전차의 개량이 이루어지면서 이와 더불어 작전할 수 있는 우수한 기동력을 가진 장갑차의 필요성이 제기된 것이다. 아울러 1979년 초부터 진행된 전력 구조 연구 결과 북한의 기갑전력 대량 투입에 대비한 기동전 능력 확보를 위해 기계화 보병사단과 기갑여단 수 개의 필요성이 제기되었다.[87] 이에 필요한 장갑차의 수량도 상당한 것이었다. 한국은 이탈리아 모델의 차륜형 경장갑차인 C6614와 미군으로부터 인수한 M-113 장갑차를 보유하고 있었으나 방어력, 기동력, 화력 등에서 한계가 드러났다. 특히 1950년대 개발된 M-113 장갑차는 점차 도태 시기가 다가옴에 따라 대체 장갑차의 필요성이 높았다. 그 무렵 육군에서는 미국의 M-114 장갑차를 도입하는 방향으로 거의 결정이 된 상황이었다. 국방과학연구소의 개발 담당자였던 민성기 박사는 1980년 당시 국보위 전두환 상임위원장을 찾아가서 국산 장갑차의 개발 필요성을 설득하여 획득 방법을 국내 개발로 전환함으로써 K200 한국형 장갑차 개발이 착수되었다.

장갑차 국내 개발 결정을 계기로 국방과학연구소 기동장비실은 각국을 방문하여 기초 자료를 획득하였다. 1981년 초 민성기, 조남태, 강윤수 박사 등은 미국·프랑스·영국·독일·이탈리아 등 무기체계 선진국의 생산 시설을 살피기 위해 출장길에 올랐다. 하지만 각 나라의 방산업체는 관련 시설을 제대로 보여주려 하지 않았다. 따라서 설계를 제작과 생산으로 연결하는 방법이 도무지 손에 잡히지 않았다. 다행히 이탈리아 오토멜라라사의 장갑차 시제 공장을 방문하여 장갑차 제작에 대한 핵심적인 과정을 파악할 수 있었다.[88] 이를 바탕으로 신형 궤도형 장갑차 설계와 제작을 위한 기본적인 개념(concept)을 확보할 수 있었다. 또한 당시 대우중공업(現 두산 인프라코어)은 M-113의 창정비 사업을 실시 중이었기 때문에 장갑차 구조에 대한 이해와 관련 기술이 적지 않게 축적된 상태였다.

처음 제작된 CM6614 경장갑차는 차체와 바퀴를 중심으로 국내 개발이 이루어졌지만, K200 장갑차는 엔진과 트랜스미션을 포함한 동력, 장갑, 무장 모두를 국내에서 개발했다. K200 장갑차는 형상은 피아트 장갑차를 모델로 했으나 기본적으로 국내 기술로 개발했고, 각종 구성품을 자체 개발하여 체계를 조립하는 형태의 대형 체계개발사업 개념이 사실상 처음 적용된 무기체계였다. 1970년대에는 백곰 미사일을 제외하고는 무기 설계는 미군의 기술자료(TDP, Technical Data Package)에 의존했고 모방 개발이 대부분이었다. 그러나 K200 장갑차부터 한국의 독자적인 설계에 따른 체계개발이 수행되었다. 장갑차의 개발과 생산기술은 민수 분야에서 장갑차와 유사한 동력장치와 궤도 및 차륜을 필요로 하는 불도저, 페이로더 등의 대량생산을 가능하게 했고, 1980년대 이후 한국 중장비 공업 발전의 기술적 기반이 되었다.

1970년대 말부터 시작된 장갑차 개발과 함께 1970년대 무기 개발에서 뚜렷한 성과를 보인 부문이 야포였다. 구릉과 산악이 많은 한반도의 지형적 특성 때문에 한국전쟁에서 견인식 야포('견인포')가 널리 활용되었으며, 이는 전쟁 중~후반기 고지전에서 중요한 역할을 담당했다. 또한 1970년대 북한군의 야포 전력이 워낙 우세했기 때문에 이에 대한 대칭성을 맞추기 위해 우수한 야포가 반드시 필요했다. 특히 한국군은 1970년대 들어서면서 기존에 보유한 견인포의 노후화가 심해 북한의 화력에 대응하기가 힘들어졌으나 미국은 신형 105㎜ 곡사포인 M101을 한국에게 제공할 의사가 없었으므로 국내 생산이 불가피해졌다.

1972년 4월에 박 대통령은 105㎜ 곡사포를 개발하도록 지시하였다. 이에 국방과학연구소에서는 한국군이 보유한 미제 105㎜ 곡사포의 치수를 재어서 역설계하는 방식으로 설계를 하고 포신 제작은 대한중기가, 주퇴복좌기 제작은 대동공업이 담당하여 개발에 착수했다. 여러 어려움이 있었지만 11개월 만에 시제품을 제작하여 1973년 3월에 연구소 자체 시험사격을 하여 성공을 거두었다. 한국이 국내 야포 제작에 성공하자 미국은 M101 설계도를 제공하는 조건으로 국산 105㎜의 해외 수출 시에는 미국과 협의하는 것을 단서로 달았다. 이렇게 입수한 M101 설계도면을 활용해 1977년부터 M101의 개량형인 KM101A1을 양산하였다. 105㎜ 곡사포 개발에 성공하자 이어서 155㎜ 곡사포의 개발에 착수하여 미국의 신형 M-198 155㎜ 견인포를 모델로 원거리 사격이 가능한 장포신 곡사포 KH-179를 기아정공에서 자체 개발하였다.[89]

〈그림 6-8〉 KH-179 155mm 곡사포

1970년대 105mm 곡사포 등 대구경 화포를 개발 생산하는 과정에서 습득한 정밀가공기술과 생산공정기술은 민수 분야의 정밀공작기계 제조 분야에 즉각적으로 적용되었다. 구체적으로 야포 개발로 인해 열처리 기술, 고장력 볼트 등 미국 국방 규격에 합격한 각종 기계 부품이 개발되면서 자동차 및 공작기계 관련 분야 기술의 급속한 발달을 가져왔다. 그 외에도 한국 기술계는 다양한 기술 축적을 할 수 있었는데, 예를 들어 특수강 기술, 고장력 알루미늄, 고장력 황동, 주강기술 등 소재 기술이 발달하였고 이는 당시 국산화 고유 모델 승용차를 추진 중인 한국 자동차 기술의 근간이 되었다.

6. 1970년대 한국의 미사일 개발과 한국의 기술 도약[90]

한국형 미사일 개발이 시작된 것은 1971년 연말이었다. 1971년 12월 26일 박정희 대통령은 친필 메모로 비밀 프로젝트를 추진하라는 지시를 오원철 경제 제2수석에게 내렸다. 그 메모에는 "1단계로 1975년까지 200km 사거리의 국산 지대지유도탄 개발"하라는 요지의 지시가 적혀 있었다. 또한 "단거리 미사일은 수입해서 쓰면 된다. 중·장거리를 개발하라."고 지시했다. 관련 기술과 인력이 전무한 상황에서 4년 안에 국산 지대지 미사일을 만들라는 것이었다. 대통령의 비밀 지시를 받은 국방과학연구소는 즉각 미사일 개발에 착수하여 '미사일기술연구반'이 국방과학연구소에 설치되고 공군에 '미사일전술반'이 설치되었다. 5월 1일 국방과학연구소, 한국과학기술원(KAIST), 한국과학기술연구소(KIST), 국방부, 중앙정보부가 참여하는 미사일개발단이 '항공공업 개발 계획단'이라는 위장 명칭으로 발족되었다.

　개발 책임자였던 구상회 박사는 1972년 5월 16일부터 7월 4일까지 미국 방산 연구소들을 견학했다. 그중 앨라배마주 헌츠빌(Huntsville)에 있는 미 육군 유도탄연구소에서 맥다니엘 연구소장 등의 도움으로 유도탄 연구 및 시험장비 등의 내역, 제작회사 및 예상가격, 추진제와 유도조종장치 및 기체 등을 시제하는 데 필요한 원료, 부품의 공급회사 및 단가, 유도무기 연구소를 건설·운영하는 데 필요한 인력과 조직 등에 관한 800쪽 분량의 유도탄 개발 관련 자료를 입수할 수 있었다. 또한 미사일 개발에 필수적인 관성항법장치 하나를 선물로 받았다.

　미사일 개발 방식에서 개발 총괄책임자였던 이경서 박사는 곧바로 180 *km*급 장거리 미사일을 개발하는 것이 바람직하고 기술적으로 개발 가능하다고 보았다. 북측이 서울에 직접 도발할 경우, 유도탄으로 대응하는 것이 효과적이므로 장거리 미사일이 필요하며, 또한 나이키 허큘리스(Nike-Hercules, NH) 지대공 미사일이 있으므로 이를 모델로 지대지 미사일을 개발하면 된다는 것이었다. 일부 함대함 미사일 같은 작은 미사일 개발부터 먼저 할 것을 주장하는 입장도 있었으나 박 대통령은 장거리 미사일개발계획을 우선 실행하고 나머지 방안은 계획에서 삭제해버렸다.

　1975년부터 본격적으로 미사일 개발 사업이 시작되었는데, 미사일 개발을 위해서 반드시 확보해야 하는 기술은 3가지로, 미사일 설계기술, 추진제 제조기술, 그리고 관성항법장치(INS)기술이었다. 먼저 미사일 설계기술의 획득 과정을 살펴보도록 하겠다. 최초 국방과학연구소는 1975년 미국의 퍼싱급 지대지 유도탄의 개발에 착수하여 개발 가능성 검토를 실시하고 부분적으로 예비설계까지 하였으나 더 이상의 진전을 이루지 못하였다.[91] 그런데 우리 공군이 당시 운용 중이던 지대공 미사일인 나이키

허큘리스의 개발자인 미국 맥도넬 더글러스(McDonell Douglas)사가 1975
년 봄에 뜬금없이 한국 국방과학연구소에 나이키 허큘리스 지대공 미사
일을 지대지 미사일로 개조하고 사거리도 240km로 연장해주겠다는 제의
를 해 왔다. 베트남전 철수 이후 당시 미국 방위산업은 전체적으로 어려
움을 겪고 있었으므로 맥도넬 더글러스사에서 이러한 제의를 한 것이었
고 국방과학연구소는 바로 승낙했다.

　다음으로, 추진제인 고체연료 제조기술의 확보 과정은 다음과 같다.
1976년 당시 경영난을 겪고 있던 록히드(Lockheed)사가 추진제 시설을 매
각하려고 한다는 정보를 접한 이경서 박사는 바로 록히드사로 날아가서
시설과 장비를 구입하겠다는 의사를 통보하고, 미 국무부의 수출 허가는
록히드사가 해결하라고 요구하였다. 록히드사는 국무부의 허가를 받기로
약속하고 200만 달러에 모든 시설의 매각에 합의했다. 미 국무부에서는
"기술 제공은 일체 불가하고, 오직 시설과 장비만 매각"하는 것으로 승인
이 났다. 국방과학연구소는 미국 록히드사의 추진제 공장에 기술자를 보
내어 모든 설비와 치공구 하나까지 빠짐없이 몽땅 뜯어서 배로 실어 왔
다. 이로써 우리나라는 미사일 독자 개발을 위해 가장 필요로 했던 미사
일 설계기술과 추진제 제조기술을 확보할 수 있었다.

　마지막으로, 미사일 제조에 필요한 관성항법장치(INS)기술이 확보되지
않았지만 지령유도방식의 나이키 허큘리스 미사일을 바탕으로 지대지 미
사일을 개발하고 있었으므로 따로 개발할 필요는 없었다. 지령유도방식
이란 2개의 레이더로 적 미사일과 우리 미사일을 추적하여 비행 중인 우
리 미사일에 조종 명령을 전달하는 것으로, 나이키 허큘리스는 지대공
미사일이지만 필요 시 장거리의 허공에 가짜 목표를 설정하여 유도한 뒤
가짜 목표 근처에서부터 지상으로 하강하여 지상 목표를 타격하는 지대
지 옵션이 있었다.

미사일 개발은 중단 없이 순조롭게 진행되어 1978년 4월 11일 '백곰' 미사일의 시제품이 완성되었다. 여러 차례의 시험발사를 거쳐 1978년 9월 26일 충남 서해안의 안흥 시험장에서 사거리 180km의 국산 미사일 1호 '백곰'의 시험발사를 박정희 대통령 등이 지켜보는 가운데 성공리에 공개했다. 백곰 미사일이 성공적으로 개발되자, 국방과학연구소는 또다시 하나의 미사일을 개발하는 계획을 추진했다. '백곰' 미사일(K-1)의 단점을 보완하고 관성항법 유도로 작동하는 K-2(현무) 미사일이었다. 관성항법장치(INS; Inertial Navigation System)는 미사일의 위치를 관성을 이용해 측정하여 알려주는 장치이다. 현대 미사일은 관성항법장치를 기본적으로 사용하고 있고 추가적으로 위성항법이나 지형대조 항법을 사용하고 있는데 현무 미사일은 가장 간단한 방식인 기계식 관성항법장치(INS)를 사용하였다. 기계식 관성항법장치는 영국의 페란티(Ferranti)사를 통해 관련 기술을 국방과학연구소에서 도입하여 완성하였다.

백곰 미사일 개발을 통해 유도탄 분야의 기술 향상은 괄목할 만한 것이어서 향후 이 미사일의 성능 개량은 물론 독자적인 개발 사업도 가능하다는 자신감을 갖게 되어 다련장로켓의 개발 및 함대함 유도탄과 기타 사업의 수행이 가능해졌다. 당시 연구개발은 지상유도장비 없이 자체 유도가 가능한 관성항법장치의 신규 개발, 일단 추진기관의 단일기관화와 이에 따른 기체 변경, 이동식 발사대 및 사격통제장비의 국산화를 중점적으로 추진했다. 이 미사일 개발 사업은 이후 한국의 항공우주산업의 기반을 닦았다는 점에서 그 의미는 매우 크다.[92] 오늘날 한국이 운용 중인 각종 첨단 미사일이 대부분 국산화되고 더 나아가 누리호 등 한국형 우주 발사체 개발이 가능해진 것도 백곰의 개발 과정에서 획득된 자동제어, 원격측정, 비행체 설계 등 지식과 기술, 관련 장비와 시설, 그리고 양성된 우수한 인력이 있었기 때문이다.

항공우주산업 이외에 백곰 미사일 개발은 한국 첨단기술 발전의 전환점이었다. 미사일 개발에 착수할 당시인 1970년대 초 한국의 금속기계공업 수준은 정밀가공 능력이 부족하여 자동차와 경운기를 조립하는 수준 정도였고 화학 분야도 산업용 다이너마이트 등 기초적인 생산기술밖에 없었다. 전자공업도 트랜지스터라디오 모방 생산이 가능한 수준이었다. 이런 상황에서 첨단기술의 종합인 미사일 제작에 필요한 각종 부품은 완전히 새로이 제작, 도입하지 않으면 안 되었다. 따라서 백곰 미사일 개발의 과정은 한국의 첨단기술 개발의 역사이기도 하였다. 즉, 생소한 각종 새로운 기술이 도입, 개발되었는데, 이러한 기술은 비철금속의 정밀가공 기술, 자동제어 관련 기술, 항공우주 관련 기술 등에 파급되어 이 분야가 급속히 발전하는 계기를 마련하였다. 백곰 미사일 기술은 2010년 12월 한국공학한림원과 지식경제부에서 주관한 1950년부터 60년간 대한민국 경제발전의 원동력으로 국가경제 발전에 크게 기여한 기술 60선에 채택되었다.

1980년대(1980~1993) 공세적 방어사상의 대두와 국방기술의 양상

1. 1980년대 자주국방의 좌절과 공세적 방어전략 채택

1974년 유엔총회에서 유엔군사령부 해체 안이 제3세계 국가들의 지지 속에 통과되면서 한미는 새로운 사령부에 대한 협의를 진행하였다. 미국 측에서는 주한미군 선임 장교의 지휘 하에 한미연합군사령부를 창설할 것을 제의하였고, 한국은 작전계획 작성 및 작전통제권 행사 과정에 한국군의 적극적인 참여를 전제로 협상에 동의하였다. 1977년 카터 행정부의 선거 공약에 따라 주한미군 철수와 연계하여 검토하였으며, 주한미군의 철수에 따른 한국 방위의 전력 공백 방지를 위해 한미연합군사령부가 78년 11월 창설되었다. 한미연합사가 창설됨에 따라 한국 방위의 책임은 유엔군사령부에서 한미연합사령부로 전환되었다. 한미연합사령부 창설은 1977년부터 시작된 주한미군 철수에 따른 군사적 공백을 보완하고 효율적인 한미 연합작전의 수행을 위한 최선의 연합방위체계를 구축하였다는 점, 미국 정부로부터 전략 지시를 받는 유엔사의 일방향 수직적 군사지휘관계에서 한국 정부의 국군통수권이 작동하는 양방향 수평적 군사지휘 관계로 발전되었다는 점 등에서 의의가 있다. 물론, 미국이 한반도에서 계속 영향력을 행사하기 위한 전략적 타산도 내재되어 있는 것도 사실이다.

1980년대의 한반도 군사전략은 1970년대 중반 수립된 적극방어전략의 틀을 유지한 채, 전투 수행 측면에서 완성도를 높이는 방향으로 전개되었다.[93] 1970년대 한국 군사전략의 가장 큰 화두였던 수도권 방어 문제는 1980년대에서도 지속되었다. 특히 수도 서울은 86 아시안게임 및 88 올림픽 등을 통하여 세계적 인지도가 향상되었고 거주 인구뿐만 아니라 한국의 대부분 기능이 집중된, 한마디로 한국의 핵심적인 중심 지역으로 변모하였다.

이에 따라 1980년대 한반도 방어의 핵심적 과제는 수도권 북방에서 적의 공격을 어떻게 저지 및 격퇴할 수 있는가에 대한 것이었다. 다각적인 검토 결과, 1983년 한국군 창설 이후 최초로 합참 차원의 군사전략이 제시된 『합동장기군사전략기획서』에 전면전 시 한국의 군사전략 개념을 "북한의 전면 무력 남침 시 ① 즉응반격전략으로 수도권 북방에서 야전 주력부대를 격퇴하고 ② 공세로 전환 및 초기에 전장을 적 지역으로 확대하여 조기에 실지를 수복하여 전쟁을 종식"하는 것으로 제시되었다.[94] 즉응반격전략이란 적의 선제공격 시 가급적 전쟁 초기에 수세 국면을 최소화하고 즉각 반격으로 전환하는 것이었다. 이는 1970년대의 적극방어전략이 방어를 위한 과다한 군사력 소요, 적의 공격속도 등을 고려 시 지연시간의 연장 효과 이상은 기대할 수 없다는 비판에서 비롯된 것이다. 또한 두 번째 즉각 공세로 전환하고 전쟁 초기에 상대 지역으로 전장을 확대하는 것은 우리가 방자(防者)이지만 수세적인 입장이 아니라 상대 지역으로 공격을 가하고 적의 강점에 대해서는 최소한의 방어를, 적의 약점에 대해서는 즉각 공세로 전함으로써 적의 기습 공격을 공세적으로 방어하겠다는 개념, 즉 공세적 방어이다. 이는 1970년대의 전략 개념보다 반격(공세) 기간을 확장하여 공세가 가미된 전략으로 적의 공격 첨단 및 종심에 대한 타격을 통해 공세성을 배가시킨 것으로 평가할 수 있다.

1980년대의 대내외적인 상황으로 인해 수도권 지역이 이전보다 더욱 중요해짐에 따라 1970년대의 적극방어 개념이 가진 한계를 극복하기 위한 대안으로 공세적 방어가 구상되었다. 이에 따라 수도권 방어의 보강을 위한 서부지역 지휘체계 개선, 종심 방어 강화, 반격작전계획 구체화, 기동군단 강화, 해·공군의 작전계획 보완 등이 추진되었다. 그러나 전쟁의 최종 상태는 여전히 휴전선 회복으로 선정하는 등 근본적인 전략 개념의 변화는 없었다. 1970년대 한국군이 발전시킨 독자적인 전략구상과 전쟁기획 능력이 발휘되지 못한 측면이 있다. 이는 1980년대 들어 그 이전까지 적극적으로 추진되던 자주국방노선의 좌절과도 밀접한 관련을 가지고 있다.

12·12쿠데타로 정권을 장악한 전두환 정권은 집권의 정통성 부족을 메우기 위해 미국의 지지를 확보하고자 하였다. 전두환 정권은 박정희 정부의 자주국방 정책을 명시적으로 언급하지도 않았다. 오히려 박정희 정부의 자주적 국방력 건설과 국내 방위산업 육성을 거의 포기하다시피하고 미국의 첨단무기를 직구매하는 방향으로 국방력 건설정책을 전환시켰다.[95] 1980년대 초 국방기술 개발에서 그 직전까지 보이던 것과 달리 도전적이고 특징적인 양상이 그다지 보이지 않는 것은 이러한 상황의 반영이었다. 박정희 정부가 독자적인 억제전략을 구사하는 적극적 자주국방을 추진한 반면, 전두환 정부는 보다 안정된 한미 관계의 유지를 위해 미국과의 갈등을 피하면서 방어전략은 한미연합의 억제전략 하의 '작계

5027'의 울타리에서 추진했다.

이는 1980년대 미국 레이건 행정부 등장과 적극적인 대 소련 군사전략 채택과도 관련이 있다. 레이건 행정부는 소련을 '악의 제국'으로 지칭하면서 소련과 무한 군비경쟁에 돌입함으로써 신냉전을 시작하였다. 신보수주의자인 레이건은 "적극적인 억제전략" 기조 하에 소련에 대해 전 방위적 압박을 가하면서 아프가니스탄 침공으로 대표되는 소련의 팽창을 저지하려고 했다.[96] 이에 따라 1980년대 미국의 군사전략은 두 지역 이상에서 동시 발생하는 분쟁에 동시 대응할 수 있는 군사역량을 구축하는 것이며 이를 위하여 유럽, 아시아 지역의 미군을 전진 배치하였다. 이런 적극적 전략에 따라 주한미군도 이전 행정부와는 달리 추가 감축 없이 유지될 수 있었다.

전두환 정부 역시 미국이 한국을 지지하고 있다는 인상을 강조함으로써, 정권의 정당성을 확보하려 하였다. 이를 위해 전두환 정부는 박정희 정부의 국방력 강화에 대한 미국의 의구심과 우려를 해소하기 위해 자주국방의 기치 아래 진행되어오던 국방연구개발정책을 후퇴시켰다. 그 대표적인 사례로는 국방과학연구소 조직 개편과 축소, 미사일 개발 인력 축소 등을 들 수 있다. 또한 전두환 정부는 미국과의 갈등을 유발할 수 있는 외부적인 현상의 변화보다는 국방제도의 개선, 방위력 개선 사업의 지속 추진 등 내부적인 개선을 지향하는 국방정책을 추진하였다. 따라서 군사전략 부분에서도 미국이 주도적으로 변화를 추진하지 않는 이상, 한국이 변화를 요구할 필요가 없었기 때문에 한국군 스스로 적용할 수 있는 수준에서 변화를 모색하였다.

소극적인 국방 노선의 채택에도 불구하고 1970년대 후반 적극적으로 추진된 자주국방의 노선은 이후에도 그 관성은 유지되었다. 앞서 보았듯이 1980년대 한국군은 '공세적 방위전략'을 구상하였다. 공세적 방위전략의 기본 개념은 수세 일변도의 대응 개념에서 탈피하여 수세-공세전략으로 목표 달성을 추구하는 것이었다. 구체적으로 전쟁 1단계(전략적 수세, 방어단계)에서는 적의 선제공격에 대응하여 적을 격멸하고 수도권의 안전 확보 및 주도권 장악을 통해 공세 이전의 기회를 조성하는 것이었다. 전쟁 2단계(전략적 공세, 반격단계)는 외세 개입 이전에 실지를 회복하기 위해 적 주력을 양분, 포위 섬멸하고 전 국토를 여러 방향으로 돌파 및 회복한다는 것이다.[97] 이 군사전략 구상은 기존의 수세전략에 공세성을 추가하였다는 점과 한국군 최초로 한반도 전역을 군사적으로 통제하는 계획을 구상했다는 점에서 의의가 적지 않다.

아울러 1980년대 전반에는 대 주변국 군사전략도 구상되었다. 1983년 합참은 『'83-'86 합동군사전략서』에서 이 개념이 최초로 제시된 이래 「합동군사전략서」 등의 관련 문서에 정기적으로 반영되어오고 있다. 합참은 1984년 3월 '전략연구위원회'를 조직해 이른바 백두산계획을 연구한 후, 12월에 대통령에게 보고하였다. 1985년에는 이와 별개로 대통령의 지시에 의하여 통일 한국의 대 주변국 방위전략구상(일명, 백두산계획)을 별도로 연구하였다.[98] 백두산계획은 군사전략이라기보다 국가전략의 성격이 강한 것이었다. 이 계획의 주요 내용으로는 통일 이후의 주변국과의 관계에서 한국의 균형자적 역할이 중요하며, 통일 이후 한반도 방위권은 1,000km로 상정하였다. 세부적인 주요 전략으로는 공세적 적극방어전략, 즉응전략, 선제공격(Preemptive strike) 전략과 고슴도치 전략 등이 제시되었다.[99] 고슴도치 전략의 수행을 위해 약소국은 신뢰도 높은 반격 능력을 위해 대량파괴무기인 원자력 추진 잠수함, 레이저 유도무기 등이 고슴도치 전략의 핵심 수단이다. 백두산계획은 2000년대 중반 노무현 정부 당시 표방된 한반도 균형자론이나 원자력추진 잠수함 건조 추진 등에 적지 않은 영향을 주었다.

자주국방에 대한 관심이 줄어들면서 상대적으로 한국의 군사교리와 전쟁방식은 미국의 군사교리에 바탕을 두게 되고 상대적으로 무기 개발도 이와 관련을 가지게 되었다. 1980년대 전반은 미국의 적극방어 개념에 바탕을 둔 화력(火力) 중시 사상이 지배하게 된다. 이는 당시 한국의 무기 개발과 배치에도 적지 않은 영향을 미치게 된다. 이는 1982년부터 1986년까지 5년간 추진된 2차 율곡사업의 내용을 통해 짐작할 수 있다. 2차 율곡사업의 전력 증강 목표는 1차 율곡사업에서 다하지 못한 대북 전력의 보완에 중점을 두어 '방위전력 보완 및 전력의 질적 향상'으로 설정하고, 이를 위해 조기경보체제 구축, 전쟁지속능력의 확장 및 유·무형 전력의 균형 발전을 통한 자주적인 군사력의 건설을 추진했다. 이는 주요 무기의 국산화를 통해 첨단 국방과학기술과 방위산업의 기반을 조기에 구축하는 것은 물론 기술 집약형 전력 구조로의 개선, 각 군 및 전장 기능별 전력의 균형적 발전을 통한 통합전투력의 극대화를 달성하는 데 초점을 두었다. 구체적으로 전차의 질적인 개선을 위해 기존 M47 및 M48 전차의 성능 개량, 한국형 K1 전차(88전차) 개발 및 K200 한국형 장갑차 개발과 배치 등을 통해 북한에 비해 수적으로 열세한 기갑 전력을 보강하고, 토우(TOW) 대전차미사일 도입, K55 155mm 자주포의 국내 생산, 다련장로켓(K136A1) 전력화 등을 추진했다.[100]

여기서 주목되는 것은 기동의 핵심 무기인 전차와 장갑차의 개발, 배치와 함께 토우 미사일 및 자주포 국내 생산, 다련장로켓 등 1970년대 후반의 미국 교리인 적극방어에 요구되는 화력 중시의 무기체계가 다수 개발 또는 도입이 추진되고 있다는 것이다. 이 시기 무기 관련 연구개발도 화포의 사거리 연장 및 위력 증대를 위한 포탄의 성능 개선과 특수탄약 개발, 화포의 경량화 및 자주화, 그리고 한국형 전차 및 다목적 전투차량의 독자적인 개발에 주력하였다.[101] 그러나 이 시기의 연구개발은 1970년대

국방연구개발 양상의 연속 성격이 적지 않았다. 따라서 새로운 혁신적 무기체계의 연구개발은 상대적으로 보이지 않는 한계가 있었다.

2. 1980년대 후반 기동전 사상의 대두

화력이 강조되던 1980년대 전반과 달리 후반에 들어서면서 한국군 내부에서는 다시금 기동전에 대한 관심이 본격적으로 나타나기 시작하였다. 가장 대표적인 것이 1988년 육군본부 군사연구실에서 편찬된 『기동전』이라는 책이었다.[102] 이 책을 편찬한 군사연구실장 윤용남 준장은 한반도는 국토가 협소하고 종심이 매우 짧아 상대에 지역을 양보하고 시간을 벌어 반격할 수 있는 전투 공간이 없으며, 국가의 핵심인 수도권이 밀집되어 전략적인 취약점이 되고 있다고 주장하였다. 이를 극복하기 위해 기습과 속도를 전제로 적이 배치된 지역을 뛰어넘거나 측방이나 적진 배후 깊이 신속히 기동하여 적을 마비시켜 결정적인 승리를 달성한다는 이른바 입체 고속기동전을 주장하였다. 그 이전까지 화력을 바탕으로 한 고지전 위주의 방어 중심 사상이 주류이던 당시 상황에서 이 기동전 주장은 상당한 반향을 주었다.

물론 군사전략의 측면에서도 공세성, 기동성 등을 강조하는 입장은 앞서 보았듯이 이미 1970년대 후반 적지 않게 나타났다. 이는 주한미군 철수에 따른 독자적인 군사전략과 국방력 확보가 논의되던 당시 상황의 반영이었다. 공군 중령 김홍배는 우리의 막강한 국력의 신장을 바탕으로 균형된 육해공군의 군사력을 건설 유지하고 동원 능력을 강화하여, 북한의 침공이 예상되면 예방전쟁(豫防戰爭)을 해서라도 이를 사전에 억제하겠다는 공세적 방어전략을 지향함으로써, 평화통일에 기여할 수 있는 전쟁 억지의 효과를 달성토록 하여야 한다고 주장하였다.[103] 즉, 균형된 군사력 건설을 통해 예방전쟁을 불사하는 공세적 방어전략 마련을 촉구한 이 주장은 당시 한국의 독자적인 군사전략을 모색하던 상황과 상당히 유사하다. 육군 중령 이용태도 시공간적으로 극히 취약한 이스라엘이 3차 중동전 당시 선제기습 역공으로 아랍의 공격 예봉을 꺾은 사례를 들며 우리도 자주적이고 능동적인 대응전략을 통해 일차적으로 적의 공격을 현 전선에서 절대 고수하면서 일거에 적의 공격체제를 와해시킬 수 있는 '공세적 적극방어전략' 채택을 주장하였다. 그리고 전략 목표를 달성하고 적의 취약점을 타격하기 위해 심한 마찰이 예상되는 지상 기동보다 공중 공간을 효과적으로 이용할 수 있는 기동 및 타격무기 개발을 발전시킬 것을 강조하였다.[104] 그러나 1980년대 초 자주국방의 움직임이 약화되면서 이러한 주장은 상대적으로 줄어들었다.

1980년대 후반 기동을 강조하는 전략사상의 대두는 당시 미군에서 채택한 군사교리인 공지전투(空地戰鬪, Air-Land Battle) 개념의 소개와도 밀접한 관련이 있다. 1976년부터 연구에 착수하여 80년에 교리화된 미군의 공지전투 개념은 월남전 패전에 따른 반성과 "적극방어"전략의 한계를 극복하기 위해 창안된 개념이다.[105] 당시 서유럽에서 바르샤바 조약군에 대응하기 위해 채택된 "적극방어"전략은 실제 미소 간의 핵 균형, 바르샤바 조약군의 재래식 전력 증강으로 인해 실효성이 약화되었고 아울러 소련이 개발한 작전적기동군(OMG) 전법의 등장으로 서유럽 방어를 위한 새로운 방어 개념이 요구되었다.

공지전투는 개전과 동시에 적 종심상의 예비대와 주요 전략거점을 공격함으로써 전선 전방에 집중되는 적의 전력을 조기에 와해시키고 전장을 적 지역으로 확대한다는 개념이다. 공지전투의 핵심은 종심 공격에 의하여 전장을 확대하고 주도권을 조기에 획득하는 데 있다. 공지전투는 군사전략적 수준이라기보다는 전투수행방법인 작전술 차원이므로 한국군은 미군의 최신 교리를 적극적으로 수용하여 방어의 수행 개념으로서 "공세적 방어"를 발전적으로 창출하였다고 평가할 수 있을 것이다.

미군의 공지전투 교리와 한국군의 입체고속기동전 교리는 당시 미래 전쟁과 관련하여 한국군 내부에 많은 논쟁을 불러일으켰다. 고지전과 화력을 중시하던 기존 전쟁관과 완전히 새로운 형태의 전쟁 가능성을 인식시켰다. 1980년대 후반 각종 군사 서적에서 공지전 및 기동 관련 언급이 자주 나타나기 시작한 것은 이를 반영한다. 새로운 전쟁 양상의 가능성은 이에 적합한 무기체계의 개발 배치의 필요성을 높이게 되었다. 1987년 부터 92년까지 시행된 제3차 율곡사업 기간 중 전통적인 기동장비인 전차(K-1)와 장갑차(K-200), 자주포(K-55)의 양산 배치와 함께 입체고속기동전에 기초한 헬기 전력의 대폭 보강(UH-60)과 한국형 전투기 사업(KFP, Korea Fighter Program)에 의해 100여 대의 최신형 F-16 전투기가 도입된 것은 변화된 전쟁 수행방법에 조응한 것이었다.[106] 특히 1991년 초 발발한 걸프전은 이전과는 완전히 다른 새로운 전쟁의 출현을 확인시키게 된다.

3. 걸프전 이후 한국의 군사전략과 무기 개발

1980년대 후반의 입체고속기동전 교리의 대두와 1991년 초 발발한 걸프전은 한국의 기존 군사교리 및 전략에 큰 변화를 가져왔다. 군사 혁신의 측면에서는 다소 한계가 있었지만 걸프전은 군사사적으로 첨단무기체계가 미래의 전장을 지배할 수 있다는 기술 중심적 군사 혁신에 대한 청사진을 제시한 전쟁으로 평가되고 있다. 아울러 걸프전은 효과중심작전

(EBO)과 네트워크중심전(NCW)을 기반으로 한 새로운 작전 개념이 나타난 전쟁이었다.

효과중심작전이란 모든 전투 지역을 동시에 공격 또는 방어하지 않고 전쟁의 전략과 목표, 임무에 부합된 핵심 타격 목표를 선정하여 가용한 모든 타격 자산을 적용하고, 이에 대한 효과를 평가한 후 방책을 조정하는 절차로 수행한다.[107] 네트워크중심전은 전장에서의 첨단 전투요소들을 네트워크체계로 결합시켜 전쟁을 수행하는 방법이다. 전쟁 기간 동안 다국적군은 인공위성과 정찰기, 공중 조기경보기 등 첨단 정보수집 자산을 총동원하여 이라크군 배치를 완벽하게 파악하였으며, 우선 타격해야 할 핵심 표적에 대한 정보를 확보한 후 정밀타격무기로 핵심 표적들을 타격하였다.[108] 걸프전은 기존의 전쟁 수행방식의 패러다임을 바꿔버린 혁명적 군사혁신(RMA, Revolution in Military Affairs)의 결정판으로, 1990년대 이후 한국군의 군사 혁신에도 적지 않은 영향을 끼쳤다. 다만 걸프전의 단편적 양상인 첨단무기체계에 의한 전투 수행에 초점을 맞추어 기술 중심의 군사혁신(MTR, Military Technical Revolution)을 추구하고자 하는 우를 범하게 되었다.

걸프전쟁의 혁명적 변화 양상을 곁에서 지켜본 한국군은 그 직후 몇 가지 방향에서 변화를 추구하고자 하였다.[109] 먼저 걸프전에서 보여준 다국적군의 대규모 화력전 수행을 통해 화력만으로도 단독적인 전투가 가능하고, 심지어는 아군의 피해를 최소화면서 전쟁을 단기간 내 종결시킬 수 있다는 확신을 가지게 되었다.[110]

다음으로, 통합전투력 운용의 중요성을 인식하여 점차 입체화, 광역화, 다양화, 비선형화되어가는 전장의 특성을 인식하였고, 여러 병과 및 각 군을 통합 운용하여 적이 예상치 못하는 결정적 장소와 시간에 아군의 전투력을 집중하여 전장 주도권을 장악하고자 하였다. 통합전투력 운용을 위한 교리 발전과 관련된 무기체계 도입 사업은 한국군의 전투력 향상에 큰 영향을 끼쳤으나, 최첨단 무기체계에 대한 도입과 전력화에 대한 방향으로 관심이 집중되는 경향을 보였다. 경제적인 성장을 통한 상당한 국방예산 확보와 걸프전에서 보여준 첨단무기체계에 대한 동경, 북한을 무기체계를 통해 제압해야 한다는 압박감, 장사정포 등 북한의 비대칭 무기체계에 대한 트라우마로 인하여 한국군은 통합전투력 운용을 위한 수단으로 대구경 화포, 유도무기와 같은 무기체계를 중시하는 인식의 전환이 이루어졌다.

세 번째, 1980년대 후반부터 나타나기 시작한 입체고속기동전에 대한 양상이 걸프전에서 이루어진 것을 본 이후 이에 대한 관심이 크게 높아졌다. 1990년대 중후반 한국군 내부에서 입체적 고속기동전을 수행하고 한반도의 지형적 한계를 극복하기 위한 방안으로 육군 항공에 대한 적극적 운용 방안이 모색되었다. 공중강습부대를 중심기동부대로 운용할 경우 시간당 100~200km, 최장 400km까지 이동할 수 있고, 지형의 극복 문제를 해결할 수 있었다.[111] 전장정보분석(IPB)을 통하여 적을 찾고, 기동부대의 생존성 보장 후 결정적인 전투를 회피하면서 적의 측방과 배후로 신속 기동 후 적의 중추신경을 마비시켜 적의 전투 의지를 마비시키는 기동전의 적용 방안이 모색되었다.[112] 아울러 C4I(Command, Control, Communication and Intelligence) 체제의 중요성에 대해 인식하게 되었다.

1980년대 후반의 기동전 사조의 대두와 걸프전의 영향 등은 국내 무기 개발에 적지 않은 영향을 미치게 되었다. 앞 절에서 살펴본 율곡사업 3단계인 1987년~1992년 시기 주요 무기 개발과 배치 양상을 보면 이를 미루어 짐작할 수 있다. 전차 등 각종 기동장비와 헬기, 전투기의 대폭 증강 등이 그것이다.

1990년대 초반 한국군에서 나타난 공세적인 기동전 사조는 1990년대 계속 유지되었다. 걸프전의 영향으로 90년대 중후반 한국군 내부에서 입체적 고속기동전을 수행하기 위하여 다음과 같은 다양한 방안이 제시되기 시작한다. 첫째, 한반도의 지형적 한계를 극복하기 위한 방안으로 육군 항공 운용 방안이 모색되었다. 세부 운용 방안으로 공격과 방어, 공중강습작전 간 육군 항공부대 운용 방안에 대한 적극적인 검토가 이루어지게 된다.[113] 둘째, 입체적 고속기동전은 지상 및 해상, 공중에서 동시에 실시하는 작전 개념으로 전장정보분석(IPB)을 통하여 적을 찾고, 기동부대의 생존성 보장 후 공격 기세를 유지하여, 결정적인 전투를 회피하면서 적의 측방과 배후로 신속 기동 후 적의 중추신경을 마비시켜 적의 전투 의지를 마비시키는 공격작전이었으므로 한반도의 실정에 맞는 기동전의 적용 방안이 모색되었다.[114] 이러한 양상은 계속 이어져 1990년대 후반 김대중 정부 당시 전력 증강과 무기 개발에서도 잘 드러난다. 예를 들어 공세 기동전 수행 능력 향상을 위해 성능이 개선된 K1A1 전차를 전력화하고, 화력의 대량 집중 능력과 종심표적 타격 능력을 높이기 위해 대구경 다련장로켓발사기와 사거리가 늘어난 K-9 자주포를 개발 확보하고 정찰용 무인항공기를 배치하였다. 공군의 경우에 KF-16을 증강 배치하고 해군의 경우 KSS 잠수함을 건조 배치하고 해군용 헬기 LYNX를 도입하였다.[115]

1990년대 전반 이전까지 한국군은 북한군의 1970년대 후반 급격한 증강에 대비하기 위해 지상군 중심의 전력 증강에 몰두하고 있었다. 1979년부터 육군의 '80위원회'와 합참을 중심으로 시작된 지상군의 총 전력 구조를 검토하여 지상군 50개 사단을 1980년대 후반까지 갖추는 계획을 확정하였다. 이 계획은 1980년대 한국군의 군사력 건설 목표인 동시에 전력 구성의 기본 틀로서 화포, 전차, 기동장비 등을 갖추어 자주국방의 2단계인 1980년대 억제전력 건설의 골간이었다.[116] 실제 1980년대 후반의 무기 개발 양상은 도입이 시급한 무기를 마련하기 위한 측면에서 진행되었으므로 외국 무기의 도입과 기존 무기의 개량에 집중하는 양상을 보였다. 아울러 대규모 지상 전력을 유지하는 데 요구되는 군사기술의 개발이 우선적으로 시행되었다.

1991년의 걸프전은 대규모 지상군 체제에 대한 회의를 가져왔다. 이라크군보다 적은 병력을 가진 미군 주도의 다국적군이 일방적으로 이라크군을 단기간에 굴복시켰던 사례는 대규모 군사력만이 전쟁의 승리를 가져온다는 사고에 근본적인 변화를 가져왔다. 첨단 전력으로 무장한 입체적인 소규모 군사력이 현대 전쟁에 더욱 효율적임을 걸프전은 입증하였다. 걸프전의 새로운 전쟁 양상을 확인한 직후인 1991년 9월 국방부는 '국방정책 및 전략발전위원회'를 편성하여 새로운 국방전략을 연구하여 청와대에 보고하였다. 여기에는 1995년 이후 남북한 합의에 의한 평화 공존과 군비 통제가 이루어진다는 가정에 근거한 것이었지만 현존 군사력을 50만, 40만, 20만 명 수준으로 단계적으로 축소하는 구상과 그 절차도 포함되어 있었다.[117]

1993년 김영삼 대통령의 문민정부 초기 권영해 국방장관은 818계획을 매듭 지으면서 21세기 통일 대비 신 국방태세를 정비한다는 명목으로 국방부 정책실장을 위원장으로 하고 대령급 위원 18명으로 구성된 '국방개혁위원회'를 발족시켜 장관 직할로 운영했다. 그러나 1993년 12월에 새로 부임한 이병태 국방장관은 국방개혁위원회를 해체하고 각 군별 개혁안을 만들도록 지시했다. 당시 조성태 국방부 정책실장은 국방개혁위원회를 '21세기 국방연구위원회'로 개명하고 한반도 통일 이후까지 내다본 한국군의 모습을 기획하도록 임무를 부여했다. 이 위원회의 핵심 임무는 21세기 초까지 한국군의 규모를 얼마로 감축하는 것이 적정한지를 연구하는 것이었다.

1990년대 전반기 한국에서 병력 규모의 감축 논의가 활발히 이루어진 것은 걸프전을 통해 확인된 새로운 전쟁 양상에 대응하기 위해 기존 대규모 병력 규모를 줄이지 않으면 안 된다는 전제가 자리잡고 있다. 대규모 병력을 그대로 유지할 경우 이후 경상운영비가 국방예산 대부분을 차지하게 되어 첨단전력 증강에 투입할 재원이 고갈되는 상황이 곧 도래할 것으로 예견되었기 때문이다. 즉, 전력을 제대로 증강하려면 병력을 줄여야 한다는 배경에서 21세기 국방연구위원회는 2002년까지 병력을 기존 70여만 명에서 50만 명으로 줄이는 목표를 제시하고, 국방 조직과 기능을 과학화, 정보화하여야 한다는 기본 방향을 제시했다. 병력 50만 명으로의 감축안은 육군을 기존 56만에서 35만으로 감축하는 매우 혁신적인 개혁 방안이었다. 그러나 이 개혁안은 한국군 내부의 기득권 세력의 저항과 북핵 문제 등으로 인해 적극적으로 적용하지 못하고 훗날 노무현 정부에서 수립한 국방개혁 2020에서 목표한 병력 규모의 기준이 되었다.[118]

1990년대 전반의 급격한 전쟁 양상의 변화와 한국군의 조정 및 구조 개편 요구가 분출됨에 따라 한국의 무기 개발 양상도 이전의 지상군 편제 장비를 갖추는 것에서 나아가 고도정밀무기의 독자 개발에 적극 나서게 된다. 1992년 7월부터 국방과학기술 현대화를 국방현대화 과제로 설정하여 필요한 무기는 우리 스스로 만들어 쓴다는 원칙하에 연구개발 체계를 개선해나갔다. 아울러 첨단무기의 독자 개발 능력 향상을 위해 무기체계 획득 시 가능하면 연구개발을 우선하고 국외 도입 시에도 기술도입 생산을 우선하는 정책을 수립하여 시행하였다. 그 결과 포병 사격지휘장비, K731 중어뢰, 전투기용 전자전체계, 단거리 지대공미사일 천마, 공군 기본훈련기 KT-1, 155밀리 신형 K9 자주포 등을 독자적으로 개발하였다.[119]

그러나 당시 한국의 국방과학기술 수준은 걸프전을 계기로 기준이 급격히 높아지고 새로운 형태의 전투를 준비하고자 하는 한국군이 요구하는 세계 첨단의 새로운 무기체계를 제작하기에는 아직 충분하지 못한 수준이었다. 1990년대 기본 무기체계가 갖추어진 이후 상당한 최첨단무기는 해외에서 구입할 수밖에 없는 상황이었다. 특히 조기경보 및 감시체계 전력은 그동안 미군에 절대적으로 의존해왔기 때문에 기술 개발이 지연될 수밖에 없었다. 따라서 현대전 승리의 핵심 요소로 부상하는 통합전력은 그 중요성에도 불구하고 증가의 우선순위는 높지 못하였다.[120]

1990년대 중반에 들어서면서 나타난 흥미로운 점은 해군과 공군의 전력 증강이 현저해지고 있는 점을 들 수 있다. 이는 걸프전을 통해 전쟁 양상이 지상군보다 해, 공군 위주로 전개되고 지상군 위주의 전면전 발생은 낮아질 것으로 예측되었기 때문이다. 실제 1991년까지 전체 전력투자비 중 육군 부문의 비중은 50%를 넘었지만 1992년 이후 40%대로 내려오고, 10% 후반대에 머물던 해, 공군의 비중은 20%를 크게 상회하였다.

공군은 KF-16 도입 사업의 계속 추진과 아울러 1990년대 초반부터 T-50 초음속 고등훈련기 개발에 착수하여 1997년 7월에 체계 개발이 승인되고 2002년 8월 초도비행에 성공하였다.[121] 특히 해군은 1990년대 초부터 최신의 수상, 수중, 공중 전력과 특수전 및 정보 수집 기능을 강화하여 효과적인 입체 전력을 갖추기 시작하였다. 1992년 1,200톤급 장보고급 잠수함을 도입하고, 최초의 한국형 구축함인 3,200톤급 KDX-1 광개토대왕급이 1998년 취역하였다. 이어서 대공 방어 능력이 크게 향상된 4,400톤급 KDX-2 충무공 이순신급 구축함이 2003년에 취역하여 세계 수준의 수상 전력을 갖출 수 있었다.[122]

해군 내부에서도 1980년대까지 기본 목표는 북한의 해상 침투에 대응한 연안 방어가 중점이었다. 그러나 걸프전 직후인 1992년 제1회 함상토

론회에서 강영오 전 해군교육사령관은 중국과 일본의 해군력 증강에 대처하고 통일 이후 태평양시대에 대비하기 위해 '항모기동함대체제'를 갖추는 것이 급선무라는 매우 획기적인 제안을 하였다.[123] 이는 해군과 공군이 주도적으로 수행한 본격적인 전쟁인 걸프전의 영향이 얼마나 컸는지 확인할 수 있다. 특히 1990년대 중반 김영삼 정부 시기 항공모함 도입 논의가 활발히 나타났으나 제해권(制海權)과 항공모함의 역할 등에 대한 충분한 이론적 논의가 뒷받침되지 못한 상태에서 제기된 항공모함 보유 주장은 다른 분야의 충분한 동의를 얻지는 못하였다. 그럼에도 불구하고 한국형 항공모함의 모형이 제작되는 등 활발한 논의가 이루어졌으나 1997년 IMF 경제 위기와 맞물려 결국 보류되었다.

맺음말

1990년대 후반 이후
한국 방위산업의 딜레마와
극복 방향

1990년대는 냉전(冷戰)의 해소로 인한 전면전 가능성의 약화와 걸프전을 통해 확인된 국방기술의 고도화로 인해 병력이 아닌 기술 중심의 군사력 조정이 이루어지던 시기였다. 이에 미국, 중국, 러시아 등 주변 국가들은 지상군의 병력 규모를 26~45%까지 줄이고 이로 인해 절약된 재원을 군의 현대화에 투자하여 병력 중심의 전력 구조에서 벗어나 기술 집약형 군 구조로 거듭나고 있었다. 이러한 대내외적인 큰 변화에도 불구하고 이 시기 한국군은 지상군의 병력 감축이 거의 이루어지지 못하였다. 특히 1990년대 초 북한의 핵 개발 시도에 따른 군사적 위기의 대두에 따라 재래식 군사력을 유지하면서 전략적 대응을 위한 방어력 강화의 필요성이 동시에 제기되었다. 그러나 기존의 대규모 지상군을 그대로 유지한 상태에서는 전력 증강사업의 재원 확보가 충분하지 못하여 그 추진 과정이 축소되거나 순연되고 연구개발비 부족으로 독자적인 연구개발 능력 확보와 주요 첨단무기체계의 국산화가 지연되는 등 방위산업체의 기반이 어

려워지는 문제가 나타났다.[1]

1990년대까지 북한의 대규모 재래식 전력의 위협에 대응하기 위해 수립된 기존의 대규모 지상군 중심의 관성이 유지되고 첨단무기 중심의 전쟁 양상에 따른 변화의 필요성이 상충되면서 냉전 이후 세계적인 군사적 변환 추세에 제대로 대응하지 못하였다. 한국의 무기 연구개발은 2000년대 들어 북한의 비대칭적인 위협인 미사일, 핵무기 개발에 따라 새로운 전환이 요구되고 있다. 아울러 경제성장을 바탕으로 세계적인 군사 강국으로 급격히 부상한 중국 등 주변국의 도전에도 대응해야 하는 이중의 부담을 지게 되었다.

한국의 안보에 대한 도전적 요소는 이제 새로운 단계로의 구조 개편과 무기 개발에 중요한 계기를 마련해줄 것이다. 이제 한국은 새롭고 혁신적인 군사과학기술을 통해 안보와 경제성장이라는 심각한 도전적 요소를 극복해야 하는 시기를 맞았다.[2] 한국이 이러한 상황을 극복한다면 군사적으로 다른 나라가 감히 넘볼 수 없는 입지를 확보하고 경제적으로도 새로운 성장 동력을 창출할 수 있을 것이다. 그동안 우리의 역사를 통해 볼 때 위기가 나타나면 적극적으로 대처하여 이후 경제 및 군사 발전을 도모하였던 사례가 적지 않았다. 그러나 급변하는 시기 변화에 조응하는 것을 실패할 경우 동아시아의 주도 국가에서 떨어져 나올 뿐만 아니라 국가의 안위조차 위협받게 될 전환기적인 시기이다.

2020년 이후 최근 한국 사회에서 경항공모함, 핵잠수함 등의 보유와 관련하여 활발한 논의가 계속되고 있고, KF-21 국산 전투기와 현무와 천궁 등 각종 첨단 미사일의 개발, 그리고 우주발사체 시험 발사 등과 관련된 사업이 착실히 진행되고 있는 점 등은 매우 긍정적인 모습이다. 그러나 첨단 국방과학기술의 화려한 이면에는 제작된 지 60년이 넘는 이른바 M 계열 전차(M-48)와 각종 구식 화포 등 이미 내구연한이 끝난 무기를 도태시키지 못하고 예비전력 유지를 명목으로 운용 중인 양상도 함께 공존한다. 1991년 걸프전을 통해 확인된 현대 전쟁의 양상과 무관한 모습이 2020년대까지 남아 있는 현재의 한국군의 상황에서 국방 연구개발과 방위산업이 첨단의 길을 외국에게 맡기는 쉬운 길을 추구하게 될 가능성에 대한 우려도 적지 않다. 아울러 적정 군사력 행사를 넘어서는 과도한 군사력 건설로 인한 국가 재정의 어려움 등의 문제가 나타날 가능성도 적지 않은 상황이다. 치명적이고 다재다능하며 신속한 전개 및 투사 능력을 가진 군 구조와 무기체계의 조합을 위한 과학기술 분야 이외의 노력도 앞으로 끊임없이 추구하여야 할 것이다.

수천 년에 이르는 우리 역사를 살펴보면 언제나 전쟁과 평화의 시기가 교차하였음을 알 수 있다. 다른 지역과 비교할 경우 한반도 일대만 특별히 전쟁의 횟수가 많은 것은 아니었지만 한반도와 주변 지역에서 일어난 전쟁은 고구려-당의 전쟁, 임진왜란 등과 같이 동아시아 지역의 운명을 가르는 결정적인 전쟁이었음을 생각한다면 한반도 지역에서 치러진 전쟁의 중요성을 충분히 인식할 수 있다. 실제 동아시아의 2022년 현재의 정세는 중화 체제를 복원하려는 대륙 세력과 이에 대응하는 해양 세력의 갈등이 언제나 상존하고 있다. 우리 한반도 세력은 전쟁의 상황을 슬기롭게 넘기거나 승리할 경우에는 영토의 확장과 함께 동아시아의 주역으로 역할을 할 수 있었지만 만일 패배하거나 굴복할 경우에는 이 지역의 주역이 아닌 조연이나 방관자로서 역할을 하지 않을 수 없었던 역사적 경험을 갖고 있다.

중국 등 주변 세력이 세계적으로 매우 강력한 세력이었음에도 불구하고 우리 한반도 세력은 언제나 가지고 있는 국력의 크기에 비해 매우 효과적으로 주변 세력에 대응해왔다. 이는 여러 원인이 있지만 우수한 무기체계를 개발하고 이를 이용한 효과적인 전술체계를 가졌기 때문일 것이다. 기존 무기체계에 안주할 때에 주변 세력의 도전에 제대로 대응하지 못한 경우가 있었지만 전쟁 중 곧바로 새로운 무기 개발을 시도하는 등 적극적으로 대응하여 이후 국가의 역량을 키우고 대외적인 위기를 극복하는 데 큰 기여를 한 경우가 대부분이었다. 오늘날 한국의 경제성장과 세계적인 강국으로의 도약의 이면에는 군사기술의 적극적인 개발과 이를 활용한 여러 제품의 제작과 밀접한 관련을 가지고 있다.

한국은 이제 21세기 새로운 국방안보 환경에 직면하고 있다. 고대국가 형성 이후 오늘날까지 전쟁은 기본적으로 국가를 매개로 대량의 인력과 무기를 동원하여 상대를 제압하는 형태를 보였다. 그러나 21세기 전쟁 양상은 산업화시대의 대량살상 대량파괴를 일삼던 재래식 소모전 양상이 아니라 적의 급소만을 골라 전략적으로 타격하여 제압하는 초정밀 첨단 정보전 양상으로 전환되어 군사력 운용방식에도 일대 변혁을 요구하고 있다. 이 같은 전쟁 패러다임의 변화에 부응하여 선진국들은 첨단정보과학군으로의 전환을 위해 진력하고 있다. 물론 그렇다고 재래식 군사력의 역할이 획일적으로 줄어든 것만은 아니다. 전략적 수준의 대규모 전쟁들은 눈에 띄게 감소한 반면, 세계 곳곳에서는 여전히 IS와 같은 초국가적 테러조직들이 불법 테러공격들을 빈번히 자행하고 있어, 이들을 제거하기 위한 군사작전들이 긴밀한 국제협력 하에 수행되고 있으며 이를 위해 비대칭 전략을 수행할 수 있는 첨단 재래식 전력들의 중요성도 여전히 높은 비중을 차지하고 있다.

이 같은 범세계적으로 급변하는 군사 동향을 고려하여 이전까지의 군사기술과 전쟁의 패러다임에 바탕을 둔 국방기술 개발과 군사력 운용은 그 한계가 분명하다. 우리 역사를 통해 볼 때 변화하는 전쟁 양상에 부응하는 무기나 그 운용법을 개발하지 못하는 경우에는 언제나 대외적인 위기를 겪게 되었을 뿐만 아니라 내부적인 경제 발전에도 적지 않은 문제가 생겨나 사회적 어려움이 나타나곤 하였다. 이제 한국은 향후 미래 전장에서 효과적으로 승리를 쟁취할 수 있는 군사력을 건설하는 데 주력해야 하며, 이를 위해 한국의 국방기술과 방위사업은 이 같은 군사력 건설에 목표를 두고 전체적인 전투수단들이 미래 요구되는 군사작전에 요긴한 전투력부터 우선적으로 구비할 수 있도록 추진되어야 한다.

예를 들어 전략적 억제를 위해 유사시 상대방의 깊숙한 종심에 결정타를 가할 수 있는 원거리 정밀타격무기체계를 비롯한 첨단과학무기와 전후방에서 일어날 수 있는 비정규전을 단시간에 제압할 수 있는 재래식 군사력과 기반 무기들을 적절하게 개발하고 균형을 이루도록 구비하는 전력 구조를 갖추어야 한다. 대규모 재래전을 고려한 무기 개발은 그 소요가 상대적으로 줄어들지만 그 개발의 과정에서 획득될 수 있는 기술 획득과 민간 영역으로의 확산을 위해 이제 국방기술은 단순한 무기 개발 차원이 아닌 국가 핵심기술 개발의 주요한 시험장으로 적극적인 관심을 기울여 대처해야 할 것이다.

과학기술은 전시에는 상대방을 제압할 수 있는 무기의 뼈대가 되고 평시에는 산업 발전을 견인하는 존재이다. 역사적으로 앞선 기술력을 가진 쪽이 상대방에 대해 쉽게 승리하는 경우가 적지 않았다. 특히 전면전 형식의 무력 분쟁보다는 지난 2019년 일본의 무역규제 등과 같은 형태의 분쟁과 새로운 전쟁이 보편화되는 현 시대에 과학기술 개발의 중요성은 매우 크다. 이제 평시에는 국방기술의 개발은 선택이 아니라 생존을 위한 필수 요소이며 미래의 도약을 가져올 수 있는 핵심 요소이므로 국가전략의 차원에서 적극 나서야 할 것이다. 다만 과학기술에 지나치게 의존한 전쟁방식에 의존할 경우에는 과도한 능력을 가진 무기체계의 확보나 각종 상황에 대응하기 위한다는 명목에서 다양한 종류의 무기 보유를 추구할 가능성이 높다. 따라서 과학기술 연구개발과 우수한 무기의 확보와 함께 이를 적절히 운용할 수 있는 국가전략 및 군사전략의 확립도 아울러 요구되는 시점이다.

1장 서론

1. 이춘주 외, 『과학기술과 국가안보』 (국방대학교, 2017), 5-6쪽.

2. Trevor N. Dupuy, *The Evolution of Weapons and Warfare* (Da Paco Press, 1984), p. 92.

3. 宇田川武久, 『東アジア兵器交流史の硏究』 (吉川弘文館, 1993), 280쪽.

4. 有馬成甫, 『火砲の起原とその傳流』 (吉川弘文館, 1962), 225쪽.

5. 허선도, 『韓國火器發達史(上)』 (陸士博物館, 1969). 그의 이 연구는 이후 『神器秘訣』에 대한 연구와 합쳐져 그의 사후인 1994년 『朝鮮時代火藥兵器史硏究』 (일조각)로 재간행되었다.

6. 허선도, "壬辰倭亂論─올바르고 새로운 認識", 『千寬宇先生還曆紀念韓國史論叢』 (정음문화사, 1985); "壬辰倭亂史論", 『韓國史論』 22 (1992).

7. 蔡連錫, 『韓國初期火器硏究』 (一志社, 1981).

8. 일본에서도 태평양전쟁 이전에 軍部가 전쟁 연구를 독점함에 따라 일반 연구자들은 관련 연구에 제한을 받았고, 전쟁 이후에는 학계 등에 나타난 戰爭 기피의 풍조로 인해 兵書, 兵學, 戰爭 등에 대한 연구는 매우 저조하였다(湯淺邦弘, 『中國古代軍事思想史の硏究』 [研文出版, 1999], 24쪽; 松村劭, 『戰爭學』 [文藝春秋, 1998], 5쪽).

9. 기존의 연구자 이외에 새로운 연구자의 연구로는 박준병, "임란중 화약병기기술의 개발: 鳥銃, 火藥, 毒矢를 중심으로" (국민대 석사학위논문, 1983) 이외에 확인되지 않는다.

10. 1994년 국방군사연구소에서 간행한 『韓國武器發達史』는 화기를 중심으로 하여 당시까지의 관련 연구 성과를 총망라한 점에서 연구사적으로 큰 의미를 가지고 있다.

11. 鈴木直志, "タブーカラの脫却─戰後の西洋史學における近世軍事史硏究─", 『戰略硏究』 3 (2005), 203쪽.

12. 북한에서도 火器 연구가 상당히 축적된 것으로 보이는데, 예를 들어 1996년 과학백

과사전종합출판사에서 간행된『조선기술발전사』(리조전기편, 리조후기편)를 보면 조
선시대 화포에 대한 상세한 검토가 이루어지고 있음을 알 수 있다. 북한의 연구에
서 나타나는 특징은 문헌과 유물 조사에 그치는 것이 아니라 물리학, 화학 분야 등
과 학문분야 간 연구가 이루어지고 있는 것을 들 수 있다. 화기 관련 연구가 최근 활
발해지는 것은 한국 내에 국한되는 것은 아니다. 중국의 경우 1979년 초 中越戰爭의
패배 이후 시행된 군사 혁신의 일환으로 군사사에 대한 연구가 활발히 진행되면서
전통 병학과 火器에 대한 연구가 함께 나타났다. 예를 들어 王兆春의『中國火器史』
(軍事科學出版社, 1991);『中國科學技術史: 軍事技術卷』(科學出版社, 1998) 등이 대
표적이다.

13. 강성문, "朝鮮時代의 環刀의 機能과 製造에 관한 研究",『학예지』3 (1993); 강성문,
    "朝鮮時代 片箭에 관한 硏究",『학예지』4 (1995).

14. 김종수, "훈련도감 설치 및 운영의 동아시아적 특성",『藏書閣』33 (2015); 이왕무,
    "조선후기 조총 제조에 관한 연구",『경기사학』2 (1998); 노영구, "16~17세기 鳥銃의
    도입과 조선의 軍事的 변화",『韓國文化』58 (2012) 등.

15. 노영구, "조선후기 城制 변화와 華城의 城郭史的 의미",『진단학보』88 (1999).

16. 정연식, "화성의 방어시설과 총포",『진단학보』91 (2001).

17. 노영구, "16~17세기 조선의 무기발달과 전략전술의 변화_남한산성을 중심으로",『남
    한산성연구총서』4 (2013).

18. 유승주, "조선후기 총포류 연구",『군사』33 (1996).

19. 정연식, 앞의 논문 (2001); 김병륜, "朝鮮時代 火藥兵器 운용—有筒式 火器를 중심
    으로—",『學藝誌』13 (2006).

20. 김병륜, 앞의 논문 (2006), 92-94쪽.

21. 노영구,『조선후기의 전술—18세기『병학통』연구』(그물, 2016).

22. 이재정, "別破陣과 조선후기 대포 운용",『한국사론』64 (2018).

23. 노영구, "조선후기 반차도에 보이는 군사용 깃발",『문헌과해석』22 (2002); 박금수,
    "조선후기 진법과 무예의 훈련에 관한 연구" (서울대학교 박사학위논문, 2013); 노영
    구·권병웅, "조선후기 의궤 반차도에 나타난 군병 배치 및 군사용 깃발의 표현양식",
    『역사와실학』56 (2015).

24. 盧永九, ""군사혁명론(Military Revolution)"과 17~18세기 조선의 군사적 변화",『서
    양사연구』61 (2007); 久保田正志,『日本の軍事革命』(錦正社, 2008); Peter A. Lorge,
    The Asian Military Revolution (Cambridge: Cambridge University Press, 2008); 久芳崇,

『東アジアの兵器革命―十六世紀中國に渡つた日本の鐵砲―』(吉川弘文館, 2010); 李伯重,『火枪与账簿: 早期经济全球化时代的中国与东亚世界』(生活·读书·新知三联书店, 2017).

25. H. H. Kang, "Big Heads and Buddhist Demons: The Korean Musketry Revolution and the Northern Expeditions of 1654 and 1658", *Journal of Chinese Military History*, Vol. 2 (2013).

26. 국방과학연구소,『국방과학연구소 약사』1 (국방과학연구소, 1989).

27. 군사편찬연구소,『국방 100년의 역사 1919~2018』(국방부 군사편찬연구소, 2020); 김승기·최정준,『한국군 전력증강사』1(1945-1960) (국방부 군사편찬연구소, 2020) 등.

28. 이준구, "한국의 군사전략과 방위산업_민군협력과 국제협력의 국가전략 분석_" (경기대학교 박사학위논문, 2012).

29. 예를 들어 한국공학한림원에서 한국의 산업 기술 각 분야(건설, 기계, 소재, 전기, 에너지 등)의 발전사를 정리한『한국산업기술발전사』(2019) 등이 대표적이다.

2장 한국 고대~중세의 전쟁과 과학기술

1. 박대재, "전쟁의 기원과 의식",『전쟁의 기원에서 상흔까지』(국사편찬위원회, 2006), 29-30쪽.

2. 삼국의 국가 발달 단계에 대해서는 김영하,『한국고대사회의 군사와 정치』(고려대 민족문화연구원, 2002)의 내용을 바탕으로 정리함.

3. 서영교, "고구려 수렵 습속과 유목민",『고구려연구』21 (2005).

4. 이기백·이기동,『한국사강좌』1(고대편) (일조각, 1982), 85쪽.

5. 여호규, "국내성기 고구려의 군사방어체계",『한국군사사연구』1 (국방군사연구소, 1997).

6. 여호규, "고구려 중기의 무기체계와 병종구성",『한국군사사연구』2 (국방군사연구소, 1999), 57-59쪽.

7. 이인철, "4~5세기 고구려의 남진경영과 중장기병",『군사』33 (1996).

8. 김영하,『한국고대사회의 군사와 정치』(고려대학교 민족문화연구원, 2002), 30-31쪽.

9. 고구려 기병 논쟁의 전반적인 내용은 최근의 다음 연구에 자세하다. 양성민, "한국 고대 중장기병 전술 연구", 『군사』 121 (2021).

10. 김영하, 앞의 책 (2002), 83-88쪽.

11. 에릭 힐딩거, 채만식 역, 『초원의 전사들』 (일조각, 2008).

12. 김기웅, "삼국시대의 무기", 『한국무기발달사』 (국방군사연구소, 1994), 83-84쪽.

13. 합성궁은 대체로 얇게 켠 동물의 뿔을 궁수와 활의 배에서 마주보는 쪽에 붙여 많은 에너지를 저장하도록 하였다. 동물의 힘줄도 활의 뒤쪽에 붙여 에너지를 더 많이 저장하도록 하고 반대쪽으로 휜 활 끝부분 역시 동물의 뼈를 사용하여 강도를 높이고 있다(배리 파커, 김은영 역, 『전쟁의 물리학』 [북로드, 2015], 63쪽).

14. 사회과학출판사, 『고구려 문화사』 (논장, 1988), 84-86쪽.

15. 김기웅, 앞의 논문 (1994), 67-69쪽

16. 조선기술발전사편찬위원회, 『조선기술발전사』 2(삼국시기·발해·후기신라편) (과학백과사전종합출판사, 1996), 206-208쪽.

17. 6세기 동아시아 국제질서의 변동 양상에 대해서는 다음의 글 참조. 임기환, "7세기 동북아시아 국제질서의 변동과 전쟁", 『전쟁과 동북아의 국제질서』 (일조각, 2006).

18. 王兆春, 『中國科學技術史─軍事技術卷』 (科學出版社, 1998), 84쪽.

19. 서영교, "나당전쟁기 당병법의 도입과 그 의의", 『한국사연구』 116 (2002).

20. 서영교, "소정방의 장창전술과 대서돌궐 전투", 『중국고중세사연구』 15 (2006).

21. 縱長板冑: 세로로 길다란 철판을 엮어서 만든 투구로 삼국에서 모두 발견되는 삼국시대의 대표적 투구임.

22. 서영교, "신라 長槍幢과 蘇定方의 長槍步兵", 『전쟁과 유물』 3 (2011).

23. 『日本書紀』 권22, 推古 26년 8월.

24. 『고려사』 세가 권28, 충렬왕 1; 『고려사』 세가 권29, 충렬왕 2.

25. 『고려사』 세가 권35, 충숙왕 2; 『고려사』 세가, 권36, 충혜왕.

26. 『고려사』 권81, 병지1 우왕 4년 12월.

27. 『고려사』 열전 권11, 金富軾.

28. 조선기술발전사편찬위원회, 『조선기술발전사』3(고려편) (과학백과사전종합출판사, 1994), 36-39쪽.

29. 『고려도경』 권13, 兵器.

30. 『고려사』 권6, 세가6, 정종 4년 3월.

31. 국방군사연구소, 『한국무기발달사』 (1994), 204쪽.

32. 조선기술발전사편찬위원회, 앞의 책 (1994), 179쪽.

33. 『고려사』 권10, 세가10, 선종 10년 6월.

34. 조선기술발전사편찬위원회, 앞의 책 (1994), 194-196쪽.

35. 『고려도경』 권13, 「兵器」.

3장 화약무기 시대(고려 말~조선 전기)의 무기

1. 이는 가볍고 편리한 소형 철관(鐵罐)에 화약을 넣고 손으로 당겨 투척하는 무기로서 오늘날의 수류탄과 비슷한 일종의 작렬탄이었다(有馬成甫, 『火砲の起源とその傳統』 [吉川弘文館, 1962], 91-92쪽).

2. 『新增東國輿地勝覽』, 「火藥庫記」.

3. 『태조실록』 권7, 태조 4년 4월 壬午.

4. 14세기 초인 1311년 원나라에서 개발한 火銃은 동으로 만든 금속제 管形火器로서, 원나라 말기 명나라의 朱元璋이 張士誠 부대와의 여러 전투에서 화총을 효과적으로 사용하여 큰 성과를 거두었다(王兆春, 『中國科學技術史―軍事技術卷』 [科學出版社], 149-150쪽).

5. 한영우, 『조선전기 사회사상연구』 (지식산업사, 1983).

6. 김영수, 『건국의 정치―여말선초, 혁명과 문명 전환―』 (이학사, 2006), 495-501쪽.

7. 유창규, "이성계의 군사적 기반", 『진단학보』 58 (1984), 13쪽.

8. 김구진, "조선전기 여진족의 2대 종족, 오랑캐와 우디캐", 『백산학보』 68 (2004), 294-295쪽.

9. 에릭 힐딩거, 채만식 역, 『초원의 전사들』 (일조각, 2008), 265-266쪽.

10. 윤은숙, 『몽골제국의 만주 지배사: 웃치긴 왕가의 만주 경영과 이성계의 조선 건국』 (소나무, 2010), 280-281쪽.

11. 김동경, "조선초기 진법의 발전과 군사기능" (국방대 석사학위논문, 2008), 98-99쪽.

12. 몽골군은 실제 전투에서 기병의 능력을 바탕으로 소규모 병력으로 다수의 적군을 유인하여 포위 섬멸하는 방식을 전투의 기본 원칙으로 하였고 정면 대결보다는 기만으로 적을 혼란에 빠트리는 전술을 널리 사용하였다. 이는 기본적으로 몽골의 수렵 전통과 밀접한 관련이 있었다. 몽골군의 전술에 대해서는 박원길, "몽골비사 195

절의 표현방식을 통해본 13~14세기 몽골군의 전술", 『몽골학』 14 (2003); 윤은숙, "몽골제국시대 몽골군의 유목 전법", 『몽골학』 28 (2010) 등 참조.

13. 송기중, "조선조 건국을 후원한 세력의 지역적 기반", 『진단학보』 78 (1994).

14. 민현구, 『조선초기의 군사제도와 정치』 (한국연구원, 1983), 101-102쪽.

15. 조선 초기 병서 편찬에 대해서는 노영구, "조선후기 병서와 전법의 연구" (서울대학교 박사학위논문, 2002), 12-19쪽 참조.

16. 『춘정집』 「진설문답」.

17. 조선 초기 병학 논쟁에 대해서는 노영구, 앞의 논문 (2002); 윤무학, "조선 초기의 병서 편찬과 병학 사상", 『동양고전연구』 49 (2011); 허대영, "조선초기 군사훈련의례와 병학" (서울대학교 박사학위논문, 2021) 등에 자세하다.

18. 『태종실록』 권19, 태종 10년 2월 己未.

19. 이홍두, "조선초기 야진정벌과 기마전", 『군사』 41 (2000), 222-223쪽.

20. 『兵將說』 「諭將編」.

21. 『세종실록』 권64, 세종 16년 4월 癸酉.

22. 『세종실록』 권68, 세종 17년 6월 丙辰.

23. 『陣法』 「結陣式」 五衛連陣.

24. 허인욱, "김가물을 중심으로 살펴본 조선전기 창술", 『용인대학교 무도연구소지』 20-1 (2009).

25. 이현수, "조선초기 講武 施行事例와 軍事的 기능", 『군사』 42 (2002).

26. 조선 전기 물소뿔 무역에 대해서는 조영록, "水牛角貿易을 통해 본 鮮明關係", 『동국사학』 9·10 (1966) 참조.

27. 이하의 편전에 대한 내용은 강성문, "朝鮮時代 片箭에 관한 硏究", 『학예지』 4 (1995) 참조.

28. 날개안정철갑분리탄: 텅스텐 합금이나 열화우라늄 합금 등의 중금속으로 구성된 홀쭉한 침상의 탄체와 경금속의 장탄통(이탈피) 그리고 추가적으로 관통자 뒷부분에 날개(fin)을 부착하여 구성되며 전체의 질량을 가볍게 하여 초고속을 발휘, 관통자를 표적에 명중시켜 최종적으로 적 전차의 장갑을 뚫고 파괴하는 탄이다. 길이에 비해 극히 지름이 작은 탄을 발사하면서도 추진 장약의 폭발 추진력을 온전히 받기 위해, 탄두는 관통자와 이탈피로 구성된다. 발사 시 이탈피는 관통자와 결합된 채로 장약의 폭발 압력을 받아 관통자를 밀어주는 역할을 하며 약 100미터 거리 전후에서 분리된다. 관통자 자체에 폭발을 일으키는 물질은 없으나 관통 과정에서 관통자

자체 및 관통된 장갑판의 내벽이 분쇄되어 고속의 파편을 비산시키므로 전차 내부의 인명을 살상하고 장비를 파괴하며, 유압계통이나 탄약에 화재를 일으킬 수 있다.

29. 김순규, "弩", 『학예지』 2 (1991).

30. 강성문, "朝鮮時代의 環刀의 機能과 製造에 관한 硏究", 『학예지』 3 (1993).

31. 본 절의 내용은 허선도, 『조선시대화약병기사연구』(일조각, 1994); 채연석, 『한국초기 화기연구』(일지사, 1980) 등 참조.

32. 국방군사연구소 편, 『한국무기발달사』(1994), 535쪽.

33. 강성문, "조선전기의 火器 放射軍", 『한민족의 군사적 전통』(봉명, 2000).

34. 권용철, "세종 24년(1442) 몽골-오이라트의 對朝鮮 通交 요청과 그 전후의 세력 확대", 『대구사학』 140 (2020).

35. 허선도, 앞의 책 (1994), 149-150쪽.

36. 이영, "황당선의 출현과 조선의 대응—가정 왜구의 한반도 침공(을묘왜변: 1555년)의 역사적 전제—", 『일본문화연구』 65 (2018).

37. 16세기 중엽 명종대 대형 화기의 제작 양상과 嘉靖乙卯銘 천자총통에 대해서는 허선도, "嘉靖乙卯銘 天字銃筒에 대하여", 『미술자료』 10 (1966)에 자세하다.

38. 허일권, "조선 청동제 소형 총통의 제작 기술"(공주대학교 박사학위논문, 2021), 65쪽.

39. 노영구, "조선후기 漢城에서의 閱武 시행과 그 의미—大閱 사례를 중심으로", 『서울학연구』 32 (2008).

4장 동아시아 화기 혁명과 조선(16세기말~18세기)

1. "절강병들이 압록강을 건너왔을 때 이들이 사용하는 방패와 낭선(狼筅), 장창(長槍)과 당파(鏜鈀)의 기예는 우리나라에서는 처음 보는 것으로 (중략) 명나라 군이 평양으로 진입한 다음 먼저 화포를 발사하고 뒤이어 화전을 발사하여 왜적의 기를 꺾었다. 명나라 군은 곧바로 장창과 당파를 사용하는 병사를 동원하여 각기 운용 방식에 따라 사용하였는데, 만약 적이 먼저 돌진해 오면 狼筅 부대를 집중시켜 대기하고 만약 적이 움직이지 않으면 방패수들이 전진하니 적은 크게 궤주하였다."(『병학지남연의』)

2. 노영구, "선조대 紀效新書의 보급과 진법 논의", 『군사』 34 (1997).

3. 『宣祖實錄』 권78, 선조 29년 8월 丙辰.

4. 『宣祖實錄』 권43, 선조 26년 10월 丙戌.

5. 『紀效新書』 권4, 「狼筅解」.

6. 『紀效新書』 권4, 「藤牌解」.

7. 『선조실록』 권137, 선조 34년 5월 병진.

8. 『선조실록』 권83, 선조 29년 12월 정묘.

9. 김명훈·박선숙, "조총의 등장과 발사원리 연구", 『충무공 이순신과 한국 해양』 7 (2020), 86-89쪽.

10. 杉山博, "中國·朝鮮·南蠻と技術の軍事力", 『岩波講座 日本歷史』 第8卷(中世4) (岩波 書店, 1976), 80-82쪽.

11. 명나라 시대부터 의견이 나뉘어 있는데 중국에 원래부터 있었다는 설, 일본에서 들 어갔다는 설, '西番' 내지 '南夷番國'에서 전래하였다는 설 등 다양하였다.

12. 기시모토 미오, 노영구 역, 『동아시아의 「근세」』 (와이즈플랜, 2018), 90쪽.

13. 杉山博, 『日本の歷史』 11(戰國大名) (中央公論社, 1965), 194-196쪽.

14. 전국시대 전투용으로 주로 사용되던 구경 15.8mm 내지 18.7mm 조총의 경우 최대 사 정거리가 500미터 이상에 달하였고 명중 정확도의 경우에도 30미터 떨어진 야구공 크기의 표적을 맞힐 수 있는 우수한 성능을 가졌다. 사람 크기의 표적에 대해서는 100미터 정도 떨어진 곳에서 정확히 명중시킬 수 있었다(洞富雄, 『鐵砲―傳來とその 影響』 [思文閣出版, 1991], 79쪽).

15. 久保田正志, 『日本の軍事革命』 (錦正社, 2008), 131-132쪽.

16. 선조대 『기효신서』의 입수와 절강병법의 조선 도입에 대해서는 다음의 연구 참조. 노영구, "선조대 기효신서의 도입과 진법 논의", 『군사』 33 (1997).

17. 선조대 훈련도감의 창설과 증강에 대해서는 노영구 외, 『한양의 삼군영』 (서울역사 박물관, 2019), 30-31쪽.

18. 김우철, 『조선후기 지방군제사』 (경인문화사, 2000).

19. 舊 參謀本部, 『關ヶ原の役』 (德間書店, 2009), 295쪽.

20. 久芳 崇, 『東アジアの兵器革命―十六世紀中國に渡つた日本の鐵砲―』 (吉川弘文館, 2010), 15-24쪽.

21. 久芳 崇, "16世紀末, 日本式鐵砲の明朝への傳播-萬曆朝鮮の役から播州楊応龍の亂 へ", 『東洋學報』 84-1 (東洋文庫, 2002), 40-41쪽.

22. 久芳 崇, "일본군의 선박과 무기의 과학적 검토", 『임진왜란과 동아시아세계의 변동』 (경인문화사, 2010), 236-237쪽.

23. 『선조실록』 권187, 선조 38년 5월 壬辰.

24. 『선조실록』 권188, 선조 38년 6월 庚戌. 이 전투에 따른 조선의 대 여진 전술의 변화 양상에 대해서는 장정수, "17세기 전반 朝鮮의 砲手 양성과 운용" (고려대학교 석사 학위논문, 2010), 32쪽 참조.

25. Max Boot, *War Made New: Weapons, Warriors, and the Making of the Modern World* (Gotham, 2007), p. 58.

26. 허태구, "仁祖代 對後金(對淸) 방어책의 추진과 한계―守城 전술을 중심으로―", 『조선시대사학보』 61 (2012).

27. 『광해군일기』 권129, 광해군 10년 6월 戊寅.

28. "銃手 每隊 二人一層 或一人一層 分五次 或十次"(『羣藝正彀』, 營陣集 「輪射第三十二」). 이는 서구에서 머스켓 총이 전투에 도입된 이후 17세기 초 스페인의 테르시오의 영향을 받은 프랑스 군대의 편성 및 전술과 상당히 유사하다. 1622년경 프랑스군의 전투대형의 경우 중앙에 창병 10열과 좌우에 총병 10열이 배치되었는데 이는 한 열이 일제 사격(volley)을 한 이후 끊이지 않고 연속 사격을 위해 10개의 총병 대열이 요구된 것과 상당히 유사하다(Knox MacGregor · Murray Williamson, *The Dynamics of Military Revolution, 1300-2050* [Cambridge University Press, 2001], p. 37).

29. 『신기비결』, 「懲虛銃」.

30. 『병학지남』 권5, 場操程式 「鳥銃鈀弓齊放」.

31. 조총 중심의 전술이 야전에서 가지는 한계는 당시 동아시아의 주요 조총이었던 일본식 철포가 가지는 기술적인 한계로 인한 것이었다. 일본의 철포는 안전성과 조작성은 떨어지지만 명중의 정확도가 높았다. 이는 방아쇠와 용두가 일체형으로 제작되어 용두의 화승이 화약접시에 닿을 때까지 사수가 방아쇠를 당기고 있어야 하는 이른바 緩發式 조총과는 차이가 있었다. 이 완발식 조총은 명중의 정확도는 일본의 조총에 비해 떨어지지만 안전성과 조작성이 높아 탄막사격을 통해 평원에서의 보병의 집단 전투에 적합한 유럽형의 齒輪銃, 燧石銃과는 차이가 있었다. 따라서 철포는 기마대의 돌격을 저지하기 위해서는 城內에서 방어하거나 아니면 앞에 장애물을 설치하고 사격하는 것이 절대적으로 필요하였다(朝尾直弘, "16世紀後半の日本", 『岩波講座 日本通史』 第11卷(近世1) [岩波書店, 1993], 24-25쪽).

32. 장성진, "광해군시대 국방 정책 연구" (국방대학교 석사학위논문, 2008), 66쪽.

33. 『광해군일기』 권165, 광해군 13년 5월 신해; 『광해군일기』 권166, 광해군 13년 6월 己亥.

34. 『승정원일기』 제54책, 인조 14년 12월 21일 辛卯.

35. 黃一農, "紅夷大炮與黃太極創立的八旗漢軍", 『歷史研究』 2004-4 (2004), 92쪽.

36. 『市男集』 별집 권8, 「南漢日記」. 최근 강화도가 함락된 것은 홍이포가 아닌 여진족 출신으로 조선에 귀화한 이른바 向化胡人의 배반과 정보 제공이 결정적이었다는 주장이 나타났다. 구범진, 『병자호란, 홍타이지의 전쟁』 (까치, 2019).

37. 『승정원일기』 제354책, 숙종 19년 12월 3일 壬申.

38. 장정수, 앞의 논문 (2010), 52-58쪽.

39. 『승정원일기』 제68책, 인조 17년 정월 15일 癸酉.

40. 『승정원일기』 제72책, 인조 17년 12월 17일 己亥.

41. 『비변사등록』 제13책, 인조 27년 2월 13일.

42. 『승정원일기』 제204책, 효종 8년 10월 8일 己卯.

43. 『인조실록』 권15, 인조 5년 2월 戊午.

44. 『효종실록』 권17, 효종 7년 7월 甲子.

45. 『비변사등록』 인조 26년 10월 3일.

46. 신동규, "훈련도감의 신식 무기 개발과 서양 이국인 등용정책", 『향토서울』 63 (2003), 243-244쪽.

47. 효종 중반 조선은 흑룡강에 진출한 러시아군을 격퇴하면서 러시아군이 사용한 수석식 소총을 노획하기도 하였다. 따라서 그 구조에 대해 익힐 수 있었지만 수석식 소총을 이후 채택하지 않았다. 이에 대해 조선이 19세기 중엽까지 이 수석식 소총의 연구개발과 보급에 나서지 않고 기존의 화승식 소총을 사용한 것에 대해 매우 아쉽게 생각하는 견해도 있다(이강칠, "조선 효종대 나선정벌과 피아 조총에 대한 소고", 『고문화』 20 [1982]). 일부에서는 이를 동아시아 지역의 과학기술이 17세기 이후 서양에 비해 지체된 것에서 유래한 것으로 이해하기도 하지만 중국에서도 17세기 후반 이미 수발총이 제작된 것을 보더라도 이 제조기술이 확보되지 않은 것으로 단정하기는 어렵다(王兆春, 『中國科學技術史—軍事技術卷』 [科學出版社, 1998], 285쪽).

48. 배리 파커, 김은영 역, 『전쟁의 물리학』 (북로드, 2015), 143-144쪽.

49. 岩堂憲人, 『世界銃砲史』(上) (國書刊行會, 1995), 319쪽. 유럽의 경우 16세기 들어서면서 화승총에 또 다른 변화가 나타나는데 wheellock이라 하여 홈이 파인 강철 바퀴가 돌아가면서 황철광과 부딪쳐 불꽃을 일으켜 발사하는 방식이 개발되었다. 아

울러 화약접시에 덮개를 달아 점화용 화약이 물에 젖지 않게 하였다(배리 파커, 앞의 책 [2015], 144-145쪽). 그러나 중국과 조선 등 동아시아 지역의 경우 화승총이 wheellock 방식으로 개량된 모습은 널리 보급되지는 못한 것으로 보인다. 이에 대해서는 추후 검토가 요망된다.

50. 효종 4년(1653) 조선에 표류하였던 하멜의 표류기에 따르면 조선의 중앙군은 기병은 궁시와 도리깨로 무장하며 보병은 화승총과 칼, 短槍으로 무장하고 있었고, 지방의 승군은 칼과 궁시로 무장하고 있음을 기술하고 있다. 이는 중앙군의 경우 보병은 射手가 없이 대부분 포수로 이루어져 있었고, 지방군의 경우 아직 사수의 비중이 적지 않음을 보여준다(헨드릭 하멜, 김태진 역, 『하멜표류기』 [서해문집, 2003], 111-112쪽).

51. 『승정원일기』 제200책, 현종 8년 3월 3일 丁丑.

52. 이왕무, "17~18세기초 조총제조에 관한 연구"(경기대학교 석사학위논문, 1996), 41쪽.

53. 『비변사등록』 제47책, 숙종 19년 12월 4일.

54. 박재광, "壬辰倭亂期 火藥兵器의 導入과 戰術의 變化", 『學藝誌』 4 (1995).

55. 『신기비결』의 내용에 대해서는 한영우, 『나라에 사람이 있구나, 월탄 한효순 이야기』 (지식산업사, 2016) 참조.

56. 『宣祖實錄』 권49, 선조 27년 3월 戊戌.

57. 평양성 전투를 위해 李如松이 가져온 화기는 大將軍 80位, 滅虜砲 210門, 虎蹲砲 20位, 小砲 200箇, 快鎗 500桿, 三眼銃 100桿 등이었다(『經略復國要編』 권4, 「檄李提督」 12월 초8일).

58. 구보다 마사시, 허진녕 등 역, 『일본의 군사혁명』 (양서각, 2010), 66-71쪽.

59. 「曳橋進兵日錄」에는 일본군과 명군이 사용한 화기를 '炮銃'으로 기록하고 있는데 이는 화포와 조총의 합성어가 아니라 조총과 같은 화기를 의미하는 단어라고 할 수 있다.

60. 金子常規, 『兵器と戰術の日本史』 (原書房, 1982), 132쪽.

61. 정연식, "화성의 방어시설과 총포", 『진단학보』 91 (진단학회, 2001), 152쪽.

62. 삼혈총의 제원과 성능 등에 대해서는 국방군사연구소 편, 『한국무기발달사』 (1994), 514-515쪽 참조.

63. 유승주, "朝鮮後期 銃砲類 硏究", 『軍史』 33 (1996).

64. 中國人民革命軍事博物館 編著, 『中國戰爭發展史』(上) (人民出版社, 2001), 466-467

쪽.

65. 『承政院日記』 55책, 인조 15년 1월 27일.

66. 『承政院日記』 63책, 인조 16년 1月 26일.

67. 『承政院日記』 55책, 인조 15년 1월 26일. 병자호란 당시 조선군은 갑사창(甲士倉) 등에 보관해둔 대포를 남한산성으로 옮기지 못하여 성 내에 보유하고 있던 대포가 수문에 지나지 않았다고 한다(『승정원일기』 9책, 현종 2년 6월 17일).

68. 『인조실록』 권39, 인조 17년 12월 戊子.

69. 『南漢膽錄』 制度, 己丑 4월 23일.

70. 나경준, "조선 숙종대 관방시설 연구" (단국대학교 박사학위논문, 2012), 203-204쪽.

71. 『인조실록』 권36, 인조 16년 정월 戊辰.

72. 노영구, "17世紀 朝鮮의 火器發達 推移와 關聯 兵書의 刊行", 『朝鮮의 政治와 社會』 (集文堂, 2002).

73. 『備邊司膽錄』 제12책, 인조 26년 10월 3일. 砲身 위에 종이를 감싸서 파열을 방지하고 포신의 무게를 줄인 紙砲와 비슷한 火砲로는 1630년대 서양, 특히 Scotland에서 사용한 이른바 'Leather gun'이 있다. 이는 砲身 위에 가죽과 로프를 감아 무게를 줄여 야전에서 사용할 수 있도록 한 것이었으나 종이와 달리 가죽과 로프의 열전도율이 나빠 쉽게 과열되는 문제점이 있어 널리 활용되지는 못하였다고 한다 (Geoffrey Parker, *The Military Revolution: Military innovation and rise of the West, 1500-1800* [Cambridge, 1996], pp.34-35). 이 가죽대포는 30년전쟁 초기 스웨덴군이 도입하였는데 얇은 청동 포신을 가죽으로 둘러 기존의 청동 대포보다 가볍고 운용하기 편했다고 한다.

74. 『備邊司膽錄』 제13책, 인조 27년 2월 13일.

75. 『備邊司膽錄』 제13책, 인조 27년 4월 23일.

76. 한국역사연구회 법전연구반, 『원문·역주 각사수교』 (청년사, 2002), 102-103쪽.

77. 『備邊司膽錄』 제12책, 인조 26년 9월 1일.

78. 『備邊司膽錄』 제15책, 효종 3년 2월 5일.

79. 『備邊司膽錄』 제16책, 효종 4년 12월 14일.

80. 『承政院日記』 제130책, 현종 5년 정월 7일 戊戌.

81. 『顯宗改修實錄』 권10, 현종 4년 11월 戊寅.

82. 王兆春, 『中國火器史』 (軍事科學出版社, 1990), 255-258쪽.

83. 中國人民革命軍事博物館 編著, 앞의 책 (2001), 502-504쪽.

84. 바크린 E. A., "극동지역의 러시아 병력(1640-1690)", 『남한산성연구총서』 4 (2013), 134쪽.

85. 藤田達生, "戰爭と城", 『日本史講座』5(近世の形成) (東京大學出版會, 2004), 265-266 쪽.

86. 레이 황(Ray Hwang), 『中國, 그 巨大한 行步』 (경당, 2002), 367쪽.

87. 火器中 如小小黃字砲. 小小碗口. 尺字砲等物 皆是久遠之制 而砲穴旣窄 納藥亦少 其放火飛丸 不能遠及 比他火器最劣 若令毁破此等小小諸砲 添補於火器鑄成之役 則 恐爲有益於實用矣(『文貞公遺稿』 권6, 「書啓別單」).

88. 『顯宗改修實錄』 권11, 현종 5년 6월 癸丑.

89. 『顯宗改修實錄』 권10, 현종 5년 3월 乙丑; 『承政院日記』 제182책, 현종 5년 3월 3일 乙丑.

90. 本府及各鎭軍器 其數旣多 而且其火藥鉛丸之横 各樣火砲之類 皆是斤兩甚重 難於 運轉者也 … 事急則所當分移各處 散給諸軍 而如使肩擔手持 其勢有所不逮 不可不 豫辦運轉之具 宜令本府 別制小車 可容數人挽曳者數十兩 分置府內及各鎭 以備倉卒 之用也(『文貞公遺稿』 권6, 「書啓別單」).

91. 臨江禦敵之具 莫過於火砲及佛狼機 而此皆遠放之器 其丸雖大 所中不至於多 敵若 近在百步之內 則又不若於火砲及佛狼機 多藏小丸 爲所中於人衆 故相臣李浣欲建 白 多備水鐵丸 大如鳥卵者 而未及爲之云 兩南兵營水營統營及黃海平安兵營 間年 使二營 合口丸各五百箇 及鳥卵丸各五千箇式備送 以爲緩急之用 事甚便好(『芝湖集』 권2, 「進江都事宜別單疏」).

92. 佛狼機 有五號 每號各五子 每子 各用口鉛子一箇(『火砲式諺解』 「佛狼機」).

93. 『火砲式諺解』 「地字銃筒」, 「玄字銃筒」 등.

94. 강재언, 『조선의 西學史』 (민음사, 1990), 73-74쪽.

95. 포이의 출현은 화포 발달에서 강철 포탄, 二輪 砲架의 출현과 함께 화포의 혁신적 변화를 가져온 것이었다.

96. 노영구, "17~18세기 동아시아 정세와 조선의 도성수비체제 이해의 방향", 『조선시대 사학보』 71 (2014), 232쪽.

97. Peter Lorge, War, Politics and Society in Early Modern China, 900-1795 (Routledge, 2005), pp. 161-162.

98. 『금위영등록』 권3, 정묘 2월 27일.

99. 『비변사등록』 60책, 숙종 36년 3월 22일. 이상 별파진의 증강에 대해서는 이재정,

"조선후기 별파진과 공용화기 운용"(서울대학교 석사학위청구논문, 2017), 참조.

100. 『西厓集』 권16, 「記火砲之始」.

101. 예를 들어 『火砲式諺解』의 「劑藥式」에 기재된 明火藥의 염초 비중은 60% 정도인데 비해 倭藥은 78.2%에 달하고 있다.

102. 류승주, 앞의 논문 (1996), 126-127쪽.

103. 『선조실록』 선조 28년 2월 17일.

104. 營及各鎭浦所在火藥 元數不敷爲白如乎 戰船分載 五征嶺海 幾盡放下 … 臣矣軍官 訓練主簿李鳳壽 得其妙法 三朔之內 焰焇一千斤煮出爲白乎等用良 同焰焇合劑 營及 各官浦惠伊 分上爲白在果唯只(『壬辰狀草』「萬曆二十一年正月二十六日啓本」).

105. 당시 조선에서는 일본군들이 먹같이 까만 화약을 소반 위에 쌓아놓고 칼자루로 부수고 다듬잇돌에 찧는 것을 날마다 일삼는 것을 목격하였는데(『宣祖實錄』 권35, 선조 26년 2월 丙午), 이는 15세기 이후 서구의 火砲 발달에서 분말 형태의 화약을 대신하여 나타난 알갱이 모양의 화약(corned powder)과 유사한 형태를 띤 것으로 보인다. Corned powder는 이전보다 폭발력과 운반성이 급격히 좋아지게 된다(Clifford J. Rogers, "Military Revolution of the Hundred Years War" *The Military Revolution Debate*, pp. 72-73).

106. 『선조실록』 권, 선조 27년 7월 14일.

107. 『선조실록』 권63, 선조 28년 5월 25일.

108. 『선조실록』 권41, 선조 26년 8월 6일.

109. 허태구, "17세기 조선의 염초무역과 화약제조법 발달", 『한국사론』 47 (2002), 216쪽.

110. 민병만, 『한국의 화약역사』 (아이워크북, 2009), 195-200쪽.

111. 예를 들어 강원도의 경우 화약이 부족하여 포수들이 사격 방법을 모르는 경우까지 나타났다(『仁祖實錄』 권28, 인조 11년 12월 辛酉).

112. 허태구, 앞의 논문 (2002), 229-230쪽.

113. 『우복집』 권5, 「옥당논시무차」. 인조대 포수 강화 등 조선의 전술 전개 양상에 대해서는 노영구, "인조초~병자호란 시기 조선의 전술 전개", 『한국사학보』 41 (2010) 참조.

114. 『인조실록』 권28, 인조 11년 12월 辛酉.

115. 『新傳煮取焰焇方諺解』의 간행 경위와 체재 등에 대해서는 황문환, "『新傳煮取焰焇方諺解』에 대한 국어학적 고찰", 『藏書閣』 4 (2000) 참조.

116. 唯此焰焇煮取一事 從前未盡其法 用力多而所獲少 每籲天朝 節續貿來 常患不敷 卽
有別將姓名成根 慨意於斯 或問於被虜人 或質諸流漢 間以意起 試於私而設於公 事
未半而功果百倍 其有關於國家 大矣 仍采其術 分爲十五節 略成此方(『新傳煮取焰焇
方諺解』「서문」).

117. 『備邊司謄錄』 제7책, 인조 2년 5월 15일.

118. 『仁祖實錄』 권28, 인조 11년 10월 丁卯.『國朝寶鑑』에 따르면 인조 9년 7월에 陳奏
使 鄭斗源이 북경에서 서양인 선교사 로드리게스(陸若漢)가 인조에게 선물한 서양
화포와 焰硝花, 千里鏡, 自鳴鐘 및 『紅夷砲題本』 등 각종 서양 서적 등을 가지고 귀
국하였다고 한다(『國朝寶鑑』 권35, 인조 9년 7월).

119. 本國人 不解煮焇 常貿於中國 比宇 皇朝禁令甚嚴 往者 動輒失利 朝廷憂之 李公
購得新方 命工試煮 應手成焇 自此 銃藥具贍矣 於是 取火砲諸式 譯以方音 以便學習
又取煮焇方 附諸卷尾 以傳布中外(『火砲式諺解』「跋文」).

120. 『신전자취염초방』「和合」, 「蒸白」, 「淋土」.『신전자최염초방』의 함토 제조법의 특징에
대해서는 민병만, 앞의 책 (2008), 302-304쪽에 자세하다.

121. 허태구, "仁祖代 對後金(對淸) 방어책의 추진과 한계—守城 전술을 중심으로—",
『조선시대사학보』 61 (2012).

122. 『신기비결』의 내용과 한효순의 생애에 대해서는 한영우, 『나라에 사람이 있구나—
월탄 한효순 이야기』 (지식산업사, 2016) 참조.

123. 채연석, 『韓國初期火器硏究』 (일지사, 1981), 64-65쪽.

124. 허태구, 앞의 논문 (2002), 39쪽.

125. 周嘉華 외, 『中國古代化學史略』 (河北科學技術出版社, 1992), 272쪽.

126. 『紀效新書』에 제시된 이른바 '鳥銃藥'은 염초 40兩(75.8%), 熿 5.6兩(10.6%), 柳灰
7.2兩(13.6%)으로 나타나 있다(『紀效新書』 권3, 「火藥製」). 이를 통해 『화포식언해』에
제시된 倭藥과 거의 유사함을 알 수 있다.

127. 後有韓世龍者 學於倭人 比諸成根 用力少而所獲多 遂棄根而用世龍之法 傳之至今
然其品不甚精煉 故國家 嘗慨然於斯云(『新傳煮硝方』「得硝法始末」).

128. 紙砲가 높낮이 조절이 되는 것으로 보아 아마 砲耳(trunnion)가 달린 것으로 추
정된다. 砲耳의 출현은 화포 발달에서 강철 포탄, 二輪 砲架의 출현과 함께 화포
의 혁신적인 변화를 가져온 것이었다(Clifford J. Rogers, "Military Revolution of the
Hundred Years War", *The Military Revolution Debate*, p. 73).

129. 강재언, 『조선의 西學史』 (민음사, 1990), 73-74쪽.

130. 『新傳煮硝方』의 개괄적인 내용과 간행 배경에 대해서는 전상운, 『한국과학기술사』 (정음사, 1976); 황문환, "新傳煮硝方(諺解)에 대한 國語學的 考察", 『정신문화연구』 69 (1997) 참조.

131. 至壬申 判書閔就道 以節使付价赴燕 指南以譯隨行 閔公路謂指南曰 煮硝一方 自祖宗朝 欲得其妙 而終不能致之 爾若購得 幸莫大也 指南於是 購求其方 靡不用極 而無處可覓 歸抵遼陽 潛叩村舍 得一人焉 遺之金而問之 始得其術… 前日所藏之藥 天陰則濕 遇霾則消 必費添新再搗之力然後 始爲用矣 今玆新煉之硝 性燥力猛 雖置之窖而十年慶霖 絶無潤濕之患(『新傳煮硝方』, 「得硝法始末」).

132. 『승정원일기』 현종 10년 1월 6일.

133. 이는 마지막 10단계 공정인 合製 과정에서 精硝를 柳灰, 硫黃을 섞어 쌀 씻은 물로 반죽하여 방아에 넣고 찧는 과정을 통해 분말 형태가 아닌 상태로 보존이 가능해졌으므로 가능한 것으로 보인다.

134. 민병만, 앞의 책 (2008), 298쪽.

135. 민병만, 앞의 책 (2008), 296-297쪽.

136. 『陣法』 「大閱儀註」, 「형명도」.

137. 『병학지남』 권5, 장조정식(場操程式).

138. 조선 후기 군영에서의 취타 악대에 대해서는 이숙희, 『조선 후기 군영악대』 (태학사, 2007) 참조.

139. 이하의 깃발 관련 내용은 노영구, "조선후기 반차도 등에 보이는 군사용 깃발과 그 운용", 『문헌과해석』 22 (2002)를 바탕으로 최근 발견된 자료인 『旗制』를 이용하여 수정하였다.

140. 『병학지남』 권1, 「旗制」.

141. 『기효신서』.

142. 放砲一聲 立藍白高招 左右點 吹轉身喇叭 點緊鼓 吹擺隊伍喇叭 左邊三哨 擺列于左別將之左 右邊三哨 擺列于右別將之右 自內擺向外 作鶴翼陣(『兵學通』 卷1, 「馬兵鶴翼陣」).

143. 고동환·노영구·이왕무, 『한양의 삼군영』 (서울역사박물관, 2019), 105-109쪽.

144. 노영구, "壬辰倭亂 초기 양상에 대한 기존 인식의 재검토—和歌山縣立博物館 소장 「壬辰倭亂圖屛風」에 대한 새로운 이해를 바탕으로—", 『한국문화』 31 (2003); 이호준, "임진왜란 초기 경상도 지역 전투와 군사체제", 『군사』 77 (2010).

145. 본 절의 내용은 필자의 기존 발표 논문인 "16~17세기 조선의 무기발달과 전략전술

의 변화", 『남한산성연구총서』 4 (2013)를 바탕으로 수정한 것이다.

146. 久保田正志, 『日本の軍事革命』(錦正社, 2008), 90쪽.

147. 『선조실록』 권46, 선조 26년 12월 壬子.

148. 『선조실록』 권86, 선조 30년 3월 癸巳.

149. 『西厓集』 권14, 雜著「戰守機宜十條」 守城.

150. 조정기, "西厓 柳成龍의 城郭論", 『韓國史의 理解—朝鮮時代 1』 (신서원, 1991), 22-27쪽.

151. 이 시기 山城 修築의 현황에 대해서는 이장희, "壬亂中 山城修築과 堅壁淸野에 대하여", 『阜村 申延澈敎授 停年退任紀念 史學論叢』 (일월서각, 1995), 626-631쪽 참조.

152. 『紀效新書』 권13, 「守哨篇」.

153. 鄭演植, "華城의 防禦施設과 銃砲", 『震檀學報』 91 (2001), 143쪽.

154. 王兆春, 『中國科學技術史』(軍事技術卷) (科學出版社, 1998), 237-238쪽.

155. 이시발의 「수성조약」의 내용과 임진왜란 이후 새로운 城制의 도입 문제에 대해서는 노영구, "이시발의 『守城條約』과 임진왜란 이후 새로운 城制의 확립", 『문헌과해석』 36 (2006) 참조.

156. 유재춘, "임진왜란시 일본군의 조선 성곽 이용에 대하여 —철원 성산성 사례를 중심으로—", 『조선시대사학보』 24 (2003).

157. 『서애집』 「陳時務箚」 癸巳 12월.

158. 太田秀春, 『朝鮮の役と日朝城郭史の研究 —異文化の遭遇. 受容. 變容—』 (淸文堂, 2006).

159. 임진왜란 중 왜성의 변화 양상에 대해서는 차용걸, "조선후기 관방시설의 변화과정", 『한국사론』 9 (1981), 64쪽; 堀口健貳, "石垣", 『倭城研究』 3 (1999) 등에 자세하다.

160. 千田嘉博, 『織豊系城郭の形成』 (東京大學出版會, 2000).

161. 『선조실록』 권127, 선조 3년 7월 乙丑.

162. 『軍門謄錄』 乙未 11月 26日.

163. 『關北邑誌』 권3, 「咸山誌通紀」 城郭 條(『조선시대 사찬읍지』 권42, 인문과학원 편).

164. 『벽오유고』 권6 「守城條約」.

165. 리영민, "경성읍성의 성벽축조 형식과 방법에 대하여", 『조선고고연구』 3 (1991), 42-45쪽.

166. 노영구, 앞의 논문 (1999), 313쪽. 내탁 기법이 화포 공격에 대응하기 위한 목적보다는 城道의 폭을 확보하여 수성군의 활동 공간을 넓히기 위한 목적이 컸고 이미 이전부터 있었다는 정연식의 반론이 있다(정연식, 앞의 논문 [2001], 154-155쪽).

167. 이천우, "남한산성 축성법에 관한 연구" (명지대학교 석사학위논문, 2006), 122쪽.

168. 이천우, 위의 논문 (2006), 41-45쪽.

169. 임진왜란 이후 일본식 축성 기술의 조선 도입과 구체적 사례, 그리고 17세기 후반 쇠퇴 양상에 대해서는 太田秀春, 앞의 책 (2006), 7장 참조.

170. 『磻溪隧錄』 권22, 兵制後錄 「城地」 4쪽.

171. 『磻溪隧錄』 권22, 兵制後錄 「城地」 5-6쪽.

172. 유형원의 성곽 축성론에 대해서는 신대진, "조선후기 실학자의 무기 및 군사시설 개선론"『동국사학』 29 (1995), 66-71쪽에 잘 정리되어 있다.

173. 中國人民革命軍事博物館 編著, 『中國戰爭發展史』(上) (人民出版社, 2001), 466-467쪽.

174. 나경준, "조선 숙종대 관방시설 연구" (단국대학교 박사학위논문, 2012), 203-204쪽.

175. 이천우, "남한산성 축성법에 관한 연구" (명지대학교 석사학위논문, 2006), 25쪽.

176. 지균만, "17세기 강화 墩臺 축조에 관한 건축사적 연구" (경기대학교 석사학위논문, 2004), 70쪽.

177. 王兆春, 『中國火器史』 (軍事科學出版社, 1990), 255-258쪽.

178. 『紀效新書』 권13, 「守哨篇」 烽堠解.

179. 노영구, "朝鮮後期 城制 變化와 華城의 城郭史的 意味", 『진단학보』 88 (1999), 295쪽.

180. 지균만, 앞의 논문 (2004), 72쪽.

181. 남한산성 문화관광사업단, 『남한산성 역사자료 가이드북』 (2012), 15-16쪽.

182. 손영식, 『한국성곽의 연구』 (문화재관리국, 1987), 176쪽.

183. 노영구, 앞의 논문 (1999), 313쪽.

184. 나경준, 앞의 논문 (2012), 180-185쪽.

185. 『承政院日記』 457冊, 肅宗 36년 10월 16일.

186. 『輿地圖書』 黃海道, 兵馬節度營, 城池.

187. 차용걸, "임진왜란 이후 한국 축성기술의 변화과정", 『충북사학』 16 (2006).

188. 『여지도서』 경상도 칠곡, 城池.

189. 『寧邊府地圖』(奎 10624);『增補文獻備考』권30, 關防6「寧邊」.

190. 『숙종실록』권14, 숙종 9년 10월 丙午.

191. 『輿地圖書』평안도 寧邊府「城池」.

192. 『증보문헌비고』에는 北城이 숙종 원년에 축조된 것으로 기록되어 있으나(『增補文獻備考』권30, 關防6「寧邊」),『寧邊府地圖』에 숙종 9~12년 동안 영변부사였던 이광한의 주도로 축성된 것으로 나타나 있는 것으로 보아 숙종 11년으로 보는 것이 타당하다.

193. 17세기 영변 일대의 축성에 대해서는 노영구, "조선후기 평안도 내지 거점 방어체계",『한국문화』34 (2004)에 자세하다.

194. 이에 대해서는 노영구, 위의 논문 (2004) 참조.

195. 『壇究捷錄』권10, 直路十二邑城池險夷山川要害,「平壤」;『숙종실록』권55, 숙종 40년 10월 辛未.

196. 『증보문헌비고』권30, 關防6 平壤.

197. 『증보문헌비고』권30, 關防6 平壤.

198. 『비변사등록』제66책, 숙종 39년 8월 27일.

199. 『비변사등록』제153책, 영조 45년 2월 9일.

200. 『大東地志』권21, 평안도 安州「城池」.

201. 『華城城役儀軌』권수「圖說」.

202. John A. Lynn, "The trace italienne and the Growth of Armies", *Journal of Military History* 55 (1991), *The Military Revolution Debate* 에서 재인용, p. 172.

203. 『정조실록』권46, 정조 21년 정월 경오.

204. 篠田耕一,『武器と防具─中國篇』(新紀元社, 1994), 214쪽.

205. 『兵學指南』권5,「城操程式」, 一面操.

206. 화성 방어를 위해 인접 군병이 모두 배치될 때 성벽에는 각 垜마다 개인 화기인 鳥銃이나 快槍 1자루를 배치하고 5垜마다 佛狼機 1문을 배치하였다(『華城城役儀軌』권2,「附近五邑軍兵合屬節目」). 평소 방어 시 門樓나 舖樓 등에도 大銃(佛狼機와 勝字砲) 2문, 手銃 2자루를 배치하도록 하여(『華城城役儀軌』권2,「宮墻輪把城上把守節目」) 弓矢는 방어 무기에서는 제외되어 있다.

207. 유럽에서도 稜堡에 다량의 화포가 장비되면서 더욱 필수적인 성곽 방어시설로 간주되었다(John A. Lynn, "The trace italienne and the Growth of Armies", *Journal of Military History* Vol. 55 (1991), *The Military Revolution Debate*에서 재인용, p. 174).

208. 노영구, "17~18세기 동아시아의 정세와 조선의 도성 수비체제 이해의 방향", 『조선시대사학보』 71 (2014).

209. 『英祖實錄』 권16, 영조 4년 3월 甲戌. 일본에서도 17세기 이후에 들어서야 조총의 藥室 주위에 방수 장비[雨覆]를 씌워 雨天에 대비하도록 하고 있다(N. Perrin, Giving up the gun. Japan's reversion to the sword 1543-1879 (1979) (川勝平太 譯, 『鐵砲をすてた日本人』 [中央公論社, 1991], 52-53쪽).

210. 『備邊司謄錄』 제76책, 영조 원년 12월 27일.

211. 『숙종실록』 권17, 숙종 12년 9월 丁亥. 숙종 초 江都에는 大鳥銃 1,567자루가 비축되어 있었고, 각 敦臺에는 大鳥銃 10자루씩 배치되어 있었다고 한다. 당시 大鳥銃의 위력은 500步 밖에 있는 사람의 갑옷을 뚫을 수 있는 정도였다고 한다(『江都志』 (下), 「軍器」).

212. 『備邊司謄錄』 제89책, 영조 7년 6월 20일. 영조 초반에는 千步銃의 일부를 개조하여 땅에 놓거나 들고 사격하기 용이하도록 하였다.

213. 『승정원일기』 제706책, 영조 6년 5월 6일 癸酉.

214. 『만기요람』 軍政篇二 訓鍊都監 軍器; 《萬機要覽》 軍政篇三 禁衛營 軍器; 《萬機要覽》 軍政篇三 御營廳 軍器.

215. 『비변사등록』 제89책, 영조 7년 5월 27일.

216. 『備邊司謄錄』 제47책, 숙종 19년 12월 4일.

217. 예를 들어 새로이 군사가 배치된 臨津의 경우 2哨의 군병 전원에게 조총과 環刀가 지급되기도 하였다(『備邊司謄錄』 제70책, 숙종 43년 9월 29일). 임진진에 대해서는 이강원, "18세기 경기 서북부 방어체제의 재편과 장단 방어영의 파주 이설", 『한국사연구』 194 (2021) 참조.

218. 『英祖實錄』 권66, 英祖 23년 12월 丙子.

219. 『승정원일기』 76책, 인조 18년 11월 13일(庚寅).

220. 『승정원일기』 숙종 39년 9월 18일(壬戌).

221. 이왕무, "17~18세기 초 조총제조에 관한 연구" (경기대학교 석사학위논문, 1996), 41쪽.

222. 『備邊司謄錄』 제59책, 숙종 34년 11월 29일.

223. 『備邊司謄錄』 제51책, 숙종 26년 10월 7일.

224. 『備邊司謄錄』 제68책, 숙종 41년 3월 3일; 『備邊司謄錄』 제권68, 숙종 41년 3월 11일.

225. 유세현, "한국의 쇠뇌", 『학예지』 4 (1995), 441쪽.

226. 賊在百步之內 鳥銃手齊放 次前層鈀弓手 放射 次後層殺手 出戰 再進在退 至鳥銃 之前 銃手急出齊放(『兵學指南』 권2, 營陣正轂 「作戰」).

227. 『備邊司謄錄』 제104책, 영조 14년 7월 21일.

228. 『萬機要覽』에 따르면 훈련도감에는 鳥銃 8329柄, 環刀 7,219자루, 弓 10,558張 외에 佛狼機 65柄, 銅砲 119坐 등 다량의 각종 火砲를 보유하고 있다. 이에 비해 기병에 소요되는 鞭棍을 제외하고는 보병용 단병기는 조총병이 소지하는 환도 이외에 偃月刀는 1자루, 삼지창 25자루, 挾刀 26자루 등 극히 소량의 단병기를 보유하고 있다 (『萬機要覽』 軍政編2, 訓鍊都監 「軍器」).

229. 한영우, 『정조의 화성행차, 그 8일』 (효형출판, 1998), 12-74쪽 班次圖 참고.

230. 존 키건, 유병진 역, 『세계전쟁사』 (까치, 1996), 449-450쪽.

231. 17세기 초 중국의 병서인 『兵錄』 (1606)에는 당시 중국에서 알려져 있던 각종 화 포를 '戰銃'(野戰砲, Field-guns), '守銃'(守城用砲, Defence-guns), '攻銃'(攻城用砲, Siege-guns)으로 구분하고 각 화포의 제원을 나열하고 있다. 특히 戰銃은 야전에서 사용할 수 있는 輕砲로서, 당시 유럽 野戰砲의 영향을 받아 두 바퀴가 달린 砲架에 포를 싣고 '量銃規'를 사용하여 포의 상하 각도를 조준할 수 있는 성능을 갖고 있었 다(Joseph Needham, *Science and Civilization in China* Vol. 5 [1986], pp. 380-389).

232. 17세기 청나라의 각종 대형 화포는 모두 수레에 실려 있었다(劉旭, 『中國古代火炮 史』 [上海人民出版社, 1989], 87-94쪽).

233. 王兆春, 『中國科學技術史—軍事技術卷』 (科學出版社, 1998), 216-218쪽. 王兆春에 의하면 紅夷砲는 영국의 16세기 후반 제조된 초기의 cannon과 동일한 것이라고 한 다.

234. 黃一農, "紅夷大砲與明淸戰爭—以火砲測準技術之演變爲例", 『淸華學報』 新26卷 第1期 (1996), 31쪽.

235. 『備邊司謄錄』 제58책, 숙종 33년 2월 21일.

236. 『英祖實錄』 권30, 영조 7년 9월 辛巳.

237. 『訓局謄錄』 29책, 丙寅 2월 초2일 備局甘結 "自庚戌至辛亥秋 鳩聚銅錫鑄成中砲 一百門 龍頭砲二門 虹夷砲二門 各具車子 分納訓御兩營 則其時大將 親審試放".

238. 『承政院日記』 39책, 영조 6년 12월 16일 庚戌.

239. 『承政院日記』 34책, 영조 2년 10월 5일 癸亥.

240. 『感顧堂集』 권3 南征日錄二, 3월 22일.

241. 윤휴의 戰車(兵車) 제조에 대해서는 韓㳍劤, "白湖 尹鑴 硏究(三)", 『歷史學報』19 (1965), 106-114쪽에 자세하다.

242. 김양수, "朝鮮肅宗時代의 國防問題", 『白山學報』25 (1979), 88-91쪽.

243. 『肅宗實錄』 권2, 숙종 원년 정월 己巳.

244. 『肅宗實錄』 권2, 숙종 원년 정월 癸未.

245. 『肅宗實錄』 권2, 숙종 원년 정월 庚午.

246. 『肅宗實錄』 권3, 숙종 원년 4월 戊戌.

247. 『肅宗實錄』 권2, 숙종 원년 2월 己酉.

248. 火車 車制如常 而用版子 鑿孔植木 用筒柄穴 一層 各十 至五層共五十 又用枕木五條 每條刻五處 與植木齊 用宙字銃五十柄 每一柄 小藥線半條 火藥二錢 土隔五分 用皮翎木箭(『火砲式諺解』 「火車」).

249. 『화포식언해』와 허적의 화차의 제도 등에 대해서는 강성문, "조선의 역대 화차에 관한 연구", 『학예지』 9 (2002), 124-128쪽에 자세하다.

250. 『肅宗實錄』 권4, 숙종 원년 11월 乙巳.

251. 『承政院日記』 제251책, 숙종 2년 2월 3일 乙卯.

252. 『備邊司謄錄』 제35책, 숙종 5년 9월 12일.

253. 『肅宗實錄』 권8, 숙종 5년 9월 癸卯.

254. 김병륜, "망암화차의 구조적 특성과 실효성", 『공자학』 21 (2011).

255. 『備邊司謄錄』 제40책, 숙종 12년 정월 24일.

256. 『肅宗實錄』 권14, 숙종 9년 윤6월 癸卯.

257. 『비변사등록』 43책, 숙종 15년 10월 초2일. 숙종 초 평안도의 수레 제작 양상에 대해서는 고동환, 『한국 전근대 교통사』 (들녘, 2015), 296-297쪽 참조.

258. 고승희, "조선후기 평안도지역 도로방어체계의 정비", 『한국문화』 34 (2004).

259. 『肅宗實錄』 권48, 숙종 36년 7월 戊辰.

260. 『備邊司謄錄』 제60책, 숙종 36년 10월 12일.

261. 『備禦五條』의 전차 제도에 대해서는 노영구, "숙종대 국방개혁안에 대한 일고찰", 『학예지』 12 (2005)에 자세하다.

262. 『英祖實錄』 권18, 영조 4년 5월 戊午.

263. 『英祖實錄』 권37, 영조 10년 정월 壬午.

264. 『英祖實錄』 권22, 영조 5년 4월 乙未.

265. 『承政院日記』 제880책, 영조 14년 10월 22일 辛丑.

266. 『武備志』에 소개된 전차의 종류로는 虎車, 正廂車, 雙輪戰車 등 10여 종에 이른다.

267. 金龍國, "田運祥과 海鶻船", 『國防史學會報』 (국방사학회, 1977), 254-255쪽.

268. 『農圃問答』「利兵器」.

269. 乙亥春 公(摠使時)奏曰 向者五輪車制 是不死之馬 有脚之城矣 上曰 異於都監砲車 矣(『御定洪翼靖公奏藁』 권30, 「軍器」).

270. 公曰… 方造戰車 以狹輪不如兩輪之便順 以兩輪爲之好矣(『御定洪翼靖公奏藁』 권 30, 「軍器」).

271. 『攷事新書』 권9, 武備門 「戰車制」.

272. 『旅菴全書』 권18, 「論兵船火車諸備禦之具」. 申景濬의 火車에 대해서는 조선기술발 전사편찬위원회, 『조선기술발달사5』(리조후기편) (과학백과사전종합출판사, 1996), 155쪽에 자세하다.

273. 노영구, 『조선후기의 전술』 (그물, 2015).

274. 『萬機要覽』 권2, 「軍政編」에 의하면 훈련도감에는 火車 121乘, 禁衛營에는 火車 56 乘, 御營廳에는 戰車 51량이 있었다. 특히 금위영에는 車銃 30자루, 車槍 288자루 등 火車에 탑재될 무기도 아울러 나타나 있다.

5장 19세기 서구 근대 무기의 수용과 무기 개발

1. 홍경래 난의 화약무기 운용에 대해서는 이재정, "별파진과 조선후기 대포 운용" (서 울대학교 석사학위논문, 2017) 2장에 자세하다.

2. 홍경래 난의 경과 등에 대해서는 다음의 책 참조. 이왕무, "세도정치기 국방체제의 변 화", 『한국군사사』 8 (경인문화사, 2012).

3. 『巡撫營謄錄』 권1, 壬申 정월 26일.

4. 『戎垣必備』에 따르면 19세기 초 천자총통의 무게는 1,209근이었고, 50근에 달하는 대장군전을 한 번 발사할 때 30냥에 달하는 화약을 사용했다. 다른 대포인 현자총 통은 무게가 155근이고, 한 번 사격할 때 화약 4냥을 사용한 것과 비교할 때 천자총 통은 그 위력이 매우 컸음을 알 수 있다.

5. 『西征日記』 壬申 4월 19일; 『陣中日記』 壬申 4월 19일.

6. 노영구, "조선후기 城制 변화와 다산 정약용의 築城 기술론", 『茶山學』 10 (2007),

143-145쪽.

7. 『西征日記』壬申 정월 11일.

8. 『戎垣必備』의 규격에 따르면 현자총통은 무게가 155근이었다. 불랑기의 경우 현존 유물을 참조하면 무게가 모두 100킬로그램 미만이다.

9. 김병륜, 『조선의 군사혁신, 성공과 실패』 (국방정신전력원, 2017).

10. 『융원필비』의 체재와 주요 내용에 대해서는 강신엽, 『조선의 무기Ⅱ』(융원필비) (봉명, 2004) 참조.

11. 유승주, "조선후기 총포류 연구", 『군사』 33 (국방군사연구소, 1996).

12. 戴逸·張世明, 『18世紀的中國與世界—軍事卷—』 (遼海出版社, 1999), 149-150쪽.

13. 군사혁명론에 대한 다양한 논쟁에 대해서는 Rogers, Clifford ed, *The Military Revolution Debate, Readings on the Military Transformation of Early Modern Europe* (Westview Press, 1995) 참조.

14. 주경철, 『대항해시대』 (서울대학교출판부, 2008), 218쪽.

15. 김명호, 『초기 한미관계의 재조명』 (역사비평사, 2005), 82-83쪽.

16. 「論兵事疏」는 강위가 강화도 조사 이후 작성한 「請勸設民堡增修江防疏」를 바탕으로 하여 작성된 것으로 이 두 상소에 대해서는 이헌주, "병인양요 직전 姜瑋의 禦洋策", 『한국사연구』 124 (2006)에 자세하다.

17. 연갑수, "대원군 집권기 무기개발과 외국기술 도입", 『학예지』 9 (2002).

18. 연갑수, 『대원군집권기 부국강병정책 연구』 (서울대학교 출판부, 2001), 195쪽.

19. 이강칠, "한국의 화포", 『한국군제사 근제조선후기편』 (1977), 469-470쪽.

20. 제원: 구경 120*mm*, 전장 123*cm*, 중량 295*kg*.

21. 권석봉, "영선사행에 대한 일고찰", 『역사학보』 17·18합집 (1962).

22. 김연희, 『한국 근대과학 형성사』 (들녘, 2016), 87쪽.

23. 田保橋潔, 『近代日鮮關係の硏究』 上 (1941).

24. 권석봉, "영선사행에 대한 일고찰", 『역사학보』 17·18합 (1962).

25. 기기창의 설치에 대해서는 김정기, "1880년대 기기국, 기기창의 설치", 『한국학보』 10 (1978) 참조.

26. 최기영, "서구 근대무기의 수용과 무기 제조", 『한국무기발달사』 (국방군사연구소, 1995), 565쪽.

1. 김영희, "전시체제와 민족말살정책", 『신편 한국사』 50 (국사편찬위원회, 2002), 13-14쪽.

2. 박경식, 『日本帝國主義의 朝鮮支配』 (청아출판사, 1986), 277쪽.

3. 姜東鎭, 『日本の朝鮮支配政策史研究』 (東京大出版會, 1979).

4. 이병례, "일제말기(1937~1945) 인천지역 공업현황과 노동자 존재형태", 『인천학연구』 10 (2009).

5. 木村光彦, 『日本統治下の朝鮮—統計と實證研究は何お語るか』 (中央公論社, 2018), 152-154쪽.

6. 삼식잠항수송정의 제원은 길이 35미터, 배수량 300톤, 잠수가능수심 100미터, 수상 속력 10~12노트, 잠항 속력 4.4노트로 24톤의 물자를 수송할 수 있었다. 마루유 계획에 대해서는 배석만, "일제시대 조선기계제작소의 설립과 경영(1937~1945)", 『인천학연구』 10 (2009), 182-183쪽 참조.

7. 안병직, "植民地 朝鮮의 雇傭構造에 관한 研究", 『近代朝鮮의 經濟構造』 (비봉출판사, 1989), 430-431쪽.

8. 반민특위조사자료, 「愼鏞頊의 附日及反民行爲罪狀」.

9. 이현직, "제1공화국의 징병제 도입과 정착" (국방대학교 석사학위논문, 2021).

10. 김홍일, 『국방개론』 (고려서적, 1949), 83-84쪽.

11. 김홍일, 『국방개론』 (고려서적, 1949), 85-87쪽. 『국방개론』에 나타난 김홍일의 군사사상에 대해서는 김지훈, "김홍일의 중국 국민혁명군 경험과 '국방개론' 저술", 『군사』 112 (2019)에 자세하다.

12. 시간과 비용이 많이 드는 해군력 대신 공군력의 증강을 강조하는 김홍일의 사상은 멀리는 공군력을 중시하던 임시정부의 군무총장 노백린(盧伯麟, 1874-1925)의 사상과 연원을 가지며 아울러 중국 국민정부 당시 중국 전략사상의 영향을 강하게 받은 것이었다. 중국 국민정부의 군사전략 양상에 대해서는 기세찬, 『중일전쟁과 중국의 대일군사전략(1937-1945)』 (경인문화사, 2013) 참조.

13. 구체적으로 육군은 상비군과 예비군 각 100,000명, 해군은 상비군과 예비군 각 10,000명, 공군은 1개 비행사단과 소규모 해공군 파견대를 두고자 하였다(양영조, 『남북한 군사정책과 한국전쟁, 1945-1950』 [한국학술정보, 2007] 131쪽).

14. 《동아일보》 1949. 12. 4.

15. Robert K. Sawyer, *Military Advisors in Korea : KMAG in Oeace and War* (U.S. Goverment Printing Office, 1962), p. 97.

16. 김창규는 육군병기공창 창장 시절 서울대 공대 졸업반 학생들을 단기 특별교육 이수 후 육군 소위로 임관시키는 육군기술장교 제도를 시행했으며, 한국전쟁 당시에는 공군기술장교 제도를 도입하여 이공계 대학에 재학 중이거나 학위를 가진 사람을 기술장교로 받아들여 관련 기술을 연구하고 익히도록 하였다. 이 제도를 통해 혜택을 본 수백 명의 젊은 공대생 중에는 과학기술처 2대 장관 최형섭과 박정희 시대 중화학공업화 정책과 방위산업을 담당한 청와대 경제제2수석 오원철이 대표적이다. 즉, 한국전쟁 전후 시행된 육군 및 공군기술장교 제도 및 한국군의 무기 개발 조직이 1960년대 이후 한국의 과학기술과 군사기술의 급속한 발전에 기여한 인력의 양성지였음은 매우 흥미롭다(문만용,『한국 과학기술 연구체제의 진화 [들녘, 2017], 69쪽).

17. 당시 언론에서는 퇴거한 일본인들이 미리 장치해놓은 폭약이 터진 것으로 보도하고 있다(《동아일보》 1945년 12월 9일자).

18. 군사편찬연구소,『국방 100년의 역사, 1919~2018』(국방부, 2020), 188-189쪽.

19. 국방부 전사편찬위원회,『국방사』 1 (1985), 344-345쪽.

20. 김승기·최정준,『한국군 전력증강사1, 1945-1960』(군사편찬연구소, 2020), 57-58쪽.

21. 문만용, 앞의 책 (2017), 71-72쪽.

22. 《동아일보》 1952년 10월 13일.

23. 국방부 전사편찬위원회,『국방사』 1 (1985), 248-252쪽.

24. 민병만, 앞의 책 (2009), 496-498쪽.

25. 문만용, 앞의 책 (2017), 76-77쪽.

26. 국방과학연구소,『국방과학연구소약사』 1 (국방과학연구소, 1989), 46-47쪽. 1960년 11월에는 인하대 학생회의 인하우주화학연구회는 ITTO-1A, ITTO-2A라는 로켓을 발사하였고, 1962년에 ITTRA-1, ITTRA-2 등의 로켓을 발사하였다는 기록이 있으나 구체적인 성능과 제원 등은 알려져 있지 않다.

27. 1959년 학계와 국방부(공군) 등의 우주개발 전문가 집단이 두루 참여한 대한우주항행협회가 설립되고 학회지로『우주과학』 창간호가 발간되어 로켓 발사체의 궤적 계산이나 엔진의 추진 연료, 관성유도법 관련 연구가 시작되었다는 점은 이 시기 로켓 발사체 연구의 수준이 상당하였음을 보여준다(박상준, "60년전 부푼 꿈을 안고 출

발한 로켓 개발, 그러나…",《한겨레》 2017. 12. 17.).

28.《동아일보》 1951년 8월 23일자.

29. 부활호는 역사적, 항공기술사적 사료로 인정되어 2008년 10월 '국가근대문화재'로 지정되었다.

30. 안동만 등,『백곰, 도전과 승리의 기록』(플래닛미디어, 2016), 39-43쪽.

31. 육군본부,『육군40년 발전사(1945-1985)』(육군본부, 1989), 111쪽.

32. 육군본부,『육군제도사』(육군본부, 1981), 334쪽.

33. 국방부 전사편찬위원회,『국방사』 3 (국방부, 1990), 299-301쪽.

34. 해군본부,『해군사』 5 (1973), 241쪽.

35. 송준태, "함정 및 해상무기 연구개발 이야기(2) -고속정 개발건조 본격화하다",『대한조선학회지』 56-2 (대한조선학회, 2019), 55쪽; 국방부,『국방사』 3 (국방부 전사편찬위원회, 1990), 314-318쪽.

36. 국방과학연구소,『국방과학연구소약사』 1 (1989), 50쪽.

37. 국방부 전사편찬위원회,『국방사』 2 (국방부, 1987), 433쪽.

38. 국방사 전사편찬위원회,『국방사』 3 (국방부, 1990), 335쪽.

39. 안동만,『백곰, 도전과 승리의 기록』(플래닛미디어, 2016), 93-96쪽.

40. 이하 1970년대 자주국방 정책의 흐름에 대해서는 노영구, "1970년대 자주국방론의 전개와 군사전략의 확립",『현대의 전쟁과 전략』(한울아카데미, 2020) 참조.

41. 이병태,『대한민국 군사전략의 변천 1945~2000』(양서각, 2018), 175쪽.

42. 김수광, "닉슨-포드 행정부의 대 한반도 안보정책 연구: 한국방위의 한국화 정책과 한미연합방위체제의 변화" (서울대학교 박사학위논문, 2008), 151-152쪽.

43. 국방부 군사편찬연구소,『국방사』 3 (국방부, 1990), 18쪽.

44. 육군본부,『육군40년발전사』(1989), 172쪽.

45. 육군본부, 앞의 책 (1989), 260-261쪽. 이 독자적 방위전략 구상은 이후 박정희 대통령 지시에 따라 합참에 의해 1973년 7월에「합동기본군사전략」작성 시에 반영되었고, 그 후 1977년 육군장기전략구상과 1979년 육군중기전략개념 등도 그 내용 등에서 이와 맥을 같이하고 있다.

46. 조영길,『자주국방의 길』(플래닛미디어, 2019), 54-55쪽.

47. 육군본부,『육군기획관리 50년 발전사』(2003), 163-165쪽.

48. 세부적인 작전계획은 홍준기, "한국 자주국방 정책의 역사적 변천과정에 관한 연구: 1970년대 박정희 정부에서 김대중 정부까지를 중심으로" (국방대학교 석사학위논

문, 2004), 25-26쪽 참조. 방어계획은 수도권을 중심으로 3개의 방어선을 편성하고 영남권과 호남권은 예비계획으로 선정하였다.

49. 육군본부, 『육군제도사』 (1981), 334쪽.

50. 여기서 9일의 구체적인 시간표는 초반 4~5일 동안은 집중적인 공중공격으로 북한 군을 제압하고 이후 3~4일 동안 지상군에 의해 북한군을 격멸한다는 작전의 기간 을 의미한다.

51. 돈 오버도퍼, 『두 개의 한국』 (길산, 2014), 111-112쪽; 조영길, 『자주국방의 길』 (플래 닛미디어, 2019), 57-58쪽.

52. 최병갑, 『미국의 전략개념이 한국에 미친 영향과 발전방향』 (국방대학교, 1984), 21-22쪽.

53. 홍준기, 앞의 논문 (2004), 19쪽.

54. 이병태, 앞의 책 (2018), 122-123쪽.

55. 이병태, 앞의 책 (2018), 166쪽. 구체적으로 북한군의 전차는 600대에서 무려 1,950 대로 증가하였고, 공군의 제트전투기는 100여 대, 해군 함정도 25척이 증가하였다.

56. 장용구, 『한미동맹과 한국의 군사적 자율성』 (한국학술정보, 2014), 154-155쪽.

57. 이병태, 앞의 책 (2018), 148쪽 참조.

58. 홍준기, 앞의 논문 (2004), 23쪽.

59. 대통령비서실, 「서울대학교 졸업식 치사(1968. 2. 26)」, 「1968년도 육군사관학교 졸업 식유시(1968. 2. 27)」, 『박정희 대통령 연설문집』 5 (1969). 그동안 자주국방의 공식적 인 천명에 대해서는 2월 7일 경전선 개통식 전의 연설이고, 자주국방의 필요성을 공 식적으로 선언한 것은 1971년 2월 8일의 특별담화라고 대부분의 연구에서 주장하 고 있으나(예를 들어 서춘식, "자주국방의 개념정립 및 한국자주국방의 태세" [육군 사관학교 화랑대연구소, 1996], 9-10쪽), 직접 '자주국방'이라는 용어를 공식적으로 언급한 것은 서울대학교 졸업식의 치사였음이 최근 확인되었다. 이에 대해서는 박승 호, "박정희 정부의 대미 동맹전략: 비대칭동맹 속 자주화." (서울대학교 박사학위논 문, 2009), 213-214쪽 참조.

60. 《동아일보》 1970년 7월 28일.

61. 한국방위산업학회, 『방위산업 40년, 끝없는 도전의 역사』 (플래닛미디어, 2015), 39-41쪽.

62. 국방과학연구소, 『국방과학연구소 약사』 1 (1989), 90쪽.

63. 국방부 군사편찬연구소, 『국방정책변천사, 1988~2003』 (2016), 145-146쪽.

64. 국방부 전사편찬위원회,『국방조약집』 제1집 (1981), 466-473쪽.

65. 국방부 군사편찬연구소,『국방사』 4 (국방부, 2002), 432쪽.

66. 국방과학연구소, 앞의 책 (1989), 91-92쪽. 제2수석 비서관실 설치와 번개사업 착수 등에 대해서는 김광모,『중화학공업에 박정희의 혼이 살아 있다』 (기파랑, 1981)에 자세하다.

67. 안동만, "우리나라의 국방연구개발 역사, 뿌린대로 거둔다",『우리도 할 수 있다』 (2015), 12쪽.

68. 국방과학연구소, 앞의 책 (1989), 92쪽.

69. 안동만 등, 앞의 책 (2016), 76-77쪽.

70. 김정렴,『한국경제정책 30년사』 (중앙일보사, 1990), 327쪽.

71. 이 비율에 대해서 당시 중화학공업추진기획단 부단장이었던 김광모는 70 : 30으로 증언하고 있어 추후 검토가 요청된다(박영구,『한국의 중화학공업화: 과정과 내용 (1)』 [해남, 2012] 104~105쪽).

72. 국방부 군사편찬연구소, 앞의 책 (2002), 437쪽.

73. 이원형·김일수,『율곡사업의 어제와 오늘 그리고 내일』 (국방부, 1994), 24쪽.

74.《국방일보》 2018년 12월 12일 "국군 최초로 수립한 자주적 전력증강계획".

75. 안동만, "우리나라의 국방연구개발 역사, 뿌린대로 거둔다",『우리도 할 수 있다』 (2016), 15-16쪽

76. 한국엔지니어클럽 편,『조국 근대화의 주역들』 (기파랑, 2014), 39쪽.

77. 김수광, 앞의 논문 (2008), 260-261쪽.

78. 최창윤, "軍事",『안보문제연구』 1977 (국방대학교 안보문제연구소, 1977), 223-224 쪽.

79. 박진구, "한국적 교리발전체제에 관한 연구",『국방연구』 21-1 (1978), 126쪽.

80. 최창윤, 앞의 논문 (1978), 226-227쪽.

81. 이상우, "약소국의 방어능력과 고슴도치이론",『국제정치논총』 16 (1976), 135-138쪽.

82. 최창윤, 앞의 논문 (1978), 232쪽

83. 이호재, "동북아국제질서, 핵무기, 그리고 한국",『국제정치논총』 17 (1976).

84. 조철호, "박정희의 자주국방과 핵개발",『역사비평』 80 (2007), 369쪽.

85. 이하의 K200 장갑차 개발 내용에 대해서는 한국방위산업학회, 앞의 책 (2015), 97-98쪽의 내용을 요약 정리함

86. 국방과학연구소, 앞의 책 (1989), 143쪽.

87. 조영길, 앞의 책 (2019), 192쪽.

88. 《국방일보》 2010년 3월 8일, "K-21 보병전투장갑차(6) 연구개발 추진과 변화".

89. 한국국가안보포럼, 『한국방위산업 50년사』 (2015), 196-197쪽.

90. 본 소절의 내용은 한국방위산업학회, 앞의 책 (2015), 127-138쪽의 내용을 바탕으로 요약 정리함.

91. 국방과학연구소, 앞의 책 (1989), 145-146쪽.

92. 국방과학연구소, 앞의 책 (1989), 146쪽.

93. 한반도 전역계획인 한미연합사의 작전계획 5027도 1970년대 중반 수정된 이후, 1980년대에는 수정되지 않고 1994년에 재발행되었다.

94. 이필중, 『한국 군사론』 (국방대학교, 2006), 66-67쪽.

95. 한용섭, 『국방정책론』 (박영사, 2012), 891-282쪽.

96. 김열수, "미국의 군사전략", 『비교군사론』 (충남대학교 출판문화원, 2014), 67-68쪽.

97. 육군본부, 『육군40년 발전사(1945-1985)』 (육군본부, 1989), 273쪽.

98. 육군본부, 『한국의 군사전략』 (육군본부, 2001), 88쪽.

99. 오동룡, "전두환 정부, 한국판 슐리펜 계획 '백두산 계획' 작성했다!" 『월간조선』 2016년 6월호(http://m.monthly.chosun.com/client/amp/viw.asp?ctcd=G&nNewsNumb=201606100018).

100. 한국방위산업학회, 『방위산업 40년_끝없는 도전의 역사』 (플래닛미디어, 2015), 146-148쪽.

101. 국방부 군사편찬연구소, 『국방사』 5 (국방부, 2011), 554쪽.

102. 『기동전』은 1988년 간행된 이후 2008년에 내용을 보완하여 다시 간행되었다.

103. 김홍배, "北傀의 군사전략", 『국방연구』 21-2 (1978), 304쪽.

104. 이용태, "무기체계와 전략과의 상관관계", 『국방연구』 22-2 (1979), 375쪽.

105. 田土尙也, 『用兵思想史入門』 (作品社, 2016), 324쪽.

106. 이준구, "한국의 군사전략과 방위산업" (경기대학교 박사학위논문, 2012), 237쪽.

107. 조용만, 『문명전환과 군사분야혁신』 (진솔, 2008), 284-285쪽.

108. 김종하·김재엽, 『군사혁신(RMA)과 한국군』 (북코리아, 2008), 123쪽.

109. 걸프전이 한국군에 준 영향에 대해서는 김영환, "걸프전 이후 한국군의 전쟁수행 인식변화와 군사혁신 추진" (국방대학교 석사학위논문, 2016) 참조.

110. 오병흥, "效果的인 火力 逆襲 實施 方案", 『군사평론』 326 (1996), 41쪽.

111. 양완식, "입체고속기동전의 원리와 운용", 『군사평론』 325 (1996), 35쪽.

112. 양완식, 위의 논문 (1996), 37쪽.

113. 이덕춘, "입체고속기동전하에서의 효율적인 육군 항공운용 방안",『군사평론』318호 (육군대학, 1995), 86쪽.

114. 양완식, 앞의 논문 (1996), 37쪽.

115. 국방부,『국방정책 1998~2002』(2002), 40-45쪽.

116. 조영길, 앞의 책 (2019), 191-193쪽.

117. 조영길, 앞의 책 (2019), 353-354쪽.

118. 한국국가안보포럼,『한국방위사업 50년사』(2015), 54-56쪽. 이 목표는 10여 년이 지난 문재인 정부의 국방개혁 2.0에 따라 2022년에 달성될 예정이다.

119. 국방부 군사편찬연구소,『국방정책변천사, 1988-2003』(2016), 176-177쪽.

120. 이미숙, "한국 국방획득정책의 변천과정과 전력증강 방향 고찰",『국방연구』60-2 (2019), 114쪽.

121. T-50 개발에 대해서는 전영훈,『T-50 끝없는 도전』(월간항공, 2011) 참조.

122. 이미숙, 앞의 논문 (2019), 112쪽.

123. 김인승, "한국형 항공모함 도입계획과 6.25전쟁기 해상항공작전의 함의",『국방정책연구』35-4 (2019), 109-110쪽.

맺음말: 1990년대 후반 이후 한국 방위산업의 딜레마와 극복 방향

1. 국방부 군사편찬연구소, 앞의 책 (2016), 353-355쪽.

2. 매일경제 국민보고대회팀,『밀리테크 4.0』(매일경제신문사, 2019).

〈표 및 그림 일람〉

〈표 일람〉

〈그림 일람〉

〈참고문헌〉

1. 국문 저서

강신엽, 『조선의 무기II』(융원필비) (봉명, 2004).

강재언, 『조선의 西學史』 (민음사, 1990).

고동환, 『한국 전근대 교통사』 (들녘, 2015).

구범진, 『병자호란, 홍타이지의 전쟁』 (까치, 2019).

국방부 전사편찬위원회, 『국방조약집』 제1집 (1981).

국방부 전사편찬위원회, 『국방사』 1 (국방부, 1985).

국방부 전사편찬위원회, 『국방사』 2 (국방부, 1987).

국방부 전사편찬위원회, 『국방사』 3 (국방부, 1990).

국방부 군사편찬연구소, 『국방사』 5 (국방부, 2011).

국방과학연구소, 『국방과학연구소 약사』 1 (1989).

국방군사연구소 편, 『한국무기발달사』 (1994).

국방대학교 군사전략학과, 『현대의 전쟁과 전략』 (한울아카데미, 2020).

국방부 군사편찬연구소, 『국방 100년의 역사 1919~2018』 (국방부 군사편찬연구소, 2020).

국방부 군사편찬연구소, 『국방사』 4 (국방부, 2002).

국방부 군사편찬연구소, 『국방정책변천사, 1988~2002』 (2016).

기세찬, 『중일전쟁과 중국의 대일군사전략(1937-1945)』 (경인문화사, 2013).

기시모토 미오, 노영구 역, 『동아시아의 『근세』』 (와이드플랜, 2018)

김광모, 『중화학공업에 박정희의 혼이 살아 있다』 (기파랑, 1981).

김명호, 『초기 한미관계의 재조명』 (역사비평사, 2005).

김병륜, 『조선의 군사혁신, 성공과 실패』 (국방정신전력원, 2017).

김승기·최정준, 『한국군 전력증강사』 1(1945-1960) (국방부 군사편찬연구소, 2020).

김연희, 『한국 근대과학 형성사』 (들녘, 2016).

김영수, 『건국의 정치—여말선초, 혁명과 문명 전환—』 (이학사, 2006)

김영하, 『한국고대사회의 군사와 정치』 (고려대학교 민족문화연구원, 2002).

김우철, 『조선후기 지방군제사』 (경인문화사, 2000).

김정렴, 『한국경제정책 30년사』 (중앙일보사, 1990).

김종하·김재엽, 『군사혁신(RMA)과 한국군』 (북코리아, 2008).

김홍일, 『국방개론』 (고려서적, 1949).

노영구 외, 『한양의 삼군영』 (서울역사박물관, 2019).

노영구, 『조선후기의 전술』 (그물, 2015).

돈 오버도퍼, 이종길 옮김, 『두 개의 한국』 (길산, 2014).

레이 황(Ray Hwang), 『中國, 그 巨大한 行步』 (경당, 2002).

리용태, 『우리나라 중세과학기술사』 (과학백과사전종합출판사, 1990).

매일경제 국민보고대회팀, 『밀리테크 4.0』 (매일경제신문사, 2019).

문만용, 『한국 과학기술 연구체제의 진화』 (들녘, 2017).

민병만, 『한국의 화약역사』 (아이워크북, 2009).

민승기, 『조선의 무기와 갑옷』 (가람기획, 2019).

민현구, 『조선초기의 군사제도와 정치』 (한국연구원, 1983).

박상섭, 『테크놀로지와 전쟁의 역사』, (아카넷, 2018).

박경식, 『日本帝國主義의 朝鮮支配』 (청아출판사, 1986).

박영구, 『한국의 중화학공업화: 과정과 내용(1)』 (해남, 2012).

박제광, 『화염조선』 (글항아리, 2009).

배리 파커, 김은영 옮김, 『전쟁의 물리학』 (북로드, 2015).

사회과학출판사, 『고구려 문화사』 (논장, 1988).

손영식, 『한국성곽의 연구』 (문화재관리국, 1987).

아더 훼릴, 『전쟁의 기원』 (인간사랑, 1990).

안동만 등, 『백곰, 도전과 승리의 기록』 (플래닛미디어, 2016).

양영조, 『남북한 군사정책과 한국전쟁, 1945-1950』 (한국학술정보, 2007).

연갑수, 『대원군집권기 부국강병정책 연구』 (서울대학교 출판부, 2001).

에릭 힐딩거, 채만식 역, 『초원의 전사들』 (일조각, 2008).

육군본부, 『육군기획관리 50년 발전사』 (육군본부, 2003).

육군본부, 『육군제도사』 (육군본부, 1981).

육군본부, 『육군40년 발전사(1945-1985)』 (육군본부, 1989).

육군본부, 『한국의 군사전략』 (육군본부, 2001).

육군본부 군사연구소, 『한국군사사』 (1~15) (경인문화사, 2012).

육군본부 군사연구실, 『기동전』 (육군본부, 1987).

윤용남, 『입체고속 기동전』 (국방대학교, 2008).

윤은숙, 『몽골제국의 만주 지배사: 웃치긴 왕가의 만주 경영과 이성계의 조선 건국』 (소
　　나무, 2010).

이기백·이기동, 『한국사강좌』 1(고대편) (일조각, 1982).

이병태, 『대한민국 군사전략의 변천 1945~2000』 (양서각, 2018).

이숙희, 『조선후기 군영악대』 (태학사, 2007).

이원형·김일수, 『율곡사업의 어제와 오늘 그리고 내일』 (국방부, 1994).

이춘주 외, 『과학기술과 국가안보』 (국방대학교, 2017).

이필중, 『한국 군사론』 (국방대학교, 2006).

전상운, 『한국과학기술사』 (정음사, 1976).

전영훈, 『T-50 끊없는 도전』 (월간항공, 2011).

조선기술발전사편찬위원회, 『조선기술발전사』 2(삼국시기·발해·후기신라편) (과학백과
　　사전종합출판사, 1996).

조선기술발전사편찬위원회, 『조선기술발달사3』(고려편) (과학백과사전종합출판사,
　　1994).

조선기술발전사편찬위원회, 『조선기술발달사5』(리조후기편) (과학백과사전종합출판사,
　　1996).

조영길, 『자주국방의 길』, (플래닛미디어, 2019)

조용만, 『문명전환과 군사분야혁신』 (진솔, 2008).

존 키건, 유병진 역, 『세계전쟁사』 (까치, 1996).

주경철, 『대항해시대』 (서울대학교출판부, 2008).

채연석, 『韓國初期火器硏究』 (일지사, 1981).

한국공학한림원, 『한국산업기술발전사』 1~10 (2019).

한국국가안보포럼, 『한국방위사업 50년사』 (2015).

한국방위산업학회, 『방위산업 40년—끊없는 도전의 역사』 (플래닛미디어, 2015).

한국엔지니어클럽 편, 『조국 근대화의 주역들』 (기파랑, 2014).

한영우, 『조선전기 사회사상연구』 (지식산업사, 1983).

한영우,『정조의 화성행차, 그 8일』(효형출판, 1998).

한영우,『나라에 사람이 있구나, 월탄 한효순 이야기』(지식산업사, 2016).

한용섭,『국방정책론』(박영사, 2012).

한용섭,『우리 국방의 논리』(박영사, 2019).

해군본부,『해군사』5 (1973).

허선도,『조선시대 화약병기사연구』(일조각, 1994).

헨드릭 하멜, 김태진 옮김,『하멜표류기』(서해문집, 2003).

2. 국문 논문

강성문, "朝鮮時代의 環刀의 機能과 製造에 관한 硏究",『학예지』3 (1993).

강성문, "朝鮮時代 片箭에 관한 硏究",『학예지』4 (1995).

강성문, "조선전기의 火器 放射軍",『한민족의 군사적 전통』(봉명, 2000).

강성문, "조선의 역대 화차에 관한 연구",『학예지』9 (2002).

권석봉, "영선사행에 대한 일고찰",『역사학보』17·18합 (1962).

김구진, "조선전기 여진족의 2대 종족, 오랑캐와 우디캐",『백산학보』68 (2004).

김동경, "조선초기 진법의 발전과 군사기능" (국방대 석사학위논문, 2008).

김룡국, "田運祥과 海鶻船",『國防史學會報』(국방사학회, 1977).

김명훈·박선숙, "조총의 등장과 발사원리 연구",『충무공 이순신과 한국 해양』7 (2020).

김병륜, "朝鮮時代 火藥兵器 운용—有筒式 火器를 중심으로—",『學藝誌』13 (2006).

김병륜, "망암화차의 구조적 특성과 실효성",『공자학』21 (2011).

김수광, "닉슨-포드 행정부의 대 한반도 안보정책 연구: 한국방위의 한국화 정책과 한미연합방위체제의 변화" (서울대학교 박사학위논문, 2008).

김순규, "弩",『학예지』2 (1991).

김열수, "미국의 군사전략",『비교군사론』(충남대학교 출판문화원, 2014).

김지훈, "김홍일의 중국 국민혁명군 경험과 '국방개론' 저술",『군사』112 (2019).

김홍배, "北傀의 군사전략",『국방연구』21-2 (1978).

김영환, "걸프전 이후 한국군의 전쟁수행 인식변화와 군사혁신 추진" (국방대학교 석사학위논문, 2016).

김인승, "한국형 항공모함 도입계획과 6.25전쟁기 해상항공작전의 함의", 『국방정책연구』 35-4 (2019).

김정기, "1880년대 기기국, 기기창의 설치", 『한국학보』 10 (1978).

나경준, "조선 숙종대 관방시설 연구" (단국대학교 박사학위논문, 2012).

노영구, "朝鮮後期 城制 變化와 華城의 城郭史的 意味", 『진단학보』 88 (1999).

노영구, "17世紀 朝鮮의 火器發達 推移와 關聯 兵書의 刊行", 『朝鮮의 政治와 社會』 (集文堂, 2002).

노영구, "조선후기 병서와 전법의 연구" (서울대학교 박사학위논문, 2002).

노영구, "壬辰倭亂 초기 양상에 대한 기존 인식의 재검토―和歌山縣立博物館 소장 「壬辰倭亂圖屛風」에 대한 새로운 이해를 바탕으로―", 『한국문화』 31 (2003).

노영구, "조선후기 평안도 내지 거점 방어체계", 『한국문화』 34 (2004).

노영구, "이시발의 『수성조약』과 임진왜란 이후 새로운 성제의 확립", 『문헌과해석』 36 (2006)

노영구, "조선후기 城制 변화와 다산 정약용의 築城 기술론", 『茶山學』 10 (다산학술재단, 2007).

노영구, ""군사혁명론(Military Revolution)"과 17~18세기 조선의 군사적 변화", 『서양사연구』 61 (2007).

노영구, "조선후기 漢城에서의 閱武 시행과 그 의미―大閱 사례를 중심으로", 『서울학연구』 32 (2008).

노영구, "인조초~병자호란 시기 조선의 전술 전개", 『한국사학보』 41 (2010).

노영구, "16~17세기 조선의 무기발달과 전략전술의 변화", 『남한산성연구총서』 4 (2013).

노영구, "17~18세기 동아시아 정세와 조선의 도성수비체제 이해의 방향", 『조선시대사학보』 71 (2014).

노영구, "1970년대 자주국방론의 전개와 군사전략의 확립", 『현대의 전쟁과 전략』 (한울아카데미, 2020).

리영민, "경성읍성의 성벽축조 형식과 방법에 대하여", 『조선고고연구』 3 (1991).

바크린 E. A., "극동지역의 러시아 병력(1640-1690)", 『남한산성연구총서』 4 (2013).

박금수, "조선후기 진법과 무예의 훈련에 관한 연구" (서울대학교 박사학위논문, 2013).

박대재, "전쟁의 기원과 의식", 『전쟁의 기원에서 상흔까지』 (국사편찬위원회, 2006).

박승호, "박정희 정부의 대미 동맹전략: 비대칭동맹 속 자주화." (서울대학교 박사학위논문, 2009).

박원길, "몽골비사 195절의 표현방식을 통해 본 13~14세기 몽골군의 전술", 『몽골학』 14 (2003).

박재광, "壬辰倭亂期 火藥兵器의 導入과 戰術의 變化", 『學藝誌』 4 (1995).

박준병, "임란중 화약병기기술의 개발: 鳥銃, 火藥, 毒矢를 중심으로" (국민대학교 박사 학위논문, 1983).

박진구, "한국적 교리발전체제에 관한 연구", 『국방연구』 21-1 (1978).

배석만, "일제시기 조선기계제작소의 설립과 경영", 『인천학연구』 10 (2009).

서영교, "고구려 수렵 습속과 유목민", 『고구려연구』 21 (2005).

서영교, "나당전쟁기 당병법의 도입과 그 의의", 『한국사연구』 116 (2002).

서영교, "소정방의 장창전술과 대서돌궐 전투", 『중국고중세사연구』 15 (2006).

서영교, "신라 長槍幢과 蘇定方의 長槍步兵", 『전쟁과 유물』 3 (2011).

송기중, "조선조 건국을 후원한 세력의 지역적 기반", 『진단학보』 78 (1994)

송준태, "함정 및 해상무기 연구개발 이야기(2) -고속정 개발건조 본격화하다", 『대한조선학회지』 56-2 (대한조선학회, 2019).

신대진, "조선후기 실학자의 무기 및 군사시설 개선론" 『동국사학』 29 (1995).

신동규, "훈련도감의 신식 무기 개발과 서양 이국인 등용정책", 『향토서울』 63 (2003).

안동만, "우리나라의 국방연구개발 역사, 뿌린대로 거둔다", 『우리도 할 수 있다』 (2015).

안병직, "植民地 朝鮮의 雇傭構造에 관한 硏究", 『近代朝鮮의 經濟構造』 (비봉출판사, 1989).

양성민, "한국 고대 중장기병 전술 연구", 『군사』 121 (2021).

여호규, "국내성기 고구려의 군사방어체계", 『한국군사사연구』 1 (1997).

여호규, "고구려 중기의 무기체계와 병종구성", 『한국군사사연구』 2 (1999).

연갑수, "대원군 집권기 무기개발과 외국기술 도입", 『학예지』 9 (2002).

유세현, "한국의 쇠뇌", 『학예지』 4 (1995).

유승주, "조선후기 총포류 연구", 『군사』 33 (국방군사연구소, 1995).

유재춘, "임진왜란시 일본군의 조선 성곽 이용에 대하여 ―철원 성산성 사례를 중심으로―", 『조선시대사학보』 24 (2003).

이강원, "18세기 경기 서북부 방어체제의 재편과 장단 방어영의 파주 이설", 『한국사연구』 194 (2021).

이강칠, "한국의 화포", 『한국군제사 근제조선후기편』 (陸軍博物館, 1977).

이미숙, "한국 국방획득정책의 변천과정과 전력증강 방향 고찰", 『국방연구』 60-2 (2019).

이병례, "일제말기(1937~1945) 인천지역 공업현황과 노동자 존재형태", 『인천학연구』 10 (2009).

이상우, "약소국의 방어능력과 고슴도치이론", 『국제정치논총』 16 (1976).

이왕무, "17~18세기초 조총제조에 관한 연구" (경기대학교 석사학위논문, 1996).

이용태, "무기체계와 전략과의 상관관계", 『국방연구』 22-2 (1979).

이원형·김일수, 『율곡사업의 어제와 오늘 그리고 내일』 (국방부, 1994).

이인철, "4~5세기 고구려의 남진경영과 중장기병", 『군사』 33 (1996).

이장희, "壬亂中 山城修築과 堅壁淸野에 대하여", 『阜村 申延澈敎授 停年退任紀念 史學論叢』 (일월서각, 1995).

이재정, "조선후기 별파진과 공용화기 운용" (서울대학교 석사학위청구논문, 2017).

이재정, "別破陣과 조선후기 대포 운용", 『한국사론』 64 (2018).

이준구, "한국의 군사전략과 방위산업—민군협력과 국제협력의 국가전략 분석—" (경기대학교 박사학위논문, 2012).

이천우, "남한산성 축성법에 관한 연구" (명지대학교 석사학위논문, 2006).

이헌주, "병인양요 직전 姜瑋의 禦洋策", 『한국사연구』 124 (2006)

이현수, "조선초기 講武 施行事例와 軍事的 기능", 『군사』 42 (2002).

이현직, "제1공화국의 징병제 도입과 정착" (국방대학교 석사학위논문, 2021).

이호재, "동북아 국제질서, 핵무기, 그리고 한국", 『국제정치논총』 17 (1976).

이호준, "임진왜란 초기 경상도 지역 전투와 군사체제", 『군사』 77 (2010).

이홍두, "조선초기 야진정벌과 기마전", 『군사』 41 (2000).

임기환, "7세기 동북아시아 국제질서의 변동과 전쟁", 『전쟁과 동북아의 국제질서』 (일조각, 2006).

장성진, "광해군시대 국방 정책 연구" (국방대학교 석사학위논문, 2008).

장정수, "17세기 전반 朝鮮의 砲手 양성과 운용" (고려대학교 석사학위논문, 2010).

정연식, "화성의 방어시설과 총포", 『진단학보』 91 (2001).

조영록, "水牛角貿易을 통해 본 鮮明關係", 『동국사학』 9·10 (1966).

조정기, "西厓 柳成龍의 城郭論", 『韓國史의 理解—朝鮮時代 1』 (신서원, 1991).

조철호, "박정희의 자주국방과 핵개발", 『역사비평』 80 (2007).

지균만, "17세기 강화 墩臺 축조에 관한 건축사적 연구" (경기대학교 석사학위논문,

2004)

차용걸, "조선후기 관방시설의 변화과정", 『한국사론』 9 (1981)

차용걸, "임진왜란 이후 한국 축성기술의 변화과정", 『충북사학』 16 (2006)

최기영, "서구 근대무기의 수용과 무기 제조", 『한국무기발달사』 (국방군사연구소, 1995).

최창윤, "軍事", 『안보문제연구』 1977 (국방대학교 안보문제연구소, 1977).

허대영, "조선초기 군사훈련의례와 병학" (서울대학교 박사학위논문, 2021).

허선도, "가정을묘명 천자총통에 대하여", 『미술자료』 10 (1966).

허선도, "壬辰倭亂論—올바르고 새로운 認識", 『千寬宇先生還曆紀念韓國史論叢』 (정음
    문화사, 1985).

허인욱, "김가물을 중심으로 살펴본 조선전기 창술", 『용인대학교 무도연구소지』 20-1
    (2009).

허일권, "조선 청동제 소형 총통의 제작 기술" (공주대학교 박사학위논문, 2021).

허태구, "17세기 조선의 염초무역과 화약제조법 발달", 『한국사론』 47 (2002).

허태구, "仁祖代 對後金(對淸) 방어책의 추진과 한계—守城 전술을 중심으로—", 『조선
    시대사학보』 61 (2012).

홍준기, "한국 자주국방 정책의 역사적 변천과정에 관한 연구: 1970년대 박정희 정부에
    서 김대중 정부까지를 중심으로" (국방대학교 석사학위논문, 2004).

황문환, "『新傳煮取焰焔方諺解』에 대한 국어학적 고찰", 『藏書閣』 4 (2000).

久芳 崇, "일본군의 선박과 무기의 과학적 검토", 『임진왜란과 동아시아세계의 변동』 (경
    인문화사, 2010).

3. 일문 논저

有馬成甫, 『火砲の起原とその傳流』 (吉川弘文館, 1962).

姜東鎭, 『日本の朝鮮支配政策史研究』 (東京大出版會, 1979).

杉山博, "中國·朝鮮·南蠻と技術の軍事力", 『岩波講座 日本歷史』 第8卷(中世4)
    (岩波書店, 1976).

杉山博, 『日本の歷史』 11(戰國大名) (中央公論社, 1965).

田土尙也, 『用兵思想史入門』 (作品社, 2016).

木村光彦, 『北朝鮮の軍事工業化』 (知泉書館, 2003)

木村光彦,『日本統治下の朝鮮―統計と實證研究は何お語るか』(中央公論社, 2018).

洞富雄,『鐵砲―傳來とその影響』(思文閣出版, 1991).

金子常規,『兵器と戦術の日本史』(原書房, 1982).

太田秀春,『朝鮮の役と日朝城郭史の研究 ―異文化の遭遇・受容・變容―』(清文堂, 2006).

久保田正志,『日本の軍事革命』(錦正社, 2008).

宇田川武久,『東アジア兵器交流史の研究』(吉川弘文館, 1993)

宇田川武久,『鉄砲伝來』(中央公論社, 1990)

鈴木直志, "タブ―カラの脱却―戦後の西洋史學における近世軍事史研究―",『戦略研究』3 (2005).

舊 參謀本部,『關ケ原の役』(徳間書店, 2009).

岩堂憲人,『世界銃砲史』(上) (國書刊行會, 1995).

藤田達生, "戦争と城",『日本史講座』5(近世の形成) (東京大學出版會, 2004).

朝尾直弘, "16世紀後半の日本",『岩波講座 日本通史』第11卷(近世1) (岩波書店, 1993).

久芳 崇, "16世紀末, 日本式鐵砲の明朝への傳播―萬暦朝鮮の役から播州楊応龍の亂へ",『東洋學報』84-1 (東洋文庫, 2002).

久芳 崇,『東アジアの兵器革命―十六世紀中國に渡つた日本の鐵砲―』(吉川弘文館, 2010).

田保橋潔,『近代日鮮關係の研究』上 (1941).

奥村正二,『火縄銃から黒船まで―江戸時代技術史』(岩波書店, 1970).

湯淺邦弘,『中國古代軍事思想史の研究』(研文出版, 1999).

松村劭,『戦争學』(文藝春秋, 1998),

堀口健貳, "石垣",『倭城研究』3 (1999).

千田嘉博,『織豊系城郭の形成』(東京大學出版會, 2000).

伴三千雄, "北朝鮮における兵器と戦法の變遷",『日本兵制史』(日本学術普及会, 1933)

篠田耕一,『武器と防具: 中国編』(新紀元社, 1992)

4. 중문 논저

王兆春, 『中國火器史』(軍事科學出版社, 1990).

王兆春, 『中國科學技術史—軍事技術卷』(科學出版社, 1998).

中國人民革命軍事博物館 編著, 『中國戰爭發展史』(上) (人民出版社, 2001).

周嘉華, 『中國古代化學史略』(河北科學技術出版社, 1992).

黃一農, "紅夷大砲與明淸戰爭—以火砲測準技術之演變爲例", 『淸華學報』新26
卷 第1期 (1996).

黃一農, "紅夷大炮與黃太極創立的八旗漢軍", 『歷史硏究』2004-4 (2004).

戴逸·張世明, 『18世紀的中國與世界—軍事卷一』(遼海出版社, 1999).

李伯重, 『火枪与账簿: 早期经济全球化时代的中国与东亚世界』(生活·读书·新
知三联书店, 2017).

劉旭, 『中國古代火炮史』(上海人民出版社, 1989).

5. 영문 논저

Clifford J. Rogers, "Military Revolution of the Hundred Years War", *The Military Revolution Debate* (Routledge, 1995).

Geoffrey Parker, *The Military Revolution: Military innovation and rise of the west, 1500-1800* (Cambridge, 1996)

H. H. Kang, "Big Heads and Buddhist Demons: The Korean Musketry Revolution and the Northern Expeditions of 1654 and 1658", *Journal of Chinese Military History*, Vol. 2 (2013).

Joseph Needham, *Science and Civilization in China* Vol. 5 (1986).

John A. Lynn, "The trace italienne and the Growth of Armies", *Journal of Military History* Vol.55 (1991).

Max Boot, *War Made New: Weapons, Warriors, and the Making of the Modern World* (Gotham, 2007).

Knox MacGregor·Murray Williamson, *The Dynamics of Military Revolution, 1300-2050* (Cambridge University Press, 2001).

Peter A. Lorge, War, *Politics and Society in Early Modern China, 900-1795* (Routledge, 2005).

Peter A. Lorge, *The Asian Military Revolution* (Cambridge: Cambridge University Press, 2008).

Robert K. Sawyer, *Military Advisors in Korea : KMAG in Oeace and War* (U.S. Goverment Printing Office, 1962).

Trevor N. Dupuy, *The Evolution of Weapons and Warefare* (Da Paco Press, 1984).

Contents in English

in Korea

by Roh, Young Koo

Professor

Department of Military Strategy,

Korea National Defense University